心言

张卫强◎编著

我们时代的
教师发展思考

吉林文史出版社
JILIN WENSHI CHUBANSHE

图书在版编目（ＣＩＰ）数据

心言 / 张卫强编著 . -- 长春 : 吉林文史出版社，
2022.10
　　ISBN 978-7-5472-9068-2

　　Ⅰ．①心… Ⅱ．①张… Ⅲ．①教育－文集 Ⅳ．
① G4-53

中国版本图书馆 CIP 数据核字 (2022) 第 191667 号

心言
XIN YAN

编　　著：张卫强
责任编辑：钟　杉
封面设计：四川众亦知文化传播有限公司
出版发行：吉林文史出版社有限责任公司
地　　址：长春市福祉大路 5788 号
电　　话：0431-81629357
网　　址：www.jlws.com.cn
印　　刷：成都市兴雅致印务有限责任公司
经　　销：全国新华书店
开　　本：145mm×210mm　1/32
印　　张：11.25
字　　数：268 千字
版　　次：2023 年 1 月第 1 版　 2023 年 1 月第 1 次印刷
书　　号：ISBN 978-7-5472-9068-2
定　　价：78.00 元

印装错误可与印刷厂联系退换。

自序

时光荏苒，岁月穿行，34 年的时间，不过是几次教师继续教育、几轮教师培训的间隙。

自 1988 年毕业于云南师范大学教育系学校教育专业，分配到中等专业学校大理市教师进修学校工作至今，整整 34 年。当年我还只是一个青涩的青年学子，一眨眼，已经进入年轻的"老年人"行列。

作为一名边疆省份民族地区县级市的教师培训者，以《教育学》和《教育心理学》为专业工具，我经历了改革开放以来所有的教师培训项目，被省教育厅的同志戏称为教师培训"化石级人物"。

工作以来接触的学生都是成年人，工作对象是大理市辖区中小学幼儿园教师，人数从 20 世纪的两千多人增至 2022 年的六千多人。在工作中经历的事件，我都写过教育通讯，也有的写成论文，有的写成学习或反思文章，在教育局主办的《大理市教育》《教学研究》，教

作者近照

育部主办的杂志《中小学教师培训》上都发表过作品，这些都是工作痕迹，虽然点滴式、碎片化，但可以看到苍山洱海间几个教育历史的侧影，可以看到教育领域时代发展的步伐，也可以看到一个人成长的历程。

三十四年都在一个学校进行教育理论教学与教师培训管理，促进一线教师专业化成长。比起大学同学，我的工作经历简单，但无意中成就了"最教育系"的人。指引我职业成长的信念是"刚毅坚卓"。"刚毅坚卓"是我的大学母校云南师范大学的校训，云南师范大学是西南联大历史的延续，她继承与弘扬西南联大的精神，尤其是秉承其"刚毅坚卓"的校训，成为自己立身教学的根本指导理念。在市场经济时代，继续指引我们保持人类的主体性、人的尊严、人的价值。所以"刚毅坚卓"的校训不仅能满足特定的时代需要，而且具有超越具体时空限制的价值，使我在职业生涯中将大学精神与个人独特的价值取向完美结合。

人身上有什么东西掉在地上捡不到？或许是影子，或许是脚印，或许是汗水，或许是青春……虽然这些东西捡不到，但长存于我们心间。我们不妨微微驻足，随手挑一些熟悉的文字，重拾不曾走远的昨天。

人生也许并不完美，但并不缺少美好。我们的痕迹，也许就是这个时代的奇迹。

成长，或许是一个丢失的过程，但我们永远牢记一路陪伴我们的人和事。我们深悟，从容，不在别处，就在我们读书的时光里；进步，不在别处，就在我们写过的文章里；成就，不在别处，就在我们长长的岁月里。

是为序。

图为一塔，即弘圣寺塔，位于大理古城西郊，背靠苍山，寺北为 1986 年至 2007 年期间大理市教师进修学校校址

目录 Contents

项目与培训

观课与调研

理论与反思

项目与培训

耕耘与收获

——新课程背景下大理市中小学教师综合素质培训的探索

　　新课程呼唤中小学校长与教师整体素质的提高，而教育观念的正确转变则是提高整体素质的关键。大理市以大理市教师进修学校为具体操作者，在 2001 年 10 月至 2002 年 5 月，组织全市中小学教师学习了《教师观念的转变与更新》一书，为大理市中小学教师综合素质培训的第一阶段。在 2002 年 10 月至 2003 年 5 月，又组织全市中小学教师学习了《心理健康教育与教师心理素质》一书，为大理市中小学教师综合素质培训的第二阶段。整个培训前后衔接，历时两年，为大理市实施基础教育课程改革和大面积提高教育教学质量做出了理论和策略上的准备。在整个学习阶段，大理市教师进修学校要求大理市中小学和幼儿园在岗教师全员参加，参加培训人数达 8000 多人次，组织教师撰写教学文章 8000 多篇，并逐一审看，在此基础上编选了两本文集《学习与反思》和《学习与反思续集》，入选文章 136 篇，在全市各学校推广学习，这是大理市教育史上大理市辖区内第一次大规模编选教师教育教学文集，受到教师及各界人士的好评。

　　在组织实施综合素质培训的这个过程中，大理市教师进修学校首先要求教师认真学习这两本书，在学习之后，明确职责，厘清要求，并在两年时间里，全体教师深入大理市辖区内的所有中小学校，分批分次对学习情况进行检查验收，对不合格的学校要求重新返工，并提出批评。例如，某些学校的部分教师使用了电脑下载稿或复印别人写好的文章代替学习心得，一经发现都要求重新学习，拒绝给出考核分数，并追究学校领导的责任。在这样严格要求下，各学校及教师都认真学习这两本书，在教师中掀起了一场前所未有的学习热潮。每学习一本书，我们要求有学习体会，小组讨论记录，联系实际的总结文章，书本上必须有眉批或勾画要点的痕迹，才给予继续教育的学分，学习每本书获学分 5 分，两本书合计学分为 10 分。

教学应该是实实在在的生活，扎扎实实的耕耘，学习活动也该是教学的一部分，这是新课程背景下对建立学习型的教师队伍提出的要求。只有真实地面对，深刻地反省，兢兢业业地劳作，才能获得丰硕、甘甜的果实。经过两年多的督促、检查，教师的教育观念、教学质量发生了巨大的变化，为大理市实施"名师名校"工程和大幅度提高教学质量奠定了理论和观念基础。

经过综合素质培训，大理市中小学教师在 2003 年 9 月开始年级新课程教学时，教师的行为在以下几个方面发生了深刻的变化。

教师养成了写教学心得的习惯，有的教师有行为跟踪记录本，有的有错题记录卡。有的教师经常写教后记，内容有自我诊断调节式、经验总结式、实况摘录式、体验感受式，也有教学中的失误记录、灵感、新设想、学生闪光点、困惑等，不拘形式，有长有短，有什么感受就写什么，有的一课一记，也有的多课一记。例如，大理师范附小教师张秀娟、寸金梅、段炳福等教师把这样的文章定期发表于《大理日报》教育版上，在大理州内起到良好的影响。又如，大理市海东镇小学教师杨进军、喜洲镇小学教师杨才等，也经常把类似的文章经常发表于《大理日报》和《大理市教育》等报上。在大理市辖区内类似这样的研究型、学者型教师还很多，杨进军老师还由一名普通教师成长为一名中心学校的领导。经过学习，大理市辖区内教师养成了与整个社会思考教育问题、交流信息的局面。

广大教师养成了研究和探究问题的习惯，许多教师在备课时研究自己、研究学生、研究课程标准，经常和同事一起思考教材为什么这样写、学生的个性怎么样就应怎么教育等问题。教师不再把备课看成是应付，而是把备课当作终身的感悟，把备课看作教学蓝图的创造和一次形式和内容俱佳的美文。教师养成了自己不研究透的东西绝不讲给学生，不懂的问题查资料、求同事、问学生，绝不糊弄过关的习惯。不备课不进课堂，考虑课堂效率，愿意课改、敢于课改、喜欢课改。例如，在大理市于2004年组织的中小学各科新课程课堂教学竞赛中，参赛教师以"问题"为课堂的核心，充分挖掘教育资源，出了一批经典的、符合新课程理念的示范课例，有力地促进了新课程在大理市的推广和实施。

课堂朝新课程预期的方向发展，许多教师上课时少讲了一些，让学生多练了一些，在观课中看到了过去课堂上看不到的现象，如允许学生发表见解，甚至发表不正确的意见。通过观课，课堂上部分优秀教师在教学中实施自主学习、合作学习和探究学习。广大教师养成了互相学习、同事互相交流的习惯和氛围，勇于向实践学习、向书本学习，甚至向学生学习，因为学生也是重要的课程资源。

有的教师从起始年级就注重学法指导，培养学生的学习习惯。有的教师甚至把自己的解题失败经历告诉学生，在教学中做到重结果更重过程。2004 年，大理州高考文理科成绩优异的叶君、张莹是下关一中的考生，她们在接受记者采访时，回顾了学习历程，证实了教学中教师的这些变化，实际上大理市的许多学校都在致力于学生综合素质的发展。

经过两年来的综合素质培训，喜欢读书的教师多了，经常翻看与教学有关杂志的教师多了，经常写文章的教师多了，在大理市辖区内涌现出一批学者型、研究型的管理和教学队伍，教师的教育理念发生了巨大的改变，教师课堂教学行为发生了转变，课堂发生了可喜的变化。大理市中小学教育教学质量在 2003 年和 2004 年间取得大幅度的提升。特别值得一提的是 2004 年 12 月 27 日，由省教育厅牵头组织的首次云南省一级完全中学教学质量综合评估中，大理一中在综合评估中荣获一等奖（第一名）。

总之，大理市辖区内民族地区中小学教师综合素质培训的实施，给大理市广大中小学教师在教育观念转变方面带来积极的作用，为广大教师树立了可持续发展的教育功能观。2004 年大理市中小学教育教学质量大幅度提升，"名师名校"工程初步建立便是明证。大理市已形成以各学校为主要阵地，教师自修——反思为主要模式的教师继续教育中的校本培训学习机制，加强了教师进修学校的指导和督导作用，教师的社会角色得到了加强，教师的心理素质也得到了提高。

此次综合素质培训的成果集中编选了《学习与反思》和《学习与反思续集》两本书。第一本书选编了 54 篇文章，以理论、实践、各科学习等分类顺序选篇，强调优秀学校经验的示范性和推广；第二本书选编了 82 篇文章，按理论、现状、教师、实践、经验等顺序选编，除了优秀学校教师的示范作用外，强调了每个乡镇都有文章入编，文章来源覆盖大理市辖区所有乡镇及各种类型学校，并增加了教师在实践中的困惑、存在问题等文章，增强了现实性和可操作性。两本书的编选折射了大理市辖区内中小学教师在新课程背景下的具体思想和合理的策略，是具有示范性百科全书式的围绕新课程理念的理论与实践的动态。

教师培训的光荣与梦想

——云南省新一轮民族贫困地区教师综合素质培训项目省级骨干教师培训班大理基地培训学习感想

"百年大计，教育为本。""教育大计，教师为本。"落实素质教育最核心的问题应该是提高教师素质，只要拥有高素质的教师，就能拥有高素质的学生，使教育的质量和效益同步得到提高。"师资瓶颈"长期制约与限制素质教育的落实，国家和教育部门为此长期做出了大量的研究、探索、决策。

1997 年到 2005 年，云南省教师培训的道路转为学分制的履职晋级培训，走过了近十年的道路。

一、应试时代

初期，教师履职晋级培训全部采用省编教材，集中学习，教师讲授的封闭方式集中培训。教学中大量的时间耗费在复述教材内容，猜拟应试题目与题型上。教为学分，学为学分，学习者怨气冲天。闭卷考的作弊问题更是把这种培训模式的缺点暴露无遗。

二、开卷考时代

履职晋级培训科目开卷考，这是考核办法的一大进步，但接下来仍然有矛盾。最大的矛盾是理论联系实际难。并且学习者水平参差不齐，讲课难以照顾到方方面面。

讲授者有时费了很大的精力，听课、备课、搜集资料，但上课时听者难以感兴趣，需要强制纪律、个人的威望等因素维持课堂顺利进行。学习与实践有很大的距离。

三、理性时代

2001 年开始的民族贫困地区教师综合素质培训"两本书"的学习，一本涉及教育观念，一本涉及教师心理健康，采用自修——反思为学习方式的校本培训，使教师履职晋级培训进入到一个比较合理，符合教师生活、工作现状的理性时代。

学习成为教学工作的一部分，跨越学科和界线，舍弃华而不实的功利性文凭浪潮，扎扎实实学习两本有用的书，这样做，教师学习积极性高，学习效果好，学习中产生了新的教师培训模式，具有划时代的进步意义。

当然，学习中也存在问题，部分学校和教师有应付现象，创造性的案例不多，教师还不会和不善于反思总结。但迈出第一步是最重要的。

四、和谐时代

2005 年开始的新一轮民族贫困地区综合素质培训选择了与新课程紧密相关的四本书，涉及课程、教材、教学和评价四个方面。培训方式采用自修——反思为主的校本研修的功能，是体现人文关怀精神的教师培训模式。

新一轮的项目培训教材新、理念新、方法新，操作充满人文关怀，强调团队、团体的力量，这样的培训与党中央提出的建立和谐社会的目标是相一致的，有利于在云南省今后产生大量的学习型的学校与教师。

但我认为这套学习材料也有不足之处，缺少涉及教育法制方面的内容。当前实施新课程，还应注重依法治教问题，教育行政部门、学校和教师应严格依法执政、依法执教，教育领域内存在的许多问题，矛盾、案例都与教师或校长法律知识缺乏有关。因此，建议今后开设教育法制方面的相关课程。

案例链接一：

教师为什么不教学生写作文？

笔者根据各种途径观察到一个事实，在许多城镇的部分小学语文教学中，语文教学不让学生写作文，而是让学生背作文。当然，必要的背诵范文是必要的，但作文教学不以写学生所见所闻所感为主，却以背各种类型的作文为主，以应付考试，这样的学习不是为学生服务，而是为教师的功利性服务。这种做法，已经超越了学术探究范畴，是教德缺失，是精神意义上的犯罪。

一般说来，有这种行为的教师一般不爱看书，平时不注重学习，导致了观念和行为的滞后、低下，不仅是新课程不容许的，也是传统教学的要求不容许的。这种教师还有一个特点就是自己不写文章，缺乏写作的感性经验。从而造成师低学劣的教和学现状，这种做法不仅让学生素质低下，而且连常规的考试也不可能应付得好。

改变这种状态最好的办法是让教师加强学习，静下心来认认真真读几本涉及教育观念的书，踏踏实实写几篇读后感之类的文章，读与写结合，力争去改变不协调的现状。

即将在云南省中小学教师中开展的新一轮的校本研修给

我们广大教师提供了一个新的平台，教师要读书，教师要写作。读应该读的书，写教学随笔，发现问题，解决问题。以学习的形式消除教学中存在的不合理现象。

有写作经验的人都知道，文章要写和自己生活经验息息相关的内容，写作才会有兴趣，所以学生厌学是有原因的。我曾看到一个教师布置了一篇作文题目叫"记一件有意义的事"，许多学习好的同学都写了自己做好人好事，有的写公共汽车上让座给老人，有的写在校园捡到钱包交给了失主，等等。学生写的都是做好事，因为在教师的观念里写做好事才是符合有意义这个条件的。可是，有一个所谓的"差生"写了与自己的小狗在门口晒太阳的经历和感受，观察极其细腻，感受极其真实，却被教师判为不合格，还批评了这个学生，让这个学生重新写这篇文章。

有的教师教作文，同样的题目全班都写成一样的内容，这是背诵作文的结果，如果考试中出现这种情况，应该判定试卷雷同，属作弊。这些现象校长和教务主任为什么视而不见呢？原来领导和教师的利益是一致的，他们都要结果而不要过程。

课程评价改革应该彻底打击这种行为，精神上摧残儿童的行为在新课程中不应该再出现。

学生成长记录袋是扭转学生背作文的具体操作策略。教师的教学成绩不应再以分数为主，学生成长记录袋也应该列入教师的考核中。

如果学生平时写了日记、周记、游记，节日给亲朋或教师写信，写自己的读后感，放学路上有观察作文，同学间有写作肖像，这些都放入成长记录袋，学生的作文就不会差，而且对学生的终身学习习惯的养成也很有帮助。

《走向发展性课程评价》这本书应该最大限度扭转教学评价中的错误倾向，使教学朝合理健康的方向前进。认真学习了这本书的教师应该不会再出现让学生背作文来应付考试的现象了。

案例链接二：

揠苗助长

［释义］把苗拔高，帮助它生长。比喻不遵循事物的发展规律，急于求成，反而坏事。揠：拔。

2005年的一期《中国青年》杂志上曾登了一位硕士研究生学历的女白领的故事。这位硕士研究生一生最大的感受或记忆中最难忘的事，是她在小学一年级时学习成绩是全班最后一名。

她说并不是她智商不高或不认真学习，她成绩倒数第一的原因是其他学生都读了学前班，她没有读过。

她肯定受过老师的冷落，同学们的轻视。好在她的父母理解她，不断给予她学习上的支持，她逐渐适应学习，最后考上重点中学，直到研究生毕业。

这位女白领的故事告诉我们，教学中不能揠苗助长，否则不利于儿童的健康成长。

当前有一些幼儿园开设了小学的文化课程，这是揠苗助长的做法，小学的内容决不能下放到幼儿园中去。

幼儿园是以游戏为主的，有专门适合幼儿学习的内容，在终身学习的社会里，幼儿阶段应让儿童有一个快乐的童年，他们应该在涂鸦时代自由自在地画够、唱够、玩够，以健康的身心走向小学阶段。

毕加索曾说过一句话，他说，他一生的绘画只不过是在模仿两岁的儿童信手涂鸦的乱画而已。儿童的画最有创意，是成人难以模仿的。

我们的教育关键是要给儿童一个自由创造的空间，共性与个性和谐地得到发展。

（文章系 2005 年云南省新一轮少数民族贫困地区教师综合培训项目，省级骨干教师培训班大理基地培训学习笔记）

走向和谐的教师培训之路

——贯彻以人为本的精神，促进校本研修水平，切实建立反思性的教学

集中学习和考试形式的教师履职晋级考试学习模式，越来越显现出不足。云南省教育厅民教处李云芳处长高瞻远瞩地指出这种模式存在的三大问题：一是工学矛盾大，教师工作辛苦；二是缺乏理论联系实际，学非所用，用非所学，学习内容与工作实践不挂钩，学习只为考试学分服务；三是投入与产出不相匹配，年平均投入的学习费用有的多达上千元，少的也有几百元，教师普遍感到疲劳，厌学现象严重。

而以自修——反思为操作模式的民族贫困地区教师综合素质培训，经过第一轮的学习后，逐渐显示出优势和魄力。在新一轮的培训中，又显示出以下七个特点：1. 领导更加重视，考核成绩直接与年度教师考核挂钩，避免了部分学校不学或应付的现象。2. 培训方式多样化。3. 问题为学习的主要方法，发现问题、讨论问题、解决问题，切实以问题为线索进行理论联系实际。4. 加强团队学习共同体的作用，团体学习更有利于互相促进。5. 运用信息技术手段，加强通过网络等媒体进行学习。6. 社区、学生、家长参与，学校不是孤立的，它是社会的一部分，因此，应开发社会资源来促进教师和学生的教与学效果。7. "发展报告册"只有目录和正页，

加大了教师创造空间的给予，强调感想、心得、摘要的交叉空间，实际上可以促进教育随笔写作的能力。苏联教育家苏霍姆林斯基的教育著作《给教师的建议》实际上就是教育随笔集锦。

陶西平教授在讲座中提出的"过河原理"，以说明主体性问题。学者知识掌握多，在某个领域是专家，但不会游泳，过河时发生意外而丧命；船夫知识少，近乎文盲，但会游泳，过河时却能逃生。这个故事对我们教育观念的更新和树立新课程的评价观具有很重要的启示作用。

这就要求我们的教学必须以人为本，在教学中发挥每一个人的长处，允许学习进度有快慢，教师可以布置弹性作业。例如数学，有经验的老师都知道分数差距太分明，即使教师不讲，学生自学，也会产生有的学生考满分、有的学生考个位数的现象，但教师责备、辱骂学生是没有用的，唯一的办法就是降低要求，实行弹性要求，可以让优等生做难题，学困生做简单题，这样就各得其所，使每个学生在原有基础上都有所提高。这里还有一个有趣的话题是："篮球明星迈克尔·乔丹和比尔·盖茨谁更聪明？"这个话题的答案和学者与船夫的故事一样，是无法比较的。"三百六十行，行行出状元。"中国古语已经把这个主体性的问题说得很透彻了。而加德纳的多元智力理论也从理论上清楚地解释了这个问题。

理论是先进的，操作起来有难度。我认为新课程的理念的落实单靠教育部门的力量有一点难。例如班级人数问题，德国在宪法中就规定小学班级人数不得超过 32 人，超过就违法。

新课程的理念都是在小班制的基础上才能操作的，可我们优质小学的班级人数几乎都在 65 人以上。这里涉及两个问题，一是行政违法和上课教师的工作量问题；二是学生接受教师指导的次数问题，如果学生在一节课没有得过一次提问的机会和一次个别指导，儿童是否失去了应有的受教育权呢？

教育常识告诉我们，好的学生可以让他顺其自然发展，而学困生的提高只能靠个别指导，因此，大班额班级的难点是学习成绩的"马太效应"比较突出。教师没有时间和精力指导差生，因此在有些学校产生了让学困生"消失"的现象。

当然，最根本的问题是和没有建立新课程的评价观有关。广大教师只管课本和考试有关的事情，平时疏于学习。国家特级教师窦桂梅是典型的学习型教师，她的成就可以说是源于她不断地读书学习和对教学进行反思，因此，她才能进行问题模式教学，窦桂梅行为应成为每个教师的行动指南。此次新一轮的校本研修，万福主任透彻地讲清楚了校本研修的目标、任务、含义和具体操作策略，为我们今后开展师训和教研工作指明了正确的道路。

校本研修一方面具有很强的合作性，使科研、教研、进修院校这些各自为政的部门有机地结合在一起。使理论学习与实践行为有机地结合，纳入宏观的长效的终身学习系统中——一种以人为本的，非常和谐的教师专业化发展中的学习模式。

打破学科本位、知识本位、儿童兴趣本位观，提出以人（学生）的发展为本位的观点，综合各种观点，整合成合理、科学的理念。

"一德三新"这一目标又给校本研修指明了终极目标。德就是教师的职业道德素养，三新指的是新理念、新课程、新技术，"一德三新"目标的实现必须靠教师长期校本研修才能建立起来。

当前我们为实现素质教育的目标，教育改革中实施了新课程，在实施新课程的过程中，教师能否具有"一德三新"是关键。

首先，职业道德素养的形成，一靠环境的影响；二靠长期的学习，依赖于学习型教师队伍的形成；三靠法律法规的执行。

有了和谐的大环境，教师优良的职业道德素养的形成就有了好的土壤，为消除长期以来应试教育的消极影响打下了良好的基础。

教师履职晋级培训科目和综合素质培训教材选用得都很好，但缺少与职业道德素养相关的内容。一个教师一生最好能精心读一本教育名著，如苏霍姆林斯基的《给教师的建议》等。我们教师的继续教育教材能否也编选类似"著名教育论著选集"读本等内容作为教材呢？

现在既然是法治社会，教师也应增强法律意识。例如，现在教师加班加点，以牺牲学生的休息和锻炼时间来换取教师暂时的"成绩"。变相体罚、精神惩罚等现象在中小学大量存在，也与教师法律意识缺失有关。因此，也应把相关法律法规学习的内容作为继续教育教材。在进修学校组织的小学校长岗位培训班的座谈时，有些校长就指出其收获最大的课程是涉及教育法律方面的课程，学习了以后才发现自己以前的某些做法是违法的。职业道德素养并不是虚幻的内容，它与能否自觉执行法律法规有密切的关系。

古语说："亲其师，信其道。""其身正，不令而行。"指的是教师职业素质对学生潜移默化的影响，教师道德素质高，学生就亲近教师，就愿意认真学习，道德与效率是密切相关的。反之，师生关系恶化，教学质量低下，往往与教师职业道德素养不高有关。

新理念、新课程、新技术的"三新"目标是一个直接的过程因素，而"德"的目标是间接的长期因素。

（文章入编 2005 年云南省新一轮少数民族贫困地区教师综合培训项目，省级骨干教师培训班大理基地培训学习文集）

课程改革背景下的小学校长
岗位培训的探索

我国基础教育目前正以其巨大的变革推动着教育的进程，从素质教育到课程改革再到人人关心的高考，从形式到内容都发生了实质性的变化，深刻改变着人们的传统观念。这种发展趋势表明，从理论上探索教育的时代正在到来。在这样的背景下，大理市教育局于 2003 年 11 月 10 日至 11 月 29 日在大理市教师进修学校举办了为期 20 天的小学校长岗位培训，共有 94 位大理市辖区内的小学校长和幼儿园主任参加了培训。

此次培训受到大理市教育局领导的高度重视，早在 9 月份安排工作时就制订了培训计划，订购了教育部编写的校长岗位培训教材，提前让应培训的校长进行自主学习。

一、以新理论重塑校长灵魂

此次培训采用教育部编写的中小学校长任职资格培训基本教材，主要有《邓小平教育思想专题》《教育法制基础》《当代教育理论专题》《现代教育技术基础》《课程与课堂教学》《学校管理专题》《现代教育评价》《素质教育理论专题》等 8 门课程。教育局领导高度重视这次培训，除了局党委书记和局长在开学时做了学习动员报告外，还安排了局纪委书记和局督导室主任分别就"怎样做一个好校长"及"小学管理"做了专题讲座。

由于领导重视，培训目标明确，接受培训的校长学习积极性较高，以前所未有的积极状态投入紧张的学习之中。

大理市教师进修学校精心组织了理论水平高、师训经验丰富的骨干教师，认真备课，采用了大量符合新课程理念的教学策略与教学方法，将自主学习、小组讨论、案例剖析、撰写文章交叉融合在一起，使交流、合作、探究的理念贯穿在立体的课堂教学空间里，使校长们切实感受新理论的强大生命力和课改气息，力争使校长们在较短的时间里获得更多的知识，再去指导实践中的课程改革。培训期间还聘请了教研室专家、大理一中教师等就"校本教研"和"信息技术教育动态"为专题做了讲座，增加了培训的信息量。

虽然培训内容以与新课程相关的新理论为主，但由于培训策略科学，方式多样化，紧贴校长的管理实际和教研素质提高，培训并不枯燥。许多校长在培训过程中认真反思了自己的管理经验，厘清今后管理的思路，感到过去经验型的管理成分多，而现在需要向研究型、学习型的管理者发展，只有这样才能适应 21 世纪教育发展的需求。21 世纪的校长只有站在新理念、新课程和持续发展的高度，才能真正打造出适应社会发展需求的"高品位"的教育和大量的"名师名校"。

二、以新视角构建校长多元角色

此次培训的定位是新课程发展中的校长岗位培训。基于此，培训必须提供给校长们一个思维的空间，厘清思路，构筑"科研兴校"的策略，从传统的管理向理论化、文化化、个性化管理过渡，需要打造适应时代发展要求的校长的多元化角色意识。

在培训过程中，组织了接受培训的校长们到城区示范学校下关四小参观，参观了电脑室、英语听音室等设备及操作使用情况，观摩了下关四小自己创编的民族韵律课间操，了解学校的管理情况，参观结束后就"学校特色发展"和"课程资源开发利用"等问题布置了讨论题目。此外还参观了大理镇东门完小、下鸡邑完小等乡镇学校和新建的中和幼儿园，在参观过程中，交流了校园文化建设和校园绿化美化的经验。通过现场参观，开阔了眼界，启发了思路。

在培训结束前，接受培训的校长 15 人为一个小组，以"新课程、新理念下如何去管理与教研"主题进行讨论，要求人人发言，由进修学校教师做书面记录，记入结业成绩。在小组校长讨论的基础上，以乡镇和片区为单位，推选出 12 位校长在结业仪式上进行总结交流发言。发言内容涉及小学校长管理的多方面，以学习到的新理论为依据，产生了大量有价值的新观念、新思路，对更好地去落实新课程改革，科学地提高教育教学质量，以及对优化校长管理，都有极大的借鉴和参考价值。在交流中，许多校长能熟练地操作多媒体设备，用自己制作的课件展示自己的构思，与 21 世纪教育发展需求的高素质的科研型校长的要求相适应。

总之，这是一次成功的校长岗位培训，是新课程改革中对继续教育模式的一种探索。其培训的价值和效益一方面可辐射到各学校普通教师身上，一方面也可以迁移到今后更多的教师培训工作中去。

（文章新闻稿登载于《大理市报》2003 年 12 月 10 日综合新闻版）

大理市教师进修学校在教研和培训中取得成效

　　大理市教师进修学校近年来坚持以科研为先导，以培训为重点，全面推进教育教学改革，在教育科研和师资培训方面取得了"双赢"。

　　大理市教师进修学校承担着大理市辖区内两千多小学教师继续教育的任务，为了全面推进全市教育教学改革和发展，使教师素质适应新课程的要求，学校坚持以教育科研为先导，对教师培训工作做到"定人、定科目、定职责"的办法，增强了全校教师参与教育科研和培训工作的积极性、创造性。

　　为了搞好大理市 2004 年春季小学教师履职晋级培训工作，学校打破了以往一个教师负责培训一门学科的状况，以培训科目为研究课题，以 2—3 名教师为课题小组，共同负责培训一门学科，培训前在培训教师自主学习的基础上，课题小组展开集体备课，进行合作式教研，研讨培训内容，探究科学的方法，搜集案例。进修教师在组织培训前都参加了 2003 年 6 月省教育厅在昆明举办的履职晋级考试科目培训者的一级培训，全部取得合格证，并保证每门学科有 2 名教师参加。另外，还组织教师参加 2003 年底州师训办举办的集体备课会。

在 2004 年 1 月 17 日到 2004 年 2 月 17 日为期一个月的"大理市春季小学教师履职晋级培训"中，市教师进修学校培训全市报考教师 1177 人，举办培训班 12 个班次，培训科目为《探究教学的学习与辅导》《研究性学习解读与实施》《新课程理念与小学课堂教学行动策略》和《走进新课程——与课程实施者对话》四门学科。培训班级大部分采取送教下乡形式，分别在海东、喜洲、少艺校、下关一小和下关四小的多媒体阶梯教室进行，方便了广大教师学习。由于市教师进修学校以科研为先导，备课充分，培训效果好，受到广大教师的好评。

目前，该校主要骨干教师都参加了学科课题教研，学校领导带头搞科研，写论文，已有十余篇论文、教育通讯在各级报刊上发表。几年来，学校先后获得"大理州中小学教师培训先进单位""云南省民族贫困地区中小学教师综合素质培训先进单位"等荣誉称号。

《课程改革与问题解决教学》
试卷分析和建议

　　《课程改革与问题解决教学》为 2004 年秋季首次开考的科目，题目类型有五种，其中判断题有五小题，简答题有五小题，填表题一题，论述题二题，案例分析题一题，分值分别为 10 分、20 分、10 分、20 分、20 分，卷面满分为 80 分。《课程改革与问题解决教学》考试中小学教师使用同一份试卷，要求完全一致。

　　《课程改革与问题解决教学》考试试卷除第一题判断题外，其余题目全部需要用文字表达，如果每一小题平均写三百个字，九小题就要写二千七百个字，而这只是最低要求。从这里可以看出，《课程改革与问题解决教学》这门课程的考试与其他科目相比属于题量较大的试题。

　　由于《课程改革与问题解决教学》考试中小学教师和幼儿园教师同用一份试卷，教师类型不同，答题质量差异较大。其中，中学教师普遍答得较好，答卷中很少出现空白题。而在小学教师和幼儿园教师的部分答卷空白题较多，出现了题目做不完的现象。

　　此份试卷理论联系实际，通过多样化的题目较好地反映出教材中的重要知识点，是教师走向新课程和提高教学质量的重要策略。参加考试的教师，如果认真参加了培训学习，认真看过几遍教材，又能联系教学实际去思考和领悟，那么，在试卷中就能表现出较高的质量，也能够按时完成试题。

《课程改革与问题解决教学》这一门学科虽然难学，但是对中小学各门学科进入新课程的指导意义比较大。因此，这门学科的一个重要的特点就是报考人数多，大理州中小学教师报考这一门学科的接近五千人，单大理市小学和幼儿园教师报考这一门学科人数就达六百人左右。这说明新课程理念已经深入人心，广大教师有强烈的愿望掌握好与新课程相适应的先进教学策略；认识到"问题性"是新课程教学策略的核心，从而可以看出广大中小学教师的教育理论素质在不断提高，近年来的教师履职晋级培训已经显出成效。

建议以后《课程改革与问题解决教学》这门学科考试能够适当减少题量，简答题可由五题减为三至四题，判断题可增加到十题以上，论述题以一题为好，但必须留够空白。或者对小学和幼儿园教师在题量上适当降低要求，可以让中学教师做两道论述题，而小学和幼儿园教师只做一道论述题，这样可能会更合理一些。

中小学教师履职晋级考试科目培训中的学习对象分析

2004 年春季，云南省中小学教师履职晋级考试科目有《探究教学的学习与辅导》等 12 门课程，考试题型类型多样，除选择、判断、简答、论述之外，还有案例分析或设计、课例分析、活动设计、参与探索、教学反思、发散等新型题型。为了更好地搞好履职晋级考试科目的培训工作，作为培训者除了认真研究教材之外，还应认真研究培训对象的情况，在此基础上，对培训对象学习策略中的认知策略做出指导。

参加履职晋级培训的教师情况是千差万别的，他们的年龄、教龄、职称、学历层次、教研水平、所教学科、生活经验、兴趣爱好、性格气质等方面都是不同的。培训对象所在的班级不是按知识水平划分的，而是按所在乡镇或学校区域划分的。因此，这就给培训者带来了一系列难题，如培训策略的着眼点不易把握。如果以认知知识点和应考技巧为重心，那么素质较高的教师可能会兴味索然，参加培训学习的积极性就不高；如果以知识点为线索，重点放在提供一种思路和反思上，又使一部分教师感到吃力或不适应。笔者根据多次组织履职晋级考试科目培训的经验，觉得培训对象的规律是"中间好，两头难"，所谓"中间"主要是教龄 5 年以上，中级或高级职称，年龄在 25—40 岁之间的这部分教师，所谓"两头"是指新参加工作的教师和 45 岁以上的一部分老教师。"中间"这部分教师有了一定的教学实践经验，从职称和发展上都有学习和反思的需求，因而学习积极性高，悟性好，能教学相长。"两头"的一头是新教师，实践经验少，虽然记性好，但深层反思能力低；另一头是老教师，城区老教师大部分高级职称到位，因而学习积极性不高，有的长期未参加学历培训学习，学习能力退化，农村老教师有一大部分是原民办教师转成公办教师的，他们学历低，家庭负担重，记忆和理解力下降，对学习和考试都极不适应。

　　基于在履职晋级考试科目培训中，培训对象有上述方面的差异，作为培训教师应研究多种类型的学习中的认知策略，使培训辅导能适应各方面有差异学习者，以提高履职晋级考试科目培训的学习效率和效果。

　　学习中的认知策略是指加工信息的一些方法和技术，有助于有效地从记忆中提取信息。一般而言，认知策略因所学知识的类型而有所不同。认知策略有复述、精细加工和组织策略三种，主要针对陈述性知识的。履职晋级考试只是一种手段，而不是目的，但教师只有首先对各种新理论和新理念有深层次的认知，才能在实践中去自觉运用，才能提高教师理论素质，真正落实素质教育和做好新课程教学。

重视"案例"在教师履职晋级培训教与学中的重要作用

案例是教育情境中大量的生动的细节和信息的反映，这种反映是整体的、动态的、形象的、真实的，它比较完整地提供了研究者对于有关事件的经历和经验，因而有助于人们以直观的具体的方式来认识和把握特定的事件。案例以鲜活的叙事取代抽象的说理，使案例既不同于思辨又不同于实证，案例具有独特的价值和功能。因此，案例在教师履职晋级培训中，一方面可以作为教师在教学中进行理论联系实际的重要素材，另一方面又可以作为学习者理解新理念、新理论的重要参照物，案例是教师履职晋级培训中教与学的重要方法。

首先，案例来源于教育教学实践。教师在教育教学活动中面临着各种各样的问题情境，需要进行判断、选择、决定，复杂的情境提供了更多的选择、思考和想象的余地，因而给人以更多的启迪。学校教育教学中有许多典型事例和两难问题，案例可以从不同的角度反映教师的行为、态度和思想感情，提出解决问题的思路和例证。

其次，案例不是对教育情境的简单复制，而是从特定的视角对所关注的人和事进行的观察与思考，案例研究反映的是经过研究者选择加工的特定情境，它不是实况录像，而是一部精心剪辑的纪录片。因此，案例是根据一定主题的需要，围绕主题来对实践情境中大量的信息进行筛选、构建和表达，有助于人们从某个特定的角度对实践情境进行观察和思考。

在 2004 年春季和秋季两次大理市小学、幼儿园教师履职晋级培训学习中，大理市的教师主要参加了《探究教学的学习与辅导》《研究性学习解读与实施》《课程改革与问题解决教学》《课堂教学评价的理论与实践》《课程操作评价与案例》《新课程理论与小学课堂行动策略》以及《走进新课程》等七门课程的培训学习。设立班级 26 个，大多采用送教下乡形式，培训学习对象达 2216 人次。这些履职晋级培训的课程紧紧围绕新课程的教学目标，体现了先进教育学与教学实践之间的互动，是教师进行理性反思和操作新课程策略的科学依据。

在教学或学习上述课程的过程中，很重要的一个环节是理论转化为实际应用成果。但是在完成这一转化过程中，有两个主客观因素直接制约对这些课程的学习。主观上许多教师远离理论甚至轻视理论，只注重个人经验；客观上新课程改革中许多概念术语是从外国搬来的，内涵上存在不确定性和模糊性。因此，需要建立一座桥梁，沟通学术性理论与教师真实实践情境，而案例便是广大教师易于接受的重要方法。

为了便于研究，案例可以分为不同的类型，如从教师研究的现状和需要看，可以尝试按特定的研究对象来分类，如分为一节课、一件事、一次活动等。这种分类在逻辑层面上有所交叉，但在一定程度上适应了教师的工作特点和研究思路，具有比较强的针对性和实践性。

一、一节课的案例研究

课堂教学是学校教育的主要途径，也是教师工作和研究的主要内容。一节课作为一个相对完整的教学单位，比较集中地体现了教师在日常工作中面临的各种教育教学问题，是十分适合教师开展案例研究的对象。

例如，《新课程理念与小学课堂教学行动策略》这本教材，是以课堂案例、理念、策略构成基本要素，全书有 57 个具体的课堂教学案例，涉及小学阶段的大部分学科。这些案例鲜活而富有内涵，书中课堂案例都来自一线的特级教师、优秀教师，每个课堂案例都从不同的角度折射出新课程的某一理念或理念的某一方面，这些课堂案例最深刻的启示就是教师要想掌握新课程改革和新课程理念就必须深入研究鲜活的课堂教学，在实践中感悟新理念。理论的魅力不在于理论自身，而在于理论对实践的指导作用，《课程理念与小学课堂行动策略》中的课堂案例不仅为我们揭示了新的理念，而且还为我们提供了把这些理念转化为实践的行动策略，这使新课程理念的具体化成为可能。这本教材用大量一节课的案例来阐述理念，显得通俗易懂。

二、一次活动的案例研究

除课堂教学外，各种活动是学校教育的重要组成部分，包括校班团队活动、学生社团活动、社会实践活动、研究性学习等。与课堂教学相比，教育活动的形态更具开放性、生成性和不确定性的特点。教师在组织、开展和指导各种活动时，有许多值得研究的问题，如活动的主题设计、组织形式、资源开发和环境支持、学生自主管理、教师参与指导问题等。

例如，《探究教学的学习与辅导》教材，详细论述了探究教学及其实施方案，论述了探究教学的本质、类型、特点、模式和教学设计及其一系列问题。其中还重点考察了当前国内外几种常用的教学模式，介绍了许多以活动为特色的国外教育教学案例，为在新课程实践中实施探究教学提供了可资借鉴的特例，使探究教学不再停留在"看得见摸不着"的理论范畴，而成为符合当前需要的教学策略。

三、一件事的案例研究

教师工作实际上是由一系列的事件所构成的，学校教育中发生的每一件事都可以说是一个情境。除文化学习外，教师还要关心学生成长的全过程，在丰富多彩的学校生活中，有一些事情会给人以特别的感受，即使时过境迁，这些事仍会留在记忆的深处，触动人的情感和心灵。关注教学中的事件，就会发现许多值得思考和研究的内容。

例如，《课程改革与问题解决教学》这本教材，以大量现实的事件作为土壤，提出"问题解决"教学的实施策略。书中以大量案例作为资料，借鉴多元智能理论，以梅克的"问题连续体"为基本框架，构建有特色的"问题解决"教学模式。为教师开辟一条走进新课程的便捷之路。教材中包括以事件为线索的大量课例，有助于教师借鉴后直接在新课程中应用。

四、一个人的案例研究

教育研究也是对人的研究。在学校生活中，作为研究者的教师经常会对某些特定的对象给予特别的关注，并产生进一步了解和研究的兴趣，对象可能是一个学习困难的学生，也可能是一个有特殊天赋的学生，或者是一个本校或其他地方的优秀教师，通过对这些对象的研究，教师可以从中发现、体会和借鉴许多有益的教学经验，如一种学习指导方法、一条教育原则、一种教学风格、一套管理措施等。

笔者在履职晋级培训的教学中，一方面要求教师通过书面作业的形式反思自己的教学经验，把自己的教学与新课程的目标、过程、策略相比较，找到提高教学效率的突破口。另一方面，在相关课程教学中重点介绍了清华大学附小语文特级教师窦桂梅的"主题教学"的思考和实践，以一个成功教师为案例，对照自己的教学实践，促进自身素质提高，理解新课程要求的理念、策略和方法。

总之，案例来源于教育实践中的问题，与教师个体的经验关系十分密切。因此，在教师履职晋级培训学习中，充分利用案例的作用，有助于发挥教师在学习中的主动性和积极性，取得好的教学和学习效果，也有利于先进教育理论在实践中创造性地运用。

（文章刊登于大理市《教学研究》2005 年第二期）

重视认知策略，提高学习效率

——简议中小学教师履职晋级考试科目的学习方法

2004 年 2 月，云南省中小学教师履职晋级考试科目将开考 12 门。大理市辖区内小学及幼儿园教师主要报考了《探究教学的学习与辅导》《研究性学习解读与实施》《新课程理念与小学课堂教学行动策略》《走进新课程——与课程实施者对话》学科。考试形式全部为开卷考，题型除了简答、判断、观点评析、论述之外，还有案例、课例分析或设计等类型，加大了用理论对教学进行反思的能力的考核力度。开卷考试实际上对教师综合素质的要求更高了。

为了提高学习的效果和效率，更好地去理解大量的与新课程改革相关的新理论、新理念，自觉地在教学中运用和实施，在履职晋级考试科目的学习中，广大教师应注重学习策略的研究，特别是学习策略中的认知策略。

学习策略可以分为认知策略、元认知策略和资源管理策略三个方面，我们在这里只重点探究认知策略。认知策略是加工信息的一些方法和技术，有助于有效地从记忆中提取信息。一般而言，认知策略因所学知识的类型而有所不同，但较典型的认知策略主要有复述策略、精细加工策略和组织策略三种。

一、复述策略

复述策略是在工作记忆中为了保持信息，运用内部语言在大脑中重现学习材料或刺激，以便将注意力维持在学习材料上的方法。在学习中，复述是一种主要的记忆手段，许多新概念、新信息、新理念和有效的行动策略，只有经过多次复述后，才能在短时间内记住。常用的复述策略主要有以下几种方法。

1. 画线

画线是阅读时常用的一种复述策略。教师在学习履职晋级考试的教材，应精读教材5遍以上，在这基础上再去画线。画线时首先解释在一个段落中什么是重要的，如主要观点、核心理念等；其次，画线不宜太多，也许只画一到两个句子；最后，定期复习和用自己的话解释这些画线部分。此外，也可以使用一些圈点批注的方法，与画线策略一起使用。（1）标明概念和例子。（2）列出观点原因或序号。（3）在重要的段落前面加上星号。（4）在混乱的章节前画上问号。（5）给自己做注释，如检查上文中的定义。（6）标出可能考查的项目。（7）画箭头表明关系。（8）注上评论，记下不同点和相似点。（9）标出总结性的陈述。

2. 多种感官参与

在进行识记时，要学会同时运用多种感官，如用眼睛看、用耳朵听、用嘴巴练以及用手写等。有心理学家证明，人的学习83%通过视觉，11%通过听觉，3.5%通过嗅觉，1.5%通过触觉，1%通过味觉。而且，人一般可记住自己阅读的10%，自己听到的20%，自己看到的30%，自己看到和听到的50%，交谈时自己所说的70%。这一结果说明，多种感官的参与能有效地增强记忆。这与新课程理念所倡导的参与、交流、合作、探究教学模式是一致的，同时也为形式多样的教师培训模式提供了心理学依据，当前的教师履职及考试科目培训，不再是单一模式，除自主学习之外，增加了小组讨论、专题交流、合作学习等形式，有利于熟悉和领悟所学理论。

3. 复习形式多样化

在实践中应用所学知识是对知识的最好复习。采用多种形式进行复习，如将所学的知识再用实践证明，做出总结、与人讨论以及向别人讲解等，这比单调地重复更有利于理解和记忆。某一领域的专家之所以能记住许多专业知识，是因为他们在反复地应用这些知识。因此，要善于在不同的情境下反复应用所学的知识，加深对知识的理解和保持。教师不论是教思想品德、语文、数学学科，还是音乐、美术、体育、自然等学科，都可以用所学内容对自己的教学实践进行课例或案例分析和设计，进行活动设计、教学反思。

二、精细加工策略

精细加工策略是一种将新学材料与头脑中已有知识联系起来，从而增加新信息意义的深层加工策略。如果一个新信息与其他信息联系得越多，能回忆出该信息的原貌的途径就越多，回忆就越容易。因此，它是一种理解性的记忆策略，更适用于开卷考试科目的学习。下面是一些常用的精细加工策略。

1. 利用背景知识，联系实际

精细加工强调在新学信息和已有知识之间建立联系，背景知识的多少在学习中是非常重要的。对于某一事物，我们到底能学会多少，决定因素就是我们对这一方面的事物已经知道多少。教师在学习教材时要把新的学习和自己已有的背景知识联系起来，并要能联系自己的教学或当前教育教学中的疑点、难点问题，不仅可以帮助我们理解新理念和行动策略，而且可以让我们感觉到这些新信息有用。

2. 做笔记

做笔记是阅读和听讲时常用的一种精细加工策略。记笔记时，笔记本上不要写得密密麻麻的，不妨在笔记本的右边留出3—6厘米的空白，除了笔记正文外随时记下教师讲的关键词、例子、证据以及自己的疑问和感想。不仅要做好笔记，还应包括复习，积极地思考笔记中的观点，并与学习到的其他信息进行联系。

3. 提出问题

无论阅读还是听讲，学习者要经常评估自己的理解状况，思考这样一些问题：这一新信息意味着什么？与教材中的其他信息以及先前所学的信息有什么联系？或者用自己所教学科的例子来说新知识，或者依据新理念设计出课例或活动。提出问题，意味着参与式教学互动成功。

三、组织策略

组织策略是整合所学新知识之间，新旧知识之间的内在联系，形成新的知识结构。当然，组织策略和精细加工策略是密不可分的，如做笔记和列提纲等实际上是两者的结合。下面是一些常用的组织策略。

1. 列提纲

列提纲时，先对教材进行系统的分析、归纳和总结，然后，用简要的语词，按教材中的逻辑关系，写下主要和次要观点。提纲要具有概括性和条理性，但其效果取决于学习者是如何运用它的。一个有效的方法是每读完一段话或一部分内容后用一句话做概括，或者学习者准备一个提要来进行交流发言，这样的活动使学习者不得不认真考虑什么重要、什么不重要，有利于参与、探索学习模式的构建。

2. 利用图形

每学习一门学科，对学习材料进行归类整理，将主要信息归成不同水平或不同部分，然后形成一个系统结构图。复杂的信息一旦被整理成一个金字塔式的层次结构，就容易理解和记忆多了，考试时也能很快找到相关材料。在金字塔结构里，较具体的概念要放在较抽象概念之下。也可以做网络关系图，先找出教材中的主要观点，然后找出次要的观点或支持主要观点的部分，接着标出这些部分。在网络关系图中，主要观点位于正中，支持性的观点位于主要观点的周围。此次履职晋级开考科目中，《探究教学的学习与辅导》和《研究性学习解读与实施》中的主要内容就可以制作成类似图形理清线索。

3. 利用表格

利用表格主要是指做成一览表，先对材料进行全面的综合分析，然后抽取出主要信息，并从某一角度出发，将这些信息全部陈列出来，力求反映材料的整体面貌。例如，学习《新课程理念与小学课堂教学行动策略》时，可以以课程为线索，将理念、课例，行动策略全部展现出来，制成一幅一览图。

总之，在实施新课程改革的背景下，为了适应教育改革和发展的需求，采用新课程倡导的自主、合作、探究的学习方式，有利于教师学好继续教育中的各门学科，做到学以致用，使教师成为研究型、学习型的教师。在履职晋级考试科目的学习中，教师应以认知策略为突破口，改变过去单纯应付考试的学习方式，把重心放到提高教师综合素质，提高教研和反思能力，提高教育理论素养和教学品位上，成为符合新世纪大理市教育发展需求的教师。

（原载大理市《教学研究》中小学版 2014 年第一期）

专题研讨、合作交流

——教师履职晋级培训新机制的探索

新课程要求提高教师素质、更新观念和转变角色，同时也要求教师的教学行为产生相应的变化。在对待教师与其他教育者的关系上，新课程强调合作。在中小学履职晋级考试科目的培训中，教师进修学校的教师是各类新课程理念的培训辅导者，在教学中更应超前体现新课程倡导的理念，以各门履职晋级培训科目作为专题研究对象，加强教师同伴之间的交流合作，是有效体现新课程理念的途径之一。

履职晋级考试科目都具有综合性的特点，这就特别需要教师之间的合作交流，互相促进。履职晋级考试科目主要涉及新课程理念及与之相关的教学方式，因此特别需要教师之间针对某些问题进行相互切磋、合作研讨、彼此支持，共同分享经验和信息。

大理市教师进修学校为了搞好 2004 年春季小学教师履职晋级培训，对传统的教学方式进行了改革，从以下几个方面对新课程背景下履职晋级培训的新机制进行了有效的探索：

一、专题研讨，形成交流

学校首先打破过去一个教师上一门课的做法，改由 2

人—3 人共同负责一门学科，学科内容即为专题课题，教师成为课题小组成员。2004 年春季大理市小学教师主要报考了《探究教学的学习与辅导》《研究性学习解读与实施》《新课程理念与小学课堂行动策略》和《走进新课程——与课程实施者对话》四门学科，报考人数达 1177 人，学校以四门学科为四个专题研究课题，在培训前参加省级一级培训的基础上，每个课题组织 2—3 名教师进行生成性、建设性的交流，突破传统的个人备课模式，使教师在交流过程中产生新的价值观与有意义的经验。这样，教师之间经常针对专题学科中的某些问题进行相互切磋、合作研讨、彼此支持，共同分享经验，共同成长。如果在备课过程中仅仅是教师个人的"自我反思"，而没有同伴之间的合作共进，那么信息就有局限性。每个教师原有专业和职称都不一样，有的是中文、数学，有的是政治或化学，还有的是教育学，这就需要教师之间教育资源的互动，而同伴之间互助交流的确会收获意想不到的经验。

交流的内容和形式可以是多方面的，可以是理论观点的交流，可以是重点、难点的分析，也可以是题型类型、论文写法要领等问题的交流，也可以是讨论各自搜集的案例。通过交流使教学内容做到心中有数，做到更深入的领会，能理论联系实际，把重要知识点串联起来。

二、改革形式，合作教学

在深入研讨学科内容的基础上，教师采取合作的形式上课，一门学科分成几个部分，一个教师固定上某一部分，在多个培训班进行流水作业式的教学。分配教学任务时充分考虑教师的特长，擅长理论分析者，讲理论性较强的部分；熟悉中小学教学的，则讲案例分析部分。这样，一门学科的教学或一个培训班级的教学不再由一个教师全包，而是由几位教师共同合作完成，这对学习者也是一种调剂，可以让学习者感受到不同的思路，有利于更好地掌握和理解学习内容。例如，笔者所参与教学的《探究教学的学习与辅导》分为三部分，教材中第一部分和第二部分由一位老师讲，第三部分和第四部分由另一位教师讲，第三位教师讲第五部分和案例分析。这样，三位教师风格不同，侧重点不同，但教学内容的处理很协调，这种短频率教学使教师在教学中也感到轻松，教师对教学内容更加熟练，教学效果好。

采用这样的教学形式，大理市教师进修学校在 2004 年 1 月 17 日开始的为期一个月的春季教师履职晋级培训中共举办了 12 个班次的培训班，由于教师准备充分，熟悉所讲授内容，既能从理论的高度深化，又能结合教学实践扩展，因此，教学深受学习对象的好评。

教师履职晋级培训是教师终身教育的具体载体之一，今后还将长期进行下去。教师进修学校的教师作为"教师的教师"，对综合素质的要求越来越高，因此，为更好地搞好培训工作，必须借助专题研讨、合作交流的形式，充分挖掘学校现有教学资源，以提高培训的实效性。通过培训切实提高受培训者的素质，从而达到"教学相长"的目的。

改写大理市中小学教师教育理念的新篇章

——大理市 2011 年英特尔未来教育项目培训小结

在大理市教师进修学校领导的关怀下，2011 年的大理市英特尔未来教育培训活动在 7 月 23 日—8 月 3 日进行，培训分小学和中学两个班级，参加培训的学科教师来自下关七小、凤仪镇中心校、凤仪镇三中和湾桥镇保中中学等学校，共计培训学科教师 100 名，作品完成率和合格率均为 100%。培训班的主讲教师由学校校长、书记、高级讲师杨鹏和教务主任杜兴担任，支部委员张卫强担任班主任工作。教师们在学习过程中充分地理解了英特尔未来教育的先进理念，都力争把所学应用到实际的教育教学当中去。

在参加培训之前，学员们对"英特尔未来教育"基本没什么了解，以为就是一般的电脑技术方面的学习。甚至在参加培训的第一天不知道到底学了什么，头脑中没有清晰的思路，都带着种种疑问在学习。直到第二天经过老师不断地讲解，学员们的认识才逐渐明朗。原来英特尔未来教育是以教法革新为特色，体现了信息技术的学科整合、研究型学习、反思型学习、面向作品的评价等特点。通过对小学教师的培训，使他们获得将信息技术整合于学科教学的技能与方法。而我们的培训活动，正是围绕这些特点进行的。英特尔未来教育是一种基于现代教育技术的，以学生为中心的、培训教师如何实施研究性课程和问题导向式学习的信息化教学设计的培训，旨在提高教师的信息素养、革新的教学观念和信息化教学设计的实践能力。现今的教育强调技术和学科的整合，强调学科和学科的整合，这是趋势，也是未来的需要。英特尔未来教育项目给我们提供了一个好的思路，让我们更好地审视我们的师生双向的教学活动，彻底改变了过去传统的师资培训观念和模式。

英特尔未来教育培训的教学目的是：通过培训使中小学各学科教师学习和掌握全新的教育理念、教学方法和先进的教学手段。它的最终目标是每一位教师和他所教的每个学生都学会运用信息技术和资源进行交流和学习，学生在学习过程中学会学习、学会合作、学会总结、学会创造，培养学生的创新思维、动手技能、团队合作精神和研究能力。教育理念的改变是英特尔未来教育培训的精髓。教师在教学中应用这一教育思想，能给学生探索新知识的机会，激发学生的学习兴趣，并随着计算机应用技术在课程中的渗透，改变学生的学习方法，从而提高学生的学习效率和学习成绩。

从英特尔未来教育培训教材中可以看出，单元计划设计是贯穿在培训过程始终的最重要的一条主线，它包括了比较规范的格式、内容、支持材料到实施策略，构成了一个完整的教学计划系统。同时，英特尔未来教育培训是基于美国微软公司的 Office 软件套件进行，用到的软件主要有 Word（文字处理软件）、IE（因特网浏览器）、PowerPoint（演示文稿制作软件）和 FrontPage（网页设计软件），此外，资料光盘和互联网给学员提供了大量制作素材和资料。在 48 学时的培训时间内，学员在计算机上完成自己单元计划包。学员在整个培训过程中，会经常处于"教师—自己的学生—培训班的学员"之间的角色互换。在培训班里，是一个学员，认真去完成自己的学习任务；作为一名学科教师，去精心设计自己的单元计划，把自己所理解的教育思想和所掌握的教育方法融入自己的单元计划中去；作为一名学生，带着老师给自己安排的任务，经过自己的努力探索，找出问题的答案，制作出演示文稿或网站展示出来，与大家交流共享。这样有利于教师去探索学生学习的过程，更好地修改自己的单元计划，使它更贴近学生生活的实际，激起学生更大的学习热情。

英特尔未来教育项目倡导"自主、合作、探究"的学习方法，从而引发学生"学习的革命"。这也正是新课程改革所极力倡导的"自主学习""合作学习""研究性学习"等学习方式。改变了过去单一、被动的学习方式，建立和形成发挥学生主体性的多样化的学习方式，促进学生在教师指导下主动地富有个性地学习，是英特尔未来教育项目的特色之一。学生的学习方式由传统的接受式学习向主动、探究、合作性学习转变。

英特尔未来教育项目增强了学生的自信心，激发了学生学习的积极性。英特尔未来教育项目重视过程、体现从做中学。整个完成学习任务的过程是体验、领悟的过程，也是学习、提高的过程，是一种以学生为中心的教学思想的体现。学生在自主探究中体会到学习的乐趣，通过调查、搜索、收集、处理信息后获得的成果品味到成功的愉悦，学习不再是被动地接受，不再是负担，而是一件快乐的事情，为学生的终身学习培养了良好的习惯，奠定了情感基础。

英特尔未来教育项目单元问题和基本问题的教学设计，培养了学生的好奇心、创造性、思维能力、解决问题和独立学习的能力。"英特尔未来教育"项目也促进了教师角色的转变。

在这次培训中，参训教师们不仅学到了先进的技术，更重要的是学到了一种新的教育思想和教育的理念。培训是用未来教育的先进思想武装每一位学员的头脑，用现代先进信息技术训练每一位学员的技能，从而达到使思想和技术融为一体，使信息技术和其他课程有机整合，培养学生探索精神和创造能力的目的。英特尔未来教育是以学生为中心，以培养学生创造性思维为目的的教学理念的具体操作，是我国素质教育实施的重要途径。这种教育方式所包含的教育思想、教育理念必将改写人类教育思想的新篇章。

通过学习英特尔未来教育，教师们深切地感受到科学地运用网上教育资源的迫切性。学科教师可以在网上查询自己教学所需要的相关学科资料，也可以在浩如烟海的网络中通过搜索引擎便捷地收集自己的单元材料。网络既是巨大的取之不尽的教学资源库，可以检索到大量信息资料，又是超越时空界限的教育教学研讨室，可以与有兴趣者共同交流教育心得体会。

紧张而有序的培训结束了，这些天的培训使教师们学到了先进的知识和技能以及新的理论，我们所有的辛苦和忙碌都是值得的。今后我们将一如既往地认真做好英特尔未来教育的培训活动，不断地总结和创新培训经验，为大理市教师能有效地学习先进的理念和教学方法，为老师们有效地运用信息技术服务于教学活动而努力。

"五步学习法"的价值及其实践运用

新一轮民族贫困地区中小学教师综合素质培训，以"发展报告册"作为考核学校和教师参加培训的依据，通过涵盖新课程理念的"课程观""教学观""教材观"和"评价观"四个专题的学习培训，要求每一位教师要用所学理念、理论，联系解决自己在教育教学中突出存在的1—2个观念、方法或行为问题（每个单位联系解决2—3个突出问题），并对每个问题实行五步学习培训法。第一步：找出问题；第二步：分析原因；第三步：制订改进计划；第四步：用于实践检查；第五步：进行理论总结，形成论文、随笔、案例等成果。

"五步学习法"要求以"问题为出发点，以解决问题为归宿"，具有探索性、发展性、实践性为特点，是教师基于日常的教育教学实践所进行的思考和评判，是一种高级思维活动，是教育反思的文本化。也就是说，"五步学习法"是一种促进教师专业化成长的教育反思范式，它把教师对自己的教育教学工作的思考和评判活动记录下来，成为教师成长发展的忠实记录和反映，在教师实践新课程的过程中具有独特的价值。

一、"五步学习法"的价值

（一）"五步学习法"强调以教师自身的真实性为基础

在日常教育教学工作中，教师遇到的大量的教学事件，是教师进行教育反思的源源不断的素材。由于"五步学习法"要求的反思对象是教师亲历的事件，教师成为研究的主体，从自己的教育实践出发，从校园生活出发、从真实出发，进行一种事实性、情境性和过程性的研究，因而还会出现以往教育研究中教师"失语"或"模仿"的现象。教师可以从自己亲身教育教学实践中捕捉灵感，以某一堂课、某一单元的教学或教育中某一偶发事件，甚至以自己与学生的某一次对话作为教育反思对象，也可以以学生的成长史或教师本人的成长历程为研究对象，用敏锐的眼光去探索这些外显行为本身以及行为背后的观念或价值。

"五步学习法"是一种学校本位的研修途径，更是一种教师本位的教学研究，其研究内容指向研究者自身的生活史。教师通过对自身的教育教学经历进行回顾和分析，找出困惑不解，并在此基础上修正和完善，继而将之重新付诸行动。与其他科研方式相比，"五步学习法"以教师自身的真实性为基础，有利于在教师群体中推广，促进教师本人专业水平的提高。

（二）"五步学习法"有利于教师问题意识的培养

一篇高质量的教育反思，首先要选择好切入点。而切入点就是稍纵即逝的现象中捕捉问题。因此，教师在进行教育实践或反思活动时，要学会做一个有心人，经常琢磨，学会在环境中、实践中发现问题，培养自己的问题意识。例如，在教育教学过后，教师需要静下心来思考：课程资源的开发是否从学生的生活出发？在课堂上是否关注了每一位学生？

学习要求是否考虑了学生的个体差异？在教学中还存在什么问题？怎样去解决这些问题？课题目标是否符合新课程的三维目标要求？或许，教师刚开始写反思随笔时是被迫的，但经过一段时间后，就会慢慢增强对问题的敏感度，形成良好的问题意识。

在日常教育教学工作中，许多教师由于缺乏问题意识，常常发出没有课题可以研究的感叹。因此，要想达到提高教师专业水平的目的，中小学开展教育科研必须从教师的教育教学工作实际出发，让教师在自己的亲身实践中生发出问题意识，通过研究日常教学中存在的困惑，为教学实践扫除障碍，并提升自己的科研素养。

（三）"五步学习法"探索了教育理论转化为教师实践行为的过程

任何一种称得上科学的教育理论，必定有其实践的价值，能够转化成为学校管理的方法与技术、教师教学的方式与技能、学生学习方式与能力的实践状态和操作体系。但是，在平时的教育教学中，教育教学理论似乎并未发生过多大的作用。其主要原因是一线教师在工作中较多地考虑教学的各个环节的设计，较少考虑课堂教育教学事件背后的原因，对教育理论如何运用于教学实践缺乏认真思考。在他们看来，理论是他人创建的，是高高在上、远离实践的事物，对具体的实践活动是没有用或用不上的。因此，一线教师普遍存在轻视理论学习的现象。

现在，在教师中实践"五步学习法"，就是在理论和实践之间架起一座桥梁，让教师在实践中把教育理论内化为自己的自觉实践行为。教师只有从教育教学实践中发现的问题或从自认为有研究价值的问题出发，不断地分析问题、解决问题，在学习教育理论的基础上，将普遍性的知识真正内化为自己的知识、经验和理论，从而实现自身行为的改进和提高。有关研究表明：通过写教育教学随笔，大多数教师提高了自身的理论水平。"五步学习法"把行为与研究和谐地统一在教学过程中，体现了行动研究的"理论联系实际"的规律。

（四）"五步学习法"有利于教师创新能力的培养

追求教学实践合理性是学校教育的永恒主题，教师对自身教学实践合理性的追求亦无止境。提高教师对教育教学实践活动的创新，离不开教学反思。尤其在新课程改革的背景下，教学理念的变化、学生学习行为的变革、教学模式的重构、课程资源的优化组合，以及教学方法的多样化、教学评价的多元化等，都使每个学校和教师面临许多新问题。因此，研究教育教学实践中出现的问题，探索教育教学实践的合理性，在新课程改革的实践中尤其重要。

"五步学习法"也是对传统教研方式的创新，是形成研究型教师的必由之路。它以教育教学实践中产生的问题为反思对象，通过反思来剖析、矫正和完善教育教学实践中不合理的行为和理念，不断提升教学实践的合理性水平。"五步学习法"能让教师学会发现问题、分析探讨问题、解决处理问题的方法，引领教师先进的教育理念，养成自己的问题意识，培养教师综合的教育智慧，提供教师专业化成长的空间，让教师成为有创造性的思想者、研究者和实践者。

二、"五步学习法"在大理市的实践

大理市于 2005 年 10 月启动新一轮民族贫困地区中小学教师综合素质培训项目以来，开始了《课程的反思与重建》等专题的学习，大理市辖区 4600 多名中小学及幼儿园教师参加了学习培训，可以说，是历次的教师培训中参与面最广的一次。至 2007 年 3 月，已完成第一专题《课程的反思与重建》和第二专题《谈新课程的教学观》的培训的学习。目前正在进行第三专题《新教材将会给教师带来些什么——谈新教材新功能》的学习和培训，到 2008 年初完成。大理市在这次新一轮民族贫困地区中小学教师综合素质培训学习中以"五步学习法"为载体，教师为主体，实践为动力，在大理市辖区的中小学校表现出以下特点，展现了"五步学习法"在教育教学实践中的强大生命力。

（一）问题探究

实行"五步学习法"，要求在学校中，以从实际出发的态度，用从实际出发的手段，解决从实际出发的问题。所指向的问题是教师自己的"问题"，是在学校发生的"真实的问题"。不怕教师问题多，就怕他们没问题。因此，大理市教师进修学校在每个专题培训启动前的骨干培训会上提出：最好的研修是教师带着问题来参与。

由于每个学校的教研水平不一样，对问题探究的能力也就存在差距。例如，在第一专题"课程观"的学习培训中，下关镇中学（原七里桥第二中学）确定了"后进生如何进步"为问题，要求全体教师在实践中去探究，这一问题切合农村初级中学的实际。具体操作时要求教师带着"如何提高后进生学习效益"这个问题去读书、听课、分析，再以小组讨论形式探讨，然后落实到课堂教学中。这样的学习培训结合了学校中最实际的问题，使教师们受益匪浅，厘清了思路，提高了教学质量。双廊镇中学结合学校实际以"在学科教学中如何激发学生参与意识"为问题进行交流讨论和学习。挖色镇中心完小确定了"新课程背景下如何开展课堂教学"和

"如何管理好学生"两个问题，要求教师在此基础上研修学习。凤仪镇凤鸣完小确定以"新课程中教师如何改变课堂中的行为"为问题，要求教师在讨论、学习的基础上研修，并要求教师每月撰写一篇教学随笔。

以上几个学校是"五步学习法"落实得比较好的学校，在 2006 年的教育教学评价中都取得了较好的成绩。

（二）主体参与

从"师本"出发，"以师为本""以教师的发展为本"是校本研修的最主要的价值取向。"五步学习法"的主体是教师，只有教师积极参与，教师的综合素质和教育质量才能获得可持续的发展。例如，在第一专题的学习中，大理市辖区内 247 所中小学、幼儿园积极参与，2006 年 3 月 16 日—3 月 30 日，大理市教师进修学校共验收 4627 名教师的"发展报告册"，对未达到要求的教师要求整改、补修、补写。截至 2007 年 4 月，"课程观"和"教学观"两个专题的学习全市合格率达到 100%。

广大教师的参与以"课堂教学"为突破口，在通读教材的基础上，结合自己的实际，有所侧重，使教学朝新课程所要求的方向发展，由"以教为主"向"以学为主"转变。例如，大理镇二中向教师布置了"在一节课中如何进行情景创设""如何布置一些探究性的作业"等问题，开展"五步学习法"，教师学习了新理念，加强了对课程资源的认识，学校教师之间形成了学习共同体。

（三）理念充实

在开展"五步学习法"学习的活动中，我们把理论的学习放在突出的地位，全体教师在开展"五步学习法"之前，首先必须在《课程的反思与重建》《教师教学究竟靠什么》《新教材将会给教师带来些什么》和《走向发展性课程评价》四本书上进行勾画、眉批，在"发展报告册"上要有理论要点和摘抄，有心得体会和小组讨论记录。为各个学校开展校本教研提供了科学的理论支撑。

创建学习型学校，提高教师综合素质，读书活动是必不可少的。因此，实行"五步学习法"要求教师通读、精读四本教材，在"发展报告册"上至少撰写一篇读书笔记，并要求通过各种形式展示读书成果，交流学习体会。项目目的就是以读书活动为契机，进一步培育教师的人文素养，全面提升教师的教育理念，为教师的生命发展打造亮丽的精神底色。在这一方面大理镇、下关镇、开发区都做得比较好，特别是下关镇吊草完小，虽然地处彝族居住的山区，但从不放松教师学习，"教学观"的学习"报告册"填写得规范而有价值，切实提高了教师素质。

（四）专业引领

课程改革实验需要专业引领者，"五步学习法"是校本研修专业引领的主要形式之一。教师进修学校作为教师培训的责任和职能部门，在新一轮综合素质培训中，已全方位对学校和教师进行面对面的指导、帮助，深入基层学校进行检查、督促，发挥好教师进修学校和学校专家指导组的作用。

例如，大理三中在新一轮综合素质培训中强调"领导先学"，领导带头以普通教师的身份进行学习，在认真自修的基础上，开设专题讲座，要求教师在学习中思考"为什么学、怎样学、学什么"三个问题，并要求学习时结合各个教师的教学难点与相关单元的知识点。领导的讲座围绕"五步学习法"，使学习与教育教学管理进行有机的结合，专题讲座既有课程理论的阐述，又有实践的问题探究，更有实践的教学引领，受到了教师们的好评。

（五）科组研修

学科教研组是开展好"五步学习法"的块状基地。"五步学习法"的重点内容之一就是研讨新课程理念的落实，需要以科组研修的学习共同体形式提供集体智慧。因此，在2005年12月和2006年4月，大理市教师进修学校召开了多次不同类型学校的经验交流研讨会，为各个学校提供了科组研修的范例和经验。

我们提出，"五步学习法"要融合自我反思、同伴互助、专业引领这三种研修的力量，通过开展"五步学习法"加强学习型的教研组的建设。和谐的情感、沟通的环境、榜样的作用、良好的支持等也可成为学习型教研组的内部机制。"五步学习法"的重点是"提出问题，解决问题"，有利于创造良好的研修情境。

下关五小在开展科组研修方面成绩比较突出，他们抓实"五步学习法"，学校已编写教育叙事反思文集两本，以人为本、以校为本构建青年教师成长平台，精心打造研究型、反思型教师队伍，以反思促名师，强调年级备课组的教研和研修活动，涌现了李丽霞等一大批名师。学校发挥名师引领作用，提倡公开自由讨论问题，形成学习共同体，提升了教师的创新能力和综合素质；案例分析形成制度，定期解剖、寻找教学遗憾。在"五步学习法"的运用中，下关五小对教师分层要求，多形式、多层次、多交流，促进了教师专业化水平的提高，特别是小学数学的科组研修方面成了大理市辖区的一面旗帜。

综上所述，"五步学习法"在大理市的实践是以教师自己的教育活动为思考对象，以自己为研究工具，进而对自己的行为、决策及其结果进行审视和分析的一种行为范式，是具有创新特征的校本研修，它所追求的是对教师综合素质提升过程的探索，强调"在教育中，通过教育，为了教育"，是与新课程的实施相一致的学校校本教研和教师培训的形式之一，其效果将有利于大理市中小学教师综合素质的发展，有利于提高教育教学质量。

（本文获得中央教育科学研究所全国教育科学"十一五"规划教育部重点课题"有效推进区域教师专业发展"成果三等奖；原载于大理市《教学研究》2007年第三期）

填写好"发展报告册"，促进教师专业成长

2005 年 9 月至 2008 年底，大理市开展了"新一轮民族贫困地区中小学教师综合素质培训"工作，全市辖区内中小学教师 4627 人参与了培训，四年内，学习内容涉及新课程的课程观、教学观、教材观和评价观的四本书的学习。在教师参与培训和学习过程中，创新了工作方法：在各学校巡回检查督促指导项目实施工作的基础上，实行教师填写"发展报告册"的办法，要求教师在平时教育教学和学习的过程中以"五步学习法"为依托，记录教材要点、教学反思、小组交流、个人小结等内容。截至 2008 年，已编辑出版以教师优秀成果为内容的教师专业化成长记录文集《实践与探索》二册。2006 年 7 月，大理市教师进修学校被教育部评为"新课程师资培训工作先进单位"。

新一轮民族贫困地区中小学教师综合素质培训已经进入到第四个专题的学习，参加培训学习的教师已填写完成三本教师专业化成长记录本"发展报告册"，以"五步学习法"为依托，从以下五个方面促进了教师专业化成长。

一、教育科研成为教师成长的"支撑点"

教育科研是教师的教育素养转化为教学效果的中介和桥梁。理论向实践的转化是教师成长的必经之路，一位成熟的教师应是研究型、专家型的教师，他不仅具备丰富的教学经验，还应具有对教学实践的理性思考和深层探究的工作品质，不断学习新的理论，学习先进的教育思想和观点，并在"发展报告册"里写出自己"所见、所闻、所思、所感"，只有这样不断地学习、追求、发展和提升，才能克服自身教育教学经验的局限性和片面性。

在新一轮综合素质培训中，给教师提供了四本文本读物，分别涉及"教学观""课程观""教材观"和"评价观"，内容十分丰富，有理论，有案例，有新课程实施中的探究问题等，四本书既是综合素质培训的文本，也可以作为学校开展校本培训的理论依据。教师可以在通读文本的基础上，按需摘录，用理论来分析或指导自己的教育教学实践。在填写"发展报告册"的过程中，经过三轮的检查验收，大多数教师都已经符合要求，从初期的全抄教材，变为"按需摘抄"或"定期摘抄"，规范的要求是"发展报告册"中理论摘抄部分占20页—30页为佳，其余留给反思、案例、交流、总结等内容，理论摘抄可以先行学习，也可以穿插在教学科研的间隙。总之，"发展报告册"应是教师专业化成长的"科研笔记"，用于个人保存，使之成为平时撰写论文的论据或个人教育教学经验的文本化痕迹。

在2008年3月份的第三专题检查验收中，大理市北片喜洲镇中心校、上关镇中心校等单位做得比较好，"发展报告册"数量足，内容规范，反映出校本教研的规范化。例如，喜洲镇中心校、沙村完小、仁里邑完小等学校许多教师把整本"发展报告册"填写完毕，不隔页、不空行、字迹端正、内容翔实，成为有价值的"发展报告册"。

二、教学反思成为教师成长的"充气点"

不少教师含辛茹苦，辛勤耕耘，但有时事与愿违，教育教学效果不佳，于是唉声叹气，怪学生不听话，怪自己运气不好。其实，作为一名教师，我们首先要学会反思。只有会思考的教师才"有资格"站在学生面前，也只有会思考的教师才不会"跪着教书"，才能培养出真正具有独立人格的、自信的、有思想的学生。因此，我们教师必须开展教学反思活动，将教育教学研究与写作当作自己工作的一种迫切需求，让教育科研成为一种必需。

填写"发展报告册"是培养教师教学反思习惯的一次尝试。不论是从事行政管理工作还是在一线教学，教师在忙碌的工作之余应养成教学反思的习惯：教后想想，想后写写，认真思考教学的得与失。如教学目标是否达成，教学情景是否和谐，学生的积极性是否被调动，教学过程是否得到优化，教学方法是否灵活，等等。这种反思笔记可以每天写一篇，最少每周应写一篇，既可以写在"发展报告册"上，也可以在网上进行交流。这样写中有学、学中有思的随笔或记录，虽不是"大论文"，但一般的报纸杂志或网络平台上都乐于发表。与此同时，教师的教育教学水平也会日趋提高，学生也会感到上课时不再枯燥乏味了。少数学校或教师反映，他们工作忙，没有时间写"发展报告册"的理由是站不住脚的。

三、教学模仿成为教师成长的"着力点"

教师的专业化成长虽然在很大程度上受教师所处环境的

影响，但更重要的是取决于教师自己的心态和行为。因此，教师要做自己发展的主人，自觉担负起自身专业发展的责任，善于将一般的、公众的、集体的教育理论知识与具体的教育情景，自身的实践性知识相结合，内化为教师个体的理论知识，并转化为个体稳定的、自觉的教育行为。在"发展报告册"中要求填写一定数量的案例，在听课或教研中的点评、交流记录下来，这一点对三十岁以下的青年教师尤为重要，许多优秀学校有教师之间结对互助的传统，这种互相学习也能促进教师专业的发展。

首先，从再造模仿开始，青年教师需要多学习优秀教师的经验。近期大理市辖区内开展的区域性校际大教研活动也为广大教师提供了跨校借鉴学习的契机和平台。对于各种教学技能应从类型、特点、效果方面加以分析，或选择不同的课型，如新授课、练习课、复习课进行教案设计，以技能为重点，对教师的教学实践课例或录像进行分析评价。

其次，以创造性模仿深入。教学既是一门科学，也是一门艺术，更是一种具有高度创造性的劳动。教学效果的好坏与教师的语言、机智、热情等素质有关，要掌握"无意于法则，而合于法则""从心所欲不逾矩"这样娴熟的教学艺术。我们必须在掌握名师的教学技巧和教学风格的基础上，结合个人的教学实际情况，从语言风格到课堂结合、设计思路等进行创造性的改革，力求体现个人的教学特色。

四、读书成为教师成长的"发展点"

四年的时间让教师精读四本"绿书"，写四本"发展报告册"，这只是给教师们提供一种读书的范例而已。有些地区，要求用1年—2年时间读完这四本书，在余下时间布置了一部分教育专著供教师阅读，学习要求更高。因此，教师还要结合自身的需要，结合学科特点，选读一些教育类专著，以提高个人的综合素质。在过去图书贫乏、信息闭塞的时代，许多老教师发现自己用毕生的心血获得的一些教育规律或教学经验，其实在一些教育理论著作或名人的经验介绍中，只是一些"小儿科"，随处可见，多读书可以让我们避免走一些弯路，直接进入捷径。

朱永新（苏州大学教授）说过："一个老师不在于他教了多少年书，而在于用心教了多少年书。"不重复自己，不断探索，不断创新，这样的教师不会停止对生活的撞击，即使他成不了一位教育家，他也会拥有诗意的教育生活，他的教育生命也会更有意义。因此，我们不仅需要读一些教育理论书籍，需要经常读大师作品、经典作品来提高自身底蕴，提高自身修养，同时也要经常阅读报刊、浏览网页，以此对世界保持一种新鲜感，促使自己不停地思考。读书，会在无形中提升你的品位，强化你的人格魅力，进而影响你的学生。

五、合作学习成为教师成长的"契合点"

在"发展报告册"填写过程中，从模式上强化了合作学习的特点，要求有小组交流互评记录，以学科或年级组的形式进行学习。许多学校的"发展报告册"上，交流互评记录齐全，有痕迹。例如，在大理市新世纪中学，有的学科组做得比较认真，在教师的"发展报告册"有组长写的一页左右的检查评语。

对教师来说，合作不仅是一种学习方式，也是现代教师素养的一种表现，善于合作是教师人文精神的重要组成部分。因此，教师必须改变彼此之间的孤立与封闭现象，学会与他人合作，包括与同类学科教师的合作及与不同学科教师的合作。新课程教学倡导学生的合作学习，教师也要在教师之间开展合作学习。"发展报告册"强调交流互评正是为了加强这一理念在教师中的贯彻。

有时教师精神压力大，思想负担重，心理和生理上过度疲惫，动机强度减弱，兴趣降低，热情不足；甚至还自高自大，自命不凡，闭门造车，孤芳自赏，这与新课程理念差距太大。其实，新课程倡导自主、合作、探究的学习方式，培养"公民良好的人文素养和科学素养""创新精神、合作意识和开放视野"。因此，填好"发展报告册"，可以从很大程度上改善教师之间不善于合作交流的弊端。

（文章系 2005 年 11—12 月云南省西部开发项目县中小学教师综合素质培训班省级专家讲座内容）

促进教师培训两个"变化"

——2005 年至 2008 年云南省新一轮少数民族贫困地区中小学教师综合素质培训的意义

新课改以来，教师培训的核心内容主要是新课标和由此而生出来的诸多新理念。它对于改变教师观念，引导教育的健康发展，是极为必要和有效的。但是，理念终究是理念，若不和日益发展的实际教育活动相结合，尤其是不能切合当前"一纲多本"的教学实际，不注重及时有效地对教学活动中出现的新情况、新问题进行有的放矢地破难释难，则有可能流于形式，出现清议。

为了避免出现上述情况，从 2005 年 9 月至 2008 年底，在大理市推开了"新一轮民族贫困地区中小学教师综合素质培训"工作。目前，已经进入到第四个专题的学习，参加培训学习的教师已填写完成三本教师专业化成长记录本"发展报告册"，以"五步学习法"为依托，从以下两个方面促进了教师培训的新变化。

一、变重理念培训为重问题研讨

在常规的教师培训中，我们发现许多教师面对全新的教材有些手足无措，碰到难题几个同行之间反复钻研也不敢断定，尤其是那些农村学校的教师更是显得有些无奈，甚至求教无门。这说明，在经过新课改的通识培训后，他们非常渴望能够尽快参加新教材讲读方面的专业培训。

2005年至2008年云南省新一轮少数民族贫困地区中小学教师综合素质培训，以"发展报告册"作为教育行政部门考核学校和教师参加培训的依据，通过涵盖新课程理念的"课程观""教学观""教材观"和"评价观"四个专题的学习培训，要求每一位教师要用所学理念、理论，联系解决自己在教育教学中突出存在的1—2个观念、方法或行为问题（每个单位联系解决2—3个突出问题），并对每个问题实行"五步学习法"：（1）找出问题；（2）分析原因；（3）制订改进计划；（4）用于实践检验；（5）进行理论总结，形成论文、随笔、案例等成果。"五步学习法"以问题为出发点，以解决问题为归宿，具有探索性、发展性、实践性为特点，是教师基于日常的教育教学实践所进行的思考和评判，是一种高级思维活动，是教育反思的文本化。

也就是说，"五步学习法"是一种促进教师专业化成长的教育反思范式，它把教师对自己的教育教学工作的思考和评判活动记录下来，成为教师成长发展的忠实记录和反映，具有独特价值。这既结合了当前教育的实际，又切合了被培训教师的客观需要，同时还能为新的培训注入新的元素、新的活力。

二、变"添花"培训为"送炭"培训

眼下，教师培训中级别较高的培训，只能由少数骨干教师和校长参加。从教师梯次配备与激励进取的角度来看，从教育教学的实际需要来讲，这种"锦上添花"自然是必不可少的。但教育公平，要求做到教师培训上的均衡，为农村地区和薄弱学校的教师"雪中送炭"。

在大理市推开的"2005—2008云南省新一轮民族贫困地区中小学教师综合素质培训"工作中，要求全市辖区内中小学教师全员参与，大理市中小学教师4627人参与了培训，可以说，是历次的教师培训中参与面最广的一次。在四年内学习涉及新课程的"课程观""教学观""教材观"和"评价观"的四本书的学习。在教师参与培训和学习过程中，创新了工作方法：在各学校巡回检查督促指导项目实施工作的基础上，实行教师填写"发展报告册"的办法，要求教师在平时教育教学和学习的过程中以"五步学习法"为依托，记录教材要点、教学反思、小组交流、个人小结等内容。截至2008年，已编辑出版以教师优秀成果为内容的教师专业化成长记录文集《实践与探索》两册。这种面向全体教师的"雪中送炭"式培训有力促进了大理市教育的均衡发展。

新课程背景下小学班主任工作策略初探

　　"新课程背景下全面实现学生主体性的小学班主任工作策略研究"课题是大理市教师进修学校参加云南省教育科研"十一五"计划立项课题。我们根据大理市小学教育的实际情况，结合小学教师参加履职晋级培训学科学习和综合素质培训，把基层小学的班主任、班级和学生作为研究的主阵地，研究新课程理念在班级管理中产生效能，不断发展学生的主体意识，致力于克服班级管理中长期以来教师包办代替、无视学生主体性和潜能发挥的弊端，使班级管理由控制型向主体型管理转化，从而培养学生自我管理，自我教育的能力，增强他们的主体性意识、集体荣誉和健康个性，进而实现班级管理的科学化、规范化、现代化、信息化，培养全面发展的人才。

　　小学的班集体是学生迈向社会的第一步，班主任是使其迈好第一步的领路人和领导者。班集体是学生个体心理需要和个性发展的场所，是教育者实施教育的主阵地，是学校教育教学活动的基层单位，其管理水平、方法的高低和是否合理，对于学生的健康成长，对于完成教育教学各项任务，起着举足轻重的作用。

提高班主任的管理水平和能力，是新课程实施的要求，是科学管理班级、落实新课程理念的前提。目前大理市小学生的生源现状存在独生子女多、娇惯成性，自私自利、心理脆弱、依赖性强、缺乏独立精神、处理事情能力差、责任感差的现状。因此，通过各种途径学习新课程理念，在班级管理水平的提高过程中很有必要和现实针对性。在长期的教学实践中，传统的管理方式在多数教师意识中根深蒂固，形成定式，针对这种情况，我们把大理市的学校分为两类——农村学校和城区学校。在农村学校加强学习、培训、指导，城区学校加强经验交流和信息互动。采用问卷调查法、座谈、讲座的形式向班主任渗透符合新课程理念的科学管理班级的方法，探索适合自己班情特点的班主任工作策略，使教师的思想由传统型向科研型转化，管理模式由自管型向主体和谐型转化。

下面将 2005 年 9 月至 2007 年 9 月两年来经过调研、座谈、反馈和汇总的班主任工作经验进行总结：

一、和谐的班级心理气氛是实现学生主体性的基础

在城区优质学校的调研中，发现班级环境的建设是建立良好班集体的前提和基础。

所谓班集体软环境，是指师生在工作、学习、生活中形成的人际关系，也有人称之为"精神环境"。良好的班集体软环境往往表现出平等、活泼、生动、和谐的特征，这种环境，可以让大家互相帮助，共同进步，有助于形成良好的心境，提高学习成效。在城区优质学校中，大部分班级都在 45 人以上，为班集体软环境建设提出了客观需求。

作为班级活动的组织者和领导者，班主任是制约班集体

软环境的决定因素，早在 20 世纪 40 年代，心理学家勒温就发现，民主领导方式明显优于专断及放任自流的领导方式，它使儿童群体出现了情绪高昂愉快、学习热情高涨的心理气氛；儿童互相鼓励，关心集体，遵守纪律，而且能独自承担某些责任，工作效率高。这一实验为中小学的班级管理提供了一个科学依据。实行民主管理的班级都有以下特点：（1）班主任摆正自己的位置，有做公仆之心。从本质上讲，班主任是学生的公仆，为学生服务；（2）建立互助的师生关系。从教师与学生互助关系上讲，合作的双方不存在单方面受益的角度看，师生关系应该是互助的；这样师生之间的心理距离就会接近；（3）决策过程注重商量、对话和集体表决。班级的每项制度，每件比较大的事，在确定之前都要有一个商量的过程，大家分别提出自己的意见，然后集体举手或投票表决，这样学生个性和主体性才能得到发挥和发展，这种班级制度才会成为师生双边自觉行动。

二、创造有利于学生个性发展的环境

实施新课程是为了更好地贯彻素质教育，培养学生全面发展的和谐个性。小学时期是情感和个性发展的关键期。心理学家认为，个性教育和发展的最佳境界，是通过不断优化班集体建设，让小学生在班集体的感染教育中，个性品质得到主动和谐的发展。因此，班集体建设的成败直接影响小学生良好个性的发展和健全人格的形成。在大理市城区的优质学校的调研、访谈中，发现他们都注重班集体建设，利用班集体的教育力量，针对每个学生主动、健康地发展。具体做法如下：

（一）设置个性化的班级环境

班级文化环境能对学生的个性产生潜移默化的影响，因此，设置个性化的班级文化环境，使学生置身于自己个性发展的氛围中，使每个学生的个性主动地发展，成为优质学校班集体的共同点。一是共同美化自己的"氛围"。例如，有的班主任让学生自己进行环境布置，共同讨论拟定班级目标、班训，编写"班歌""班报"等，以体现集体精神。二是开展多样化的班级文化活动，让学生在各自喜欢的活动中一展身手，扬长避短。

（二）优化评价制度，使每个学生相信"我能行"

发展个性，有的班级从改革操行评语开始，激励学生的个性发展。例如，有的班主任在撰写评语时，突出了三性：一是激励性；二是针对性；三是鼓励性。如"你是一个聪明的男孩，善于思考，你的绘画为班里的黑板报大增光彩；你的作文构思巧妙，语言生动有趣。如果体育成绩再优秀些，相信你一定能成为班级里一颗耀眼的'金星'"。

学生读着这样热情洋溢的评语，得到的不仅仅是鼓励，更是人格上的尊重和信任，这是素质教育和新课程理念的真正体现，为宽松、民主、平等的班级氛围的形成创造了条件。

三、创设条件，给每个学生成功的机会

一个班集体，就像一盘棋，每个学生就像棋盘上的一个棋子，怎样各显其能，全在于班主任的合理安排。根据小学生的心理特点，大理市城区和农村优质学校的班主任，从以下方面给每个学生创设了自我表现的机会。

（一）让学生人人参与班级管理

"干部轮流制"和"今天我值日"活动的有效运作，为充

分发挥学生的主体地位提供了条件。许多班级的图书角、卫生角、壁报栏、开关门窗等班务责任人，按学号轮流，挂牌值日管理，使班级管理人人参与，个个参与，人人献计献策，改变了"一部分人干，一部分人看，一部分人闲着用不着就捣乱"的传统局面，一切从实际出发开创了班级管理的新局面，培养了学生的责任心，使学生懂得了班级管理需要大家的互相配合，让学生在管理中学会了"自我管理"。

（二）让每个学生都有机会露一手

新课程的理念强调"一切为了每一个学生的发展"，这一理念在优质学校的班级管理中做得比较到位，许多班主任面对一个个小学生，都相信他们个个都是有价值的人。教育中根据学生的兴趣特长，因材施教。例如，有的班级成立了"小记者团""小编辑部""书法天地""红领巾合唱队""小画廊"等，班里有"艺术长廊""黑板报""环境布置""自制小报"活动园地和平台，使学生人人有机会在同学面前露一手，个个都能享受到成功的喜悦，使学生各显其能，各尽其才，个性特长得到了很好的发展。

（三）班集体设立"进步奖"

让班集体的每一个个体都能在原有的基础上不断进步，这才是成功的教育。在优质学校的许多班级里，为了让每个学生不满足于现状，积极进取，自我优化，设立了"进步奖"。它不同于"三好学生奖"，"三好学生奖"只鼓励多数优秀个体，而"进步奖"是面向全体和面向全体的各个方面。有的班级的"进步奖"的使用是在教室内的墙壁上设"个人进步红旗台""小组进步红旗台"，一周一评，如果哪个学生的某一方面有了进步，就加红旗鼓励，谁的红旗多，谁的进步大，与其说是奖励，不如说是动力。小学生为了得到红旗而你追我赶，不断提高自己，从小小的进步中得到成功的体验，增强了自信心。设立"进步奖"，既能促进个体的发展，又能带动整体发展，在优化个体的同时，也优化了班集体，使学生个性得到更加和谐的发展。

任何成功都需要有一定的环境和条件，这点毋庸置疑。重要的是班主任尽量给学生创设成功的条件，才能使学生主动健康地发展。这一点，城区的下关五小和农村学校海东镇中心校做得较好，他们都已经连续三年获得大理市小学优秀教学奖，说明班主任管理水平促进了教育教学质量的提高。

实践证明，只有充满爱的班集体，才能培养学生良好的心理素质，使每个学生的个性得到充分发展，从而实现学生群体的全面发展，促进学习质量提高，在学生群体发展的同时，不断达到个人目标与集体目标的和谐统一。

（原载于《云南中师》2007 年第六期）

大理市教师培训工作保持可持续发展

大理市教师进修学校是首批认定的省一级教师进修学校，以及省级文明学校、文明单位，主要承担大理市辖区内中小学教师的教师培训工作。2007 年学校迁入下关北郊新校址后，积极探索教师培训的新形式，注重提高培训质量，使大理市辖区内中小学教师的继续教育工作获得可持续发展。

一、培训形式多样化

学校坚持为基础教育和当地经济建设服务的办学方向，主要工作是教师学历提高教育、履职晋级培训、校本培训的组织领导与考核等。2005 年 3 月至 2008 年 2 月，举办了 13 个科目近 5000 人次的中小学教师继续教育培训。2006 年至 2007 年暑假在城区学校开展了 350 名中小学教师的英特尔未来教育项目培训，提升了培训教师信息技术与新课程的结合与实施能力。2007 年承担了全州省级班主任骨干远程培训班的任务。2007 年底还组织了大理市小学校长岗位资格培训。截至 2008 年，学校已完成云南省教育科学研究三个立项课题和一个规划课题的结题申请和后期工作。

二、培训内容菜单化

近年来，大理市教师进修学校的教师培训内容不断与时代发展接轨，教师可以按自己的实际需求选择培训内容。培训内容有传统的教师基本功三笔字、简笔画和普通话培训，有每学期由省继续中心开设的履职晋级培训科目，有与现代网络资源接轨的英特尔未来项目培训，有教师以解决实际问题，加强网络平台互动的远程班主任培训，等等。教师可以根据自己的能力、素质、学校环境、教学需求等有目的、有针对性地选择培训内容，这种做法培训面广、对培训单位的要求较高，目前在大理州内仅大理市教师进修学校能做到。

三、培训过程动态化

2005 年 10 月至 2007 年 10 月，学校采取送训下乡的策略，先后在大理市辖区内 13 个乡镇中心学校开展以当地教师的课例教学为平台的"动态师资培训"工作，以现场教学后在交流互动基础上由专家评述的形式，让教师学习新课程的理念和教学策略，有 110 多所完小、校点参加了培训，直接培训教师 2500 多人。整个活动都在基层学校进行，是新课程课堂教学的研训一体化的探究式培训，为广大基层学校校本培训提供了指导和示范，学校被评为省级"校本培训先进单位"。

四、培训方法创新化

2005 年 9 月至 2008 年底，大理市推开了"2005—2008云南省新一轮少数民族贫困地区中小学教师综合素质培训"工作，全市辖区内中小学教师 4627 人参与了培训，在四年内学习涉及新课程的"课程观""教学观""教材观"和"评价观"等四本书的学习。在教师参与培训和学习过程中，创新了工作方法，一是"走出去"，在各学校巡回检查督促指导项目实施工作。二是实行"请进来"的办法，每年分层次召开各学校主管教学领导为主的汇报交流会，为校际交流提供平台，及时反馈检查情况和工作方法。在年终验收"发展报告册"时，要求记录教材要点、教学反思、小组交流、个人小结等内容。截至 2008 年，已编辑出版以教师优秀成果为内容的教师专业化成长记录文集《实践与探索》两册。2006 年 7 月，大理市教师进修学校被教育部评为"新课程师资培训工作先进单位"。

（原载大理州教育局《大理教育》杂志 2009 年第八期）

促进大理市教师专业化成长的
学习与项目

　　近年来，大理市的各级中小学校全面更新教育观念和办学理念，树立与现代社会发展相适应的教育观和人才观，并引导广大教师从陈旧的教育思想、保守的观念、与时代要求不适宜的束缚中解放出来，确立适应新世纪、新阶段、新形势、新课程的教育理念和办学思想，大理市教师进修学校确立定位准确、思路明确、特色鲜明的办学思想和发展思路，为提高人才培养质量、建设人力资源强市提供基础和准备。

　　大理市教师进修学校在工作中全面贯彻党的教育方针，有效推进素质教育发展，积极主动地做好各类教师培训工作，进一步优化整合教育资源，加强农村师资队伍建设，认真落实教育惠民政策，促进城乡义务教育均衡发展，努力办好人民满意的教育。

　　大理市辖区内现有各级各类学校 238 所，其中本科院校 1 所，中专学校 4 所，技工学校 2 所，高完中 9 所，职业高中 3 所，初级中学 24 所，九年制学校 1 所，完全小学 134 所，幼儿园 5 所，其他学校 3 所（教师进修学校、少年艺术学校和特殊学校各 1 所），社会力量办学单位 52 个，2008 学年在校中小幼学生 103735 人，义务教育阶段学生 72091 人，其中初中 24321 人、小学 47770 人；在册教职工 5587 人，其中，小学幼儿园专任教师 2348 人、初中专任教师 1219 人，合计 3567 人。2008 学年，初中专任教师 1299 人，小学专任教师 2198 人，幼儿园专任教师 119 人，合计 3616 人。大理市教师进修学校近年来主要从以下几个方面抓实教师队伍的建设和培训工作，切实提升了大理市中小学教师的专业化发展水平。

一、完成"云南省新一轮民族贫困地区中小学教师综合素质培训"全部专题学习

2009 年 3 月 9 日至 3 月 26 日，经过三周的下乡检查工作，大理市教师进修学校完成了对大理市辖区内中小学教师学习"云南省新一轮民族贫困地区中小学教师综合素质培训"第四个学习专题"走向发展性课程评价——谈新课程的评价改革"的检查验收工作。在检查验收工作中，大理市教师进修学校坚持以科学发展观为指导，强调为基层的中小学教师服务，坚持到基层的中小学开展指导检查工作。

从 2005 年 9 月开始，在大理市推开了"新一轮民族贫困地区中小学教师综合素质培训"工作，全市辖区内中小学教师 4627 人参与了培训，在四年内学习涉及新课程的"课程观""教学观""教材观"和"评价观"等四本书的学习。在教师参与培训和学习过程中，创新了工作方法——"走出去"。在各学校巡回检查督促指导项目实施工作的基础上，实行教师填写"发展报告册"的办法，要求教师在平时教育教学和学习的过程中以"五步学习法"为依托，记录教材要点、教学反思、小组交流、个人小结等内容。每一个专题的学习结束后，根据各个基层学校上报的教师优秀成果编辑出版教师

专业化成长记录文集《实践与探索》，目前已出版四册。

"新一轮民族贫困地区中小学教师综合素质培训"已完成全部四个专题的学习，参加培训学习的教师已填写完成四本教师专业化成长记录本"发展报告册"，撰写了大量的教学反思和案例等成果材料，大理市广大中小学教师以促进教师专业化成长的教育反思方式"五步学习法"为依托，把教师对自己的教育教学工作的思考和评判活动记录下来，成为教师成长的记录和写照，具有独特价值。

二、启动 2009 年教育部"知行中国——中小学班主任教师培训项目"

根据教育部和省、州师训办的要求，2009 年 7 月 18 日至 23 日，大理市教育局选派了基层一线班主任下关八小杜标副校长、下关一小陈翠梅老师、下关七小康玉萍老师三名教师赴北京参加项目骨干培训。回来之后，三位教师及时向市教育局做了汇报。局领导高度重视，迅速成立了项目工作领导小组，决定立即启动实施大理市 2009 年首批教育部"知行中国——中小学班主任教师培训项目"。随即开展了报名、组班工作，并于 2009 年 8 月 4 日开班。8 月 4 日上午，大理市 2009 年教育部"知行中国——中小学班主任教师培训项目"开班仪式在大理市教师进修学校阶梯教室举行。典礼由大理市教师进修学校黄副校长主持，参会人数 305 人（来自两城区和各乡镇学校的一线班主任）。会上，市教育局副局长、州教育局教科所副所长、负责师训工作的杨志东老师和进修学校校长分别做了动员讲话，勉励参训学员认真参训，学思结合，知行统一，学有所获。到北京参训的三位项目骨干教师分别谈了收获、感想、学员代表做了表态发言。下午，进行了分组和预热——相互认识，构建共同愿景。接着，分六个班开展了为期六天的操作技能培训。为项目的顺利实施做足了准备。

本次培训在 2008 年教育部成功举办万名班主任国家级案例式远程培训的基础上有了新的改进。贯穿"学思结合，知行统一"的原则。将为期一个月的远程培训与为期一个半月的在岗实践整体安排。注重在自主参与、互动交流中进行案例教学，紧密联系班主任真实工作场景，提高解决实际问题的能力，真正做到学思结合、知行统一。

三、按质按量完成好中小学班主任国家级远程网络培训

2007 年 7 月承担了全州的省级班主任骨干远程培训班的培训任务，合格率 100%（全省少有），培训效果得到了云南省教育厅的高度评价。该培训班大理市现在已开办五期，培训班主任 1350 人。这样高级别的信息技术支持的新课程培训，在大理市教师进修学校历史上是第一次。大理市的 1350 名班主任老师通过网络远程方式，利用在职学习，完成了 50 学时的专题培训。此次案例式培训学习，学员学习热情持续高涨，许多学校出现了学员深夜上网学习、全家讨论案例、一人带动全校学习、由不会用电脑到迷恋网上学习的动人场景。学员在学习过程中实现了四个转变，即：从熟练掌握操作平台到深入学习课程中的转变；从被动学习到自觉学习的转变；从重视数量到重视质量的转变；从独立学习到合作学习的转变。

本次培训的培训内容紧贴班主任日常工作环节，紧紧围绕班主任工作经常遇到的疑难和困惑，班主任老师感到这些

案例新颖活泼，生动感人，如在身边，因此感到很震撼，有穿透力。这次培训的一个重大突破，就是围绕一个情境，组织有丰富经验的班主任和多学科的专家做多角度的分析，初听起来，每个人的分析都各有各的道理，仔细揣摩，每个人的分析又都有一定的局限性，局限在自身的经验和不同的专业背景，只有学会了对具体的班主任工作做复杂性思考，才能真正做到对学生的终身发展负责。难怪有许多班主任感言："越学越想学，越学越觉得班主任工作是门大学问，教育无小事，细节需用心。"

班主任远程案例式培训，内容多、任务重、要求高，之所以能取得成功，很重要的原因是组织落实，找合适的人做合适的事。课程团队自始至终全程进行了教学指导与引领。导师组通过轮流值周制，网上跟帖，组织学情通报，及时编写工作简报，随时解答培训中的新问题，发现培训班中的新经验，推介学员的优秀简报、作业和有效措施，真正做到了导师与学员心贴心，跨越了时空的距离。从培训之初就成立了由主管局长挂帅，大理市教师进修学校负责人参加，辅导教师、班级管理员、技术老师、学员导师组成的项目领导小组，分工明确，各负其责，从预热动员，组建班级，到学习指导，组织论坛，批阅作业，交流经验，技术支持，为远程培训的顺利实施提供了强有力的组织保障。

四、稳步推进英特尔未来教育教师培训项目

大理市英特尔未来教育项目培训工作自 2006 年开展实施，至今已历十年，在大理市辖区的中小学校已经培训学科教师近 1500 名。

该项目在大理市实施过程中，培训规模不断扩大，涵盖

全市 11 个乡镇，由两城区延伸到农村地区，社会效益逐步凸显，教学成果逐渐丰富，形成了中小学一线教师踊跃参训的可喜局面。这一形势的形成得益于项目管理机构市教育局和大理市教师进修学校的高度重视，以用各级项目执行机构积极探索新思路，充分重视培训后的实践应用，在应用中有如下亮点：①利用网络资源，拓展学习领域。②建立研究性学习网络平台，以活动为载体，开展优质课比赛，论文征集，教学反思等活动。引导他们走进网络，促使师生相互交流。③通过网络共享，开放学习内容。这是英特尔未来教育项目的教学要求，学习者可以围绕教师设计的主要选择研究课题，分组合作查阅资料，经过分析讨论，解决学习中的困惑，这就要求我们的教师要用开放的心态，为学生营造一种和谐宽松的学习氛围，在这种氛围中有意识地引导学生发现问题，提出疑问，并通过网络共享开放学习内容，自主解决问题，达到"会学"的境界。④抓好培训应用后的调查研究。我们每年组织教师对全市各教学项目基地学校进行教学应用指导，随堂听课、了解英特尔未来教育项目教学理念在课堂中的应用情况，做好课堂记载，评点教学案例，组织教学活动，将教学成果向全市推广。

五、重视教育科研课题，促进培训方式创新

2006 年以来，大理市教师进修学校坚持"源于培训实践、服务教师发展"的科研工作原则，围绕"培训调研""课题研究"和"培训课程建设"广泛开展各种科研活动。在工作中，主要体现在"走出去"巡回督导与"请进来"汇报交流相结合上。一方面，"走出去"巡回检查督促指导教师培训工作，在全市所有乡镇建立了"以课例为载体开展实践创新

培训"的校本培训形式。另一方面，实行"请进来"的办法，分层召开大理市辖区内州属中小学，市属完全中学、初级中学和各乡镇中心完小分管教学领导参加的培训工作汇报交流会。而且局领导每次都来出席会议并讲话，每年出版的培训论文成果集中都有政府分管领导和局领导的文章。大理市教师进修学校开展的这些工作为校际交流提供了平台，也丰富了教师进修学校检查指导培训工作的方法。

2005学年以来，每年的9月份、10月份和3月份、4月份大理市教师进修学校的专业技术人员都要深入中小学开展"培训调研"和"送训下乡"活动，从未间断。进入"十一五"以来，学校成功申报和承担了4个云南省"十一五"教育科研课题。这4个省级教育科研课题中，《新课程背景下小学动态师资培训策略研究》《"2+2"课堂教学行动研究·校本培训应用研究》《新课程背景下全面实现学生主体性的小学班主任工作策略研究》3个课题研究均已按学校具体实施方案完成了课题研究内容，并在教师培训工作"有效研修"等方面取得了突出成果，已经通过省教科院的结题验收。课题研究集中地反映了大理市教师进修学校"学术立校"的思想。

最近几年，学校领导和教师在省级、市级教育网站和报纸杂志发表教育教学论文34篇；有20篇论文参加国家级、省级教育论文竞赛并获奖。不仅提升了培训教师的素质，而且在更大范围内发挥培训教师自身的专业引领作用，推动了区域教育科研工作的开展和区域教师专业化发展。学校有自主开发的、具有地方性的教师培训课程，并付诸实施，有较好的培训效果。2006年以来，"地方性培训课程建设"迈出了新的步伐。编写了《学校管理实践与创新专题》《校本教研与教师专业化发展专题》《校本培训与教师继续教育》《中小学问题学生心理健康教育专题》《后进生转化策略专题》等一批基于新课程实施的"送训下乡"专题讲座讲义。另一方面，用地方性的"个案"作为教学的案例，如：大理二小地方校本课程《大理扎染》获得了教育部的表彰，下关六小的校本课程《大理茶花》参加省级比赛。我校的《新课程背景下动态师资培训课题》，下一步也打算申报省级课程。丰富了教师培训课程资源，增强了培训的针对性。

大理市教育局要求大理市教师进修学校针对培训的实效性，注重理论学习与实践运用相结合，提出"师训工作方面的总体目标为：①通过开展扎实有效的师训工作，要使教师的教育教学有新变化；②教师教学手段和方式上要能结合信息技术手段的使用；③教师教学工作要有新思路；④教师综合素质要有明显的提高；⑤教师教育教学的质量要有明显的提高"。2005年至2006年在教育大整合中多次建议教师进修学校保留其独立性，不与职中整合，被市委市政府和教育主管部门采纳。2007年，建议师训、教研、电教等机构功能性整合开展师训工作，被采纳，并在后面的几年里，出台了以"校本教研"为载体的"研训一体"工作方案，互相配合开展了基于计算机信息技术的教师远程培训工作和校本教研工作。近三年来，共被基层学校采纳各种建议达50多项。

写教学反思笔记是提高教学水平的
有效方法

　　教学反思笔记，就是一堂课、一次活动或一个单元教学结束后，教师对教学设计和实施过程进行总结，将经验和教训记录在笔记上。一般情况下，多数教师都能注意到课前备课，但应该既有课堂设计，又有教后反思记录。因为，课堂教学水平的高低，固然与教师本身素质有密切的关系，但更取决于教学实践。如果没有教学实践后的总结反思记录，也就谈不上教学经验的丰富积累，教学水平只能停留在原有水平上，不会有新的提高；如果教师在每堂课教学后进行认真总结，则既能找出成功的经验，又能发现存在的问题。所以，写教学后反思笔记是积累经验和提高教师教学水平的有效方法。那么，应该怎么写教学反思笔记呢？具体介绍如下：

总结成功的经验

　　教学中，每个教师在课堂结构、教材处理、教学方法、学法指导等方面都有自己独特的设计；教学过程中都有一些精彩的片段，如有趣的语言、典型的实例、逼真的演示、巧妙的设问、通俗的讲解和奇特方法的运用等，将这些点滴经验记录下来，可作为同类课的借鉴。长此以往，经验越积越多，教师的教学水平就会明显提高。

查找失败的原因

教学中，无论课堂设计多么完善，也总会有疏漏之处；无论教学过程多么成功，也会有失败之举。如语言表达失误、内容处理欠佳、演示操作失败、教学方法运用不当、学法指导欠缺等。如果每堂课后都认真分析、仔细查找，发现不足和失误，同时找出原因，寻找到解决的办法并记录下来，以后就能避免类似问题的出现，使课堂教学更加完善。

记录教学中学生的活动情况

教师在教学过程中，要时刻注意学生的反应，善于接收学生的反馈信息，将学生在学习中遇到的困难、作业中普遍存在的问题记录下来，以便下次有针对性地矫正、深化。另外，学生有时在课堂上就某个问题发表的独到的见解好于老师的设想，教师在表扬鼓励学生的同时，顺手将这些见解记录下来，就可以作为教学相长、拓宽教学思路的良好素材。

构想第二次教学

教师上完课后如果不及时反思，以后再教这部分内容，那就可能是对原课的简单重复。如果课后认真总结，及时反思，教师总能汲取一些成功的经验和失败的教训，特别是当对一节课做了以上几个方面的分析，以后再教这部分内容，就知道应该怎样处理，效果才会更好。

当然，写教学反思笔记，既可以总结自己成功的经验，也可以发现自己存在的不足。但是，执教者有时对自己课堂上所表现出来的优点和纰漏，往往意识不到，而其他听课教

师却看得非常明了。因而教师还要利用校本研修的机会，加强教师之间的合作交流，共同研讨问题，要经常请有经验的老师听自己的课，虚心听取意见并记录下来。此外，教师还要经常深入课堂，向其他教师学习。他山之石，可以攻玉。

在 2005 年至 2008 年为期四年的新一轮民族贫困地区中小学教师综合素质培训中，以"发展报告册"作为教育行政部门考核学校和教师参加培训的依据，通过涵盖新课程理念的"课程观""教学观""教材观"和"评价观"四个专题的学习培训，要求每一位教师要用所学理念、理论，解决自己在教育教学中突出存在的 1—2 个观念、方法或行为问题（每个单位解决 2—3 个突出问题），并对每个问题实行"五步学习培训法"。以"问题为出发点，以解决问题为归宿"，进行教育反思的文本化。也就是说，在新一轮民族贫困地区中小学教师综合素质培训中，以填写"发展报告册"这种教师专业化成长的教育反思方式在教师的教学工作中延续下去，它要求教师将自己的教育教学工作的思考和评判活动记录下来，成为教师成长发展的忠实记录和反映，就可以提高教师撰写教学反思笔记的质量。

当然，写好教学反思笔记要有毅力、有恒心，要认真及时、长期坚持。如果达到以上标准，定会丰富教学经验，提高教学水平。

附录：教学反思笔记二则
一、英语课堂教学中可以多一些音乐
云南省下关一中　陈培良

英语学习方法有很多，听歌学英语也是一种很好的方法。音乐可以激发学生学习兴趣，从而集中学生注意力，学生学

习效果好；音乐可以使学生学习轻松愉快，在欣赏音乐的同时，扩大词汇量，认识新短语；音乐可以使学生了解异国文化，增加背景知识。不同的人对音乐的感悟不同，将音乐带入课堂有利于开展个性化教学；歌曲可用来介绍句子结构，词汇发音也可用来呈现语法结构情景；歌曲中常出现重复，可帮助学生记忆一些语言结构、词汇短语等；歌曲资料丰富，歌词易找易存储，便于重复使用，且根据不同任务要求适应于不同层次的学生，适用于不同学习风格的学习者；音乐可以延伸到教学的各个环节，用来帮助学生提高英语"四会"能力。

英语课堂教学中可以开展听歌完型、大意预测、歌曲评论等多种活动，也可以在课堂教学的热身、呈现、练习、产出、结束多个阶段进行，下面介绍一些常见的听歌学英语的方法。

活动一（prediction tasks）：选择一首带有明显故事风格的歌曲，从歌曲中选几个词，学生小组预测歌曲内容，也可以提供歌曲第一行、第一节或相关图片，学生听歌证实预测的正确性。

活动二（tick the words）：学生听歌前，听写一些歌中和歌外的单词，学生听歌，对所听词画钩，这有利于培养学生听具体信息的技巧。

活动三（gap filling）：教师根据任务要求设计填空内容，学生读含有填空内容的歌词，猜测有可能填入的词、短语，学生听歌填空，也可以从四个备选答案中选择。

活动四（information gap fill）：开展学生配对活动，每人持一份含同一首歌曲不同填空内容的歌词，他们之间相互听写，完成所缺内容，全班听歌检查所填歌词的正确性。

活动五（introducing a topic）：教师节选同一主题的一

类歌曲，让学生欣赏，如 food，space，transport，love，like
……学生听歌，写下所有相关主题的关键词汇。

活动六（letter/essay writing）：学生听歌，给某位流行歌
手写信，写故事，谈感想等。

学生借助上下文（context），容易听懂歌曲，有成功感，
同时练习了听力。不足之处是歌曲语言有时不符合规范，主
题也不一定适合。俚语不好理解，在课堂上使用，有时太快，
有时发音不清不容易听懂，不容易找到适合语言教学内容、
形式所需要的歌曲。

听歌学英语教学案例一

在教学 SEFC2A Unit 4 Songs and poems 中的 RIGHT HERE
WAITING 时，可以到 Google 下载歌曲视频，让学生一边享
受音乐一边做听歌填词练习。如：

Oceans apart，day after day，

And I slowly go insane

I hear your voice on the line

But it doesn't stop the pain

If I see you next to never

How can we say forever

Wherever you go，whatever you do

I will be right here waiting for you

Whatever it takes

Or how my heart breaks

I will be right here waiting for you...

听歌学英语教学案例二

有一首 James Blunt 写的歌曲 You are beautiful 很优美，可
以让学生欣赏大意，然后写故事。

My life is brilliant

My love is pure

I saw an angel

Of that I'm sure

She smiled at me on the subway

She was with another man

But I won't lose no sleep on that

'Cause I've got a plan

You're beautiful. You're beautiful

You're beautiful, it's true

I saw your face in a crowded place

And I don't know what to do

Cause I'll never be with you

Yeah, she caught my eye

As we walked on by...

二、巧用扑克牌

——《可能性》教学反思

大理市下关五小　李丽霞

今年我刚刚接新课标五年级数学，第一次教新教材，望着"'一幅图加一行字'其他什么也没有"的教材，我顿感一片茫然。真不知如何来驾驭这本新教材。但有一节课却让我茅塞顿开。

记得那天我正在眉飞色舞地讲可能性（二），突然一只小手举起来："老师，××在玩儿扑克牌！"我一听，火冒三丈，"这还了得！竟敢在课堂上玩儿牌？"可是话到嘴边，看着幸灾乐祸的其他同学，我猛地又把话咽了回去。也就在那

一刹那，我突发灵感："扑克牌？极好的教学资源呀！"

师：（不动声色）好啊，那我们就一起来玩儿扑克牌！

（全班鸦雀无声，目不转睛地盯着××同学）

××：（低下头）老师，我不敢了，我错了！（全班偷笑）

师：（故意）哎呀！今天本来要用扑克牌上课的，可老师忘记带了，借用一下行吗？

××：（睁大眼睛）啊？（赶紧送上讲台）嘻嘻，这可是一副新扑克牌啊！

师：谁知道一副扑克牌有多少张啊？一共有几种花色？王呢？

全班：（情绪高涨）我来，我来，我知道……

师：你们能用这副扑克牌编有关可能性的题目吗？

生1：（迫不及待）从一副扑克牌中任意抽出一张，是红桃2的可能性是多少？

其他：（异口同声）呀，太简单！

生1：（不服气）那从一副扑克牌中任意抽出一张，是红桃的可能性又是多少？

其他：（不作声了）有点难……

（突然××同学站起来）：红桃2—10，加上A、J、Q、K，共有13张，是红桃的可能性是……

师：（鼓掌）哈哈，看来你的扑克牌就是比别人玩儿得好啊！

××：（不好意思）嘻嘻……

全班：（大笑）哈哈……

师：谁还有不同的想法？

生2：抽出大王的可能性是多少？

生3：抽出王（不论大小）的可能性是多少？

生4：抽出2（不论花色）的可能性是多少？

生5：抽出的牌不是红桃的可能性是多少？

……

一节课高潮迭起，教学效果不言而喻。

[反思]

（1）运用生成资源，引导自主探究

生成资源指不是教师预先设计好，却在教学中产生的新的教学资源。在制订教案时，教师常常会从一些常规的角度去思考去设计，但与现实的教学情境还有很大差距。正如这节课中，我预先设计的课不受学生欢迎，而出现玩儿扑克牌的"事件"，是我做梦都没有料到的情景，但由于我充分捕捉了扑克牌这个极好的资源，去调整教学，不仅转化了师生矛盾（批评与被批评），而且让学生在全新的学习状况下动态生成出符合学习实际的新方案，反而延伸了一节精彩的课。

（2）挖掘游戏素材，提升学习兴趣

游戏是学生喜爱的一种活动。将游戏引入课堂，并用作一种辅助的教学手段，能收到良好的教学效果。学生听见游戏后的一声欢呼便是最好的证明，兴趣是最好的老师。只有让学生了解数学，他们才有可能爱上数学，并对学习内容产生兴趣。"扑克牌""抛硬币""抽奖""石头剪子布"等学生喜闻乐见的一些游戏，稍加提炼，就是我们数学课堂的最佳素材，我们何乐而不为呢？这不正是驾驭新教材的方法吗？

（原载于大理市《教学研究》2009年第四期）

教师如何写好研修日志

　　2012 年开始大理市辖区中小学教师全员参加大理州中小学教师继续教育远程培训，从"备好课""上好课""评好课"到 2015 年的"命好题"专题学习，已经连续四年，远程网络学习平台上的学习资源和教师的教育生活都丰富多彩，每位教育工作者都可以从中获得丰富的感受。平台学习过程中要求教师结合专题学习内容和自己的教育教学实际撰写好研修日志，但是学习者提交的研修日志质量不尽如人意，需要对研修日志的写法和内容做出探讨，本文就教师如何写好网络研修中的研修日志提出自己的看法，为一线教师撰写研修日志做参考。

　　研修日志就是一种比较适合于一线教师的文字载体。它可以借助于不拘一格的文字表述，在学习和工作的间隙，对点点滴滴的心灵触动加以记载、回顾、提炼和总结，让思想自由地流动，让情感自由地抒发，有利于教师形成思考的习惯。撰写研修日志时要坚持三个原则，一要原创，二要与学习专题结合思考，三要联系自己的教育教学实践活动。

一、格式：叙议结合

研修日志是自由文体与个性表达的完美结合，具有"短（短小精悍）、平（随意平和）、快（及时反映）"的特点。一般以借事抒情、夹叙夹议、意蕴隽永为其特色。核心是"随"，也就是自由地抒写心灵、描摹生活、表达情感，只求真实记录自己的学习感悟、所见所闻、所思所想。

研修日志主要用来表达作者对某一学习专题或对一个教育事件的各种思考（本人是"当事者"，而非"观察者"），所涉及的往往是一些正在发生的或大家比较关心的事情，包括在这件事上的所言所行，事后是以怎样的态度来审视的，从这件事中获得怎样的触动、震撼、启示。所以，"理念＋实践""事件＋思考"是研修日志的基本构成。对理念的感悟里带着自己的真实体验，由事件而引发的个性化认识体现思考。这些事件可从大处着手、旁征博引，对一些理念进行生动的阐述；也可从细小处寻找突破口，通过对自己在教育教学中有价值的细枝末节娓娓道来，引人入胜，给人以启迪。

研修日志一般取材广泛，由学习专题内容引发的一切和教育有关的话题都可作为素材，形式活泼，有一种"我手写我心"的随意性。相对于论文而言，研修日志更富有思想，可以有更多"大胆猜测"的内容。虽然日志与教学故事都有"叙"（讲述真实的事件）和"议"（有感而发）的类似结构，但是日志的议论成分更多一点儿，并且所展示的事件可以是不完整的，甚至是一个小故事的情景片段。

二、内容：反躬自问

每位教师都能从学习专题内容和教育生活中获得丰富的感受，有时是一点儿感动、一丝酸楚、一阵狂喜，有时是一片失落，但若及时地提炼，就有可能是一颗珍珠。面对纷繁的教育理论和教育现象，即使别人习以为常，也要问问自己："为什么会这样？我和别人有什么不一样的看法？我的观点是否轻易地被别人左右了？在这个问题或现象的背后还隐藏着什么？"要让思考伴随着教育的整个过程，在思考的过程中发现问题。教师在听课或赏析课例时不能失去自我，应带着自己的理念、观点、思想去摒弃别人的教育教学理念、方式，做到扬长避短。

教育研修日志的撰写在很大程度反映了教师对某个教育理念或活动的整个过程的总体性反思，或对其中的一个环节、一个问题进行局部性反思。可以是总结成功的经验，有利于自己"百尺竿头，更进一步"，也可以是查找存在的不足或失误，这是一种促进教师自我发展的宝贵资源。总之，及时地记录能促进教师不断走向成熟。

三、习作：业精于勤

（一）写不出，怎么办？

随时随地写下灵感日志。灵感像一阵风，稍纵即逝。时过境迁再提起笔，往往只是一个美好的回忆。当有一种灵感时，哪怕用一张废纸，也要及时地把它记下来。如我们对课题研究文本中常见术语"结果、讨论、结论"的通俗化理解，就是在与教师的不断沟通交流与观念碰撞中逐步形成的。如把"果树生长"比作教育科研过程，则"长出的果实"是研究"结果"（客观事实，是直接得到的），而对"这种果实的各种成分及其作用"的问题交换意见或进行辩论就是"讨论"（一种理性的分析与认识）。基于"讨论"基础上形成的"这种果实的价值"则是"结论"（总体判断或总结性见解）。

不妨来一点儿"借鉴"。大凡写作之人，都有借鉴、模仿、独立创作的过程。教师应经常浏览教育报纸杂志，多读儿童读物、教育经典著作，对好文章要细心揣摩作者的写作意图。摘抄一点儿理性化的内容，结合自己的实践谈一点儿感想。这样的"摘抄"，不仅对自己的随笔写作有所帮助，而且有利于更好地指导自己的教学，深化自己对理论的认识。

（二）写不好，怎么办？

想到什么，就写什么。教师在工作中每天都置身于鲜活的教育现场，每一个偶发的事例都可能触动教师敏感的头脑。步步留心，时时在意，把"思考"作为一种好习惯，可以使大脑长时间处于研究状态。读、思、写三项功课循序渐进，先不要贪多求大，起初可从几句话写起，只要把观点阐释清楚即可，之后一二百字，慢慢地积少成多，最终会形成自己的风格，而且可以多一份随意，先把想到的写出来。在量的积累和保障下，质的提升只是时间问题。除了传统的纸笔，还可借助于电子文档、QQ、微信等媒介来表达自己的心声。

文章不厌百回改。记录下来的文字还是一块很粗糙的玉石，需要再三品味、推敲，发现其中的亮点，只有这样，才能使之更有价值。修改本身就是一个加工、提炼、提升的过程，要先从大的方向着手，删繁就简，让文字能真实地表达自己的意图。研修日志写好后，可以请身边的同事指点一二，这是最为直接，也是非常行之有效的。哪怕是改动一个字、更换一个小标题，也是一个不小的收获，经常探讨收获会更大。

学习借鉴，不断充实自己。教师首先要了解国家的教育方针政策。只有教育大方向找准了，写起研修日志来才能深入浅出、不离左右。其次要学习教育学、心理学的基本理论，认真学习好专题提供的文本资源。只有理论素养宽厚扎实，才能在分析教育现象时见微知著，解决教学难题时得心应手，从而使文章在平实中闪现着智慧的火花。另外，还要了解课程改革的新动向，学习古今中外教育家的思想精髓等。

四、品位：独具匠心

（一）立意新奇

立意的高低，反映了教师对问题思考的深浅，也决定着研修日志的价值。教师要从别人习以为常的现象中挖掘出新意，让人看后耳目一新。要跳出僵化、死板的格局，避免平庸无奇、拾人牙慧，在于教师具有敏锐的思想，良好的洞察事物的能力，并能选择好有价值的典型事件。这就要求教师及时了解和追踪当前教育理论的发展状况，平时多注意积累。

（二）标题闪亮

标题如文章的眼睛，是对所描述事件的高度抽象和概括。研修日志要想吸引其他教师和辅导教师的兴趣，引起读者的共鸣，首先就要在标题上下功夫，符合普通读者的心理需要，即新颖、灵巧、实在，常用比喻、拟人、反问等修辞手法。如写一篇关于"学生上课分神溜号"的短文，若用《小学语文课堂上怎样集中学生注意力》为题则显得太直露；若用《嘿，你在干嘛？》，则会使读者疑窦丛生，有一种迫切的阅读欲。

（三）切口宜小

研修日志因篇幅短小，不便用于探讨复杂的大问题。在选择着眼点上，应力求小一些，这样才便于写得深刻，最好能将学习专题内容和自己生活的时代与社会结合起来进行思考，以身边小事议社会大事，跳出井坑来观天。评论是教师对事件、情感的深层次分析，抓住关键才能够揭示内在的本质和规律，因此要切中要害，不泛泛而谈。

（四）内容实在

文章内容是研修日志的主干，是教师在学习和实践过程中所见、所闻、所思、所想的高度浓缩，行文的好坏决定研修日志的质量与价值。研修日志既是写给别人看的，也是写给自己看的。事实的子虚乌有和情感的矫揉造作是研修日志写作的大忌。面对学习专题的资源学习后反思和具体实践中的特别事件有感而发，这种"感"应该是教师自身的真实感受，这就给研修日志定了一个基调，并贯穿于整个行文过程之中，是一个自然而然的过程。活泼的形式，灵巧而自然的语言，丰富而多变的句式，更使日志锦上添花。只要你用眼、用脑、用心，同时勤于动笔，以轻松的心态随手敲击键盘，就能留下真实的情感轨迹和对生活的思考、探索与追求。专题学习后也长期坚持写作，不仅可以铸炼思想、丰富情感，还可以在不经意中练就出色的文笔。

五、提升：集腋成裘

研修日志写好，该如何开发与利用，发挥它应有价值呢？通常许多教育研究的灵感往往来自厚积薄发的嬗变。经常梳理自己的教育教学实践，在阅读和探索过程中善于捕捉一闪之念，随时随地保存自己的心得体会，并进行整理、归类，使之系统化，那么我们的研修日志就有可能成为教育科研的经典素材。

（一）点石成金

教师可以从点点滴滴的研修日志中选取一个有价值的点，丰富深化其内涵。

（二）穿针引线

通读整理过的同一类（主题）研修日志，努力寻求其中的区别与联系，从中抽取能说明研究问题的核心内容（规律）和主要概念，系统建构用来解释整体（即点的集合——群）的框架。

例如，随着媒体多元化的形成和青少年审美追求的变化，目前图形（片）正在逐渐取代文本（纯文字）成为学生阅读的主体内容，读图已是当代青少年最主要的阅读方式之一。一般媒体肯定了读图的积极意义，但是直觉告诉我们，"长期读图"对学生阅读可能有着负面影响。于是，我们围绕这一主题，反思课堂、查阅文献、访谈学生，一一记载所得数据，用积累的素材对学生的理解力、想象力、感悟力等方面进行归类分析，提出了阅读教学方式应有的改进，结合"命好题"或其他专题学习，可以写成《网络时代对小学生语文阅读教学的思考》。

写好继续教育远程网络培训专题学习中的研修日志，其超强反思性会极大促进教师的专业化成长，使教师学习过程和教育教学经历变为一笔宝贵的财富，点点滴滴的记录也会让教师感到充实和幸福。只要坚持不懈，让思考成为习惯，通过日积月累，教师必将在教育征途中留下自己成长的轨迹。

（此文获得中国教育研究学会第八届全国教育系统教育教学成果大赛论文一等奖，原载《大理教研》2016年第三期）

和谐社会呼唤校本研修

新课程的核心理念是"一切为了每一位学生的发展"。教师作为新课程的具体实施者，对教师的学习和培训也必须和新课程的核心理念相一致，要立足于每位教师的发展，使每位教师的专业素质都得到提高。在新课程实施中产生的教师学习模式——校本研修，集实践、教研、培训于一体，立足于每位教师的反思和专业提高，为建立学习型的教育组织和教师队伍服务，使教育系统中的各个因素趋于和谐，是一种和党中央提出的建立和谐社会的要求相一致的新型教师教育模式。

管理学中的"木桶理论"告诉我们，用木头做成的水桶来盛水，并不取决于某一条木条的长度，而是取决于所有构成整体木桶的木条中最短木条的长度。"木桶理论"启示我们，教师在教育教学中管理学生，教师相当于构成水桶的木板，学生相当于桶里的水。因此，在新课程的实施过程中，应充分重视教师的群体智慧，让木桶的每块木条都和谐，在研究学生的过程中促进教师的专业化发展。校本研修立足于每一位教师的学习和专业发展，是实践、教研、培训三位一体的师训模式，体现了一种和谐的特征。

新一轮民族贫困地区中小学教师综合素质培训"四本书"的学习，涉及教师在新课程实施中重建教师的"课程观""教学观""教材观"和"评价观"，并进行反思，这种以校本研修为模式的学习对教师有以下方面的好处：

一、促进教师在读书中生存和发展

苏霍姆林斯基说过："对人来说，恐怕没有比书籍更好的精神食粮了。""四本书"是新课程实施中的必读文本，汇集理念、案例、信息和操作策略于一体，阅读这四本书相当于和教育专家对话，是教师成长的基本条件，也是实践中教师教育思想形成和发展的基础，可以为教师的教育教学滋养底气和灵气。所以，"四本书"的学习，有利于教师养成读书的习惯，让读书成为教师生存和发展的必然需要。

以校本研修为模式的教师读书活动，有专家顾问，有交流活动，要求在读书中认真分析本学科教学中的问题，带着问题去开展读书活动，有利于养成以自身和集体智慧解决问题的习惯和能力，是一种深层次的学习和思考，是传统学习中的"浅阅读"无法相比的。在校本研修学习中，教师在实践的基础上，围绕一个专题，多次进行研讨，在讨论和争论的过程中，提升教师的专业能力。

二、聚焦课堂真实问题，激发教师的群体智慧

校本研修活动立足于校本，结合学校相对薄弱的环节，以实践课例或问题为对象进行反思，并在此基础上进行互助式的改进，有利于唤起教师的信心和自主发展价值。

现在在新课程实施中比较受关注的一个问题是：如何将先进的新课程理念转变为广大教师的具体的教育教学行为？

新一轮民族贫困地区中小学教师综合素质培训要求教师学好"四本书"，就是要解决好这个问题。

校本研修的学习目的，就是要使先进的理念变为教师具体的教学行为，让教师在实践中进行研究，在研究状态中工作。这样教师需要解决的问题在实践中产生，教师就会去认真研究，教师对实践就会有真切的体验，教师自己提炼的成果就会去自己珍惜、运用，并去发展。

校本研修活动符合教师劳动的特点，当一所学校的教师成了教学的实践者和研究者时，整个学校就成了智慧的汇集之地，智慧就在学校这个空间集合、流动、碰撞并再生。学习"四本书"就是为了让我们的教师在每天的教育教学中都能开动脑筋，创造性地工作，不仅加速了教学专业化的发展，而且提升了教师们对自身生命意义的认识。

（原载大理市《教学研究》杂志 2006 年第一期）

相聚在滇西

——云南省 2011 年农村小学数学青年教学骨干教师（大理）培训班圆满结业

2011 年 11 月 12 日，由大理市教师进修学校承办的云南省 2011 年农村小学数学青年教学骨干教师（大理）培训班圆满结业，来了全省怒江、丽江、德宏、临沧、西双版纳、迪庆、昆明、大理等八个地州各市县教育局选拔推荐的有相当基础和培养前途的优秀农村小学数学青年教学骨干教师，进行了为期 12 天的培训。

省级骨干教师培训班，对于提高农村教师素质、全面实施素质教育，落实人才强国，坚持科学发展观有重大战略意义。作为加强农村基础教育教师队伍建设，实现我省基础教育均衡发展的一项民生工程，此次"云南省 2011 年农村小学数学青年教学骨干教师（大理）"得到了省、州、市各级政府，尤其是各级教育行政部门、各高等院校的高度重视。大理市教师进修学校多次获准举办小学数学、小学语文等骨干教师培训班，此次培训全校上下高度重视，把办好此类培训班作为学校学习实践科学发展观的一项重要任务加以落实。在培训过程中，严格按照省教育厅的要求开展工作，坚持"以人为本"的教育理念，以农村基础教育发展的客观需要及存在问题为现实背景，以促进农村中小学教师专业发展为导向，以提高骨干教师的执教能力、专业引领能力为重点，组织校内外精干教学力量，创新培训方式和手段，营造了服务到人、管理到位、教学相长、轻松和谐的学习研讨氛围，达到了预期的培训效果。

培训班的成功举办是学校作为大理市教师教育基地取得的阶段性成果之一，为完善农村小学数学青年教学骨干教师的培训工作积累了经验；对于各位学员来说，培训的结束意味着教师职业生涯一个新的开始。基础教育的发展对教师素质提出了新的要求，过去"凭一点儿老经验、一点儿老知识、干一点儿老本行的'三老'"做法已明显不适应当代教育发展的需要了。作为一名骨干教师，从扮演一只小鸟到扮演一只领头雁，不仅要发展自我，而且要发挥模范带头、引领示范的作用，带领身边的教师一起飞翔！角色多了，压力大了，肩上的担子更重了。

12天里，50位学员朝夕相处，相互学习，共同成长，建立了深厚感情。学员们如饥似渴的学习态度，反思与交流展示的教学智慧，感动着组班教师。组班教师们在杨鹏校长、何发副校长的带领下，怀着对教育事业的执着，对抓好省云南省2011年小学数学青年教学骨干教师培训项目大理培训班骨干教师培训的责任，精心设计培训方案，不断创新培训模式，理论引领、教学诊断、实践。教师们求真务实的敬业精神，严谨治学的专业态度，深深影响着学员。通过集中学习、讨论和研修，大家接受了新课程的理念，感知了数学命题的与时俱进，领会了新教学理念的精髓。在培训结束的时候，教师与学员共同分享着教学的智慧和成功的快乐，愿这种获得智慧的喜悦和成功的幸福传递给更多的教育工作者！

大理市教师进修学校承担此次培训工作有以下几大特点：

一是培训工作安排得缜密、科学；二是聘请的专家和授课教师理论水平高，教学经验丰富，讲授内容针对性强；三是学习强度高，信息量大，能够做到理论联系实际；四是广大学员珍惜学习机会，求知若渴；五是各位学员在培训期间有很多中肯的意见和建议，将为今后进一步提高教师培训质量、完善培训工作起到积极作用。

此次培训的目标是通过培训，使各位老师进一步深化掌握小学数学新课程改革的理念、知识和方法，能够结合农村小学教学实际，主动思考和着力解决"构建有效课堂、推进有效教学、实现减负增效"的实际问题，由此提升参训教师专业自主发展和自我完善的意识和能力，在教育教学改革和实施素质教育中发挥示范引领、雪中送炭的作用，推动云南农村教育全面发展。

为了有效达成培训目标，不断优化课程方案，课程设置有创新，本次培训共安排了《新课标与小学数学教师素养》（大理学院亢红道教授）、《小学数学教学改革前沿动态》（云南师大教授朱维宗）、《小学数学课堂教学互动交流的教学策略》（下关五小名师李丽霞）、《构建小学数学有效课堂策略探究》（下关三小校长周劲梅）、《小学数学教学设计与创新使用教材》（下关四小名师刘月娟）、《小学数学课程实践中的问题与对策》（下关五小校长黑雀友）、《教学科研选题与课题研究方案设计研讨》（大理进修学校副校长何发）、《小学数学教学案例分析与案例撰写》（下关三小名师赵紫飞）、《运用现代教育技术优化小学数学教学过程的实践与思考》（下关八小副校长杜标）、《课程与教学》（大理进修学校校长、高级讲师杨鹏）等10门课程。

培训采用专题学习研讨与跟班研修相结合，专家引领与互动交流相结合的方式进行。有近20名主讲教师、辅导教师、观摩课执教教师和服务管理人员全程参与活动，整个培训将学科前沿知识、教育改革和教育研究最新成果和一线优秀小学数学教师的教学案例充实到教学内容中，使学员的培训学习具有了时代性。教学团队当中，有高校知名教授2人，培训机构副高级专家2人，小学专家型校长2人，工作在教学一线的云南省学科带头人、骨干教师、优秀教师3人，他们都是小学数学教学和研究的专家名师。

　　培训期间，学员们观摩了4位小学数学学科教学名师的不同学段的教学课堂，领略他们独具特色的教学风格，学习他们的课堂教学艺术，吸取他们成功的教学经验；考察学习了大理市下关三小、下关四小、下关五小和大理州省级旅游度假区喜洲完小等大理市教师培训基地学校教学改革经验。学员所到之处，得到学校领导和师生的热情接待和展演。"跟班研修"突出了培训的实践性和针对性。通过参观学习和教学观摩，学员们开阔了眼界，拓展了思维，初步了解、掌握了小学数学有效教学的理念和方法。外出观摩学习的同时，学员们走进喜洲白族民居，领略"三房一照壁、四合五天井"的民族文化特色；走过洋人街，感受大理开放的胸怀。

　　参加这次培训的学员学习非常认真，有着强烈的求知欲望。培训班上学习氛围非常浓厚。课堂上教师以学员为本，按需施训，所以师生交流异常活跃，教学心得在智慧的碰撞中得到升华。在学习期间学员们都能很好地遵守各项规章制度，认真聆听专题讲座，认真观摩课堂教学，认真记录笔记，认真完成培训作业，虚心向老教师请教，课后常常聚在一起研讨问题，自始至终保持着旺盛的学习热情。很多学员都这样说：学习机会难得，有高校教师的授课，有教师培训机构培训者的引领指导，有一线教学经验丰富的教师的辅导，与参加其他培训班的学习感觉不一样，收获也不一样。通过学习，学到了先进的教学理念，先进的教学手段和教学方法，这对于今后的教学很有帮助。

"云南省 2011 年农村小学数学青年教学骨干教师（大理）培训班"的圆满结束，一方面意味着参训学员在业务知识、专业技能等方面得到很大提升，同时也帮助我们市（县）级教师培训机构更好地了解、把握了基层教师的需求，最终达到"相互学习、共同提高、互利共赢"的目的。

在学习中成长

——2019年大理市教育体育系统扎实开展好青年干部培训

2019年12月8日至12月14日，由大理市教育体育局党工委主办，大理市教师进修学校承办的2019年大理市教育体育局市青年干部培训班，经过一周的紧张学习，圆满完成了集中培训课程的学习。一个星期以来，来自大理市辖区中小学和幼儿园的87名优秀青年干部，珍惜这次学习培训的良好机会，善于钻研，勤于思考，勇于实践，取得了较好的学习效果。

参加此次学习的87位学员均为大理市教育体育系统35岁以下的青年干部，都是大理市教育战线各个学校比较优秀的年轻干部，这期培训班虽然时间不长，但系统学习了教学计划规定的内容，在大理市教师进修校进行集中培训期间，到大理州警示教育基地进行了廉政警示教育，到洱海科普教育中心接受了洱海保护教育，到湾桥周保中纪念馆和古生村接受了爱国主义教育。可以说，这期培训班组织严密、内容丰富、形式活泼，达到了预期的目的。

一、培训宗旨

近年来，大理市按照《关于抓紧培养选拔年轻干部的通知》精神，认真落实加快年轻干部选拔培养工作，加强后备干部队伍建设，在提高各级领导班子和领导干部队伍的年轻化、知识化方面做了不少工作，为年轻干部的成长和发展提供了很好的平台，为一批德才兼备的优秀年轻干部脱颖而出创造了条件。举办青年干部培训班，就是培养教育体育系统后备干部的一种重要途径。

发现培养选拔优秀年轻干部是关系党的事业后继有人和国家长治久安的重大战略任务。

作为新时期大理市教育系统的青年干部，正处于人生的黄金时期，知识丰富，精力充沛，也积累了一定的社会阅历和工作经验，具有较强的学习能力、适应能力和创新精神。但还需要正视自己的优势，珍惜所处的这个时代，不断增强党性修养，树立起正确的世界观、人生观、价值观，使自己的综合素质得到明显提高，发展潜力得到充分显现，为发现、使用人才奠定了良好的基础。

二、本期培训班的特点

此次大理市教育体育系统青年干部培训班主要有以下几个特点：

一是领导高度重视。为了保证此次后备干部培训的顺利进行，确保取得实效，达到在培训中育人、识人的目的，在市委的领导下，市教育体育局党工委专门召开了会议，成立了以党工委书记、局长为组长的基层青年后备干部选拔领导小组，加强后备干部选拔与培训的领导，严守选拔原则，严格选拔条件，严密选拔程序，并对培训工作进行了周密部署，做到一级抓一级，层层抓落实。

二是学习气氛浓厚。全体学员都能够严格遵守培训班的纪律，上课认真听讲，勤于思考。不论早操、上课、外出观摩，还是交流讨论、做小组简报，大家始终保持旺盛的学习热情，充分表现出良好的学习精神风貌。作为承办单位，大理市教师进修学校在承担大理市辖区 5326 名中小学幼儿园教师的履职晋级管理辅导工作的同时，对此次培训班做到组织工作到位，管理和服务完善。

三是培训内容实用。对于本期培训班的培训内容，大理市教师进修学校的师训团队做到科学合理的安排，以提高素质和能力为主线，内容涉及政治理论知识、教育管理知识、心理健康与心理调适知识和校园安全知识，还有视频教学和现场教学。这些培训的内容实用性很强，青干班的学员们开阔了眼界，开拓了思路，便于今后在工作中借鉴和应用。

三、主要收获

本期培训班取得了较好的成果，青干班的学员在畅谈本次培训收获时，认为此次培训是一次前瞻性、务实性的培训，大家希望今后多参加类似的培训班。本期培训班的收获主要体现在"一个提高""一个增强"和"一个形成"上：

（一）理论政治素养和政治素质得到全面提高

理论修养和政治素质，是党员干部的立身之本，谋事之基，正气之源。通过系统学习马克思主义基本理论，新时代中国特色社会主义思想，党史党建知识；教育理论、领导管理、教师成长、学习规划的专业课程；以及法律知识，扫黑除恶与校园安全，心理健康心理调适知识和一线优秀校长的经验交流，使青干班学员对新时代中国特色社会主义思想体系有了更加深刻的理解和认识，理论素养和政治素质得到全面提高，深入系统的学习和讨论，加深了对社会主义和谐社会建设的重大现实问题的认识。通过认真的学习，青干班的青年干部增强了教书育人、为人师表的责任感和使命感，使自己的思想和觉悟产生新的飞跃。

（二）拓展了知识结构，综合能力得以增强

在此次学习期间，省委党校钱教授的心理健康教育课和大理市检察院同志的校园安全知识法律讲座，以及大理大学几位博士的课，理论水平高，学术性强，视野开阔，带给青年干部新的理念。市委党校老师们以党史、政治理论为主，对新时代、新思想、新目标的解读非常到位。华中师大大理附中（大理二中）唐志浩校长和下关一中刘式良校长的专题讲座接地气，把有意义的管理经验和教育思想与大家做了充分的交流。一堂堂生动精彩的授课，使青干班学员既丰富了思维方法，也不同程度地弥补了知识结构中的空白。在学习过程中，全班同学都能遵守学校的纪律，上课认真听课，专心做读书笔记，大家积极讨论发言。还有学校实地观摩及交流的现场教学，使大家有了新的感受。大理市教师进修学校在此次培训学习中也有很多创新的教学模式，例如，"我为大理教育献点子"交流研讨课程，既形象，又生动，结合大家的工作实际。这样的学习模式更开放，也给每位同学提供了展示才华的机会。有些同学，平时不显山不露水，但在交流研讨会上有理有据地分析，让人刮目相看，让大家觉得后生可畏。这些都在很大程度上提高了我们分析问题和解决问题的能力，有助于我们在今后的工作中，用科学的思维方法和全局观念化解问题。

（三）培养了发展素质，形成新时代大理市教育发展需要的教育思想和理念

一切科学知识都源于人们的好奇。我们教育体育系统的青年干部在学习中体现出有渴求真知的欲望，用"甘当小学生"的态度抓学习。参加青干班培训只是学习的一种形式，更重要的是要有学习兴趣和热情。事有所成，必是学有所成；学有所成，必是读有所成。青年干部一定要谦虚谨慎、虚心好学。如果不加强读书学习，知识就会老化，思想就会僵化，能力就会退化。一周的学习并不是学习的终点，培训班在集中培训后还有半年的返岗实践。

学习，永远在路上，青干班的学习远未结束，还有为期半年的返岗实践。

一周的集中培训学习，青干班的全体学员认清了自己的差距，找到了提高的途径；认清了当前的教育形势。大家作为教育体育系统的青年后备干部，认清了当前大理市迫切需要建设一支年轻优秀、数量足、结构合理、能担当中小学教育行政管理重任的后备干部队伍的形势。通过紧张的培训学习，学员们的个人核心发展素养也得到进一步加强，领导素质、领导能力、领导艺术进一步加强，事业心、责任心、进取心进一步加强，奉献精神、创新精神、大局意识进一步加强。

通过系统学习、讨论，学员们一致感到，这次学习培训的时间虽然很短，但他们的收获很大，体会很深，启发很多。

来自下关三小的武敏说："我们青干班第一期的87名学员都是幸运儿！幸运之处：第一批体验到了教育系统充满创意的干部培训，第一次可以和大理市如此多的优秀教师成为同窗、朋友；第一次让各方面的学识都有了跨越式的提高；第一次在学习、工作理念方面有了全新的收获；第一次有了很多对自己工作和学习的思考；第一次主动地思考了自己学校的发展方向；第一次深入、大胆地和同学们探讨了很多自己工作多年来的感受、感悟……而这么多的第一次让我们大家共同成长，共同收获！这么多的第一次，得来真的不易，而且可以用珍贵来形容！在我们的收获背后，是局领导和教师进修学校的领导和老师们已经负重在前！我参加过不同领域的很多培训，这一次让我有撼动内心的感觉！所以，感恩之情油然而生！不虚假，不做作！而感激之情是无法回报局领导和进校团队的苦心和付出的，我们只有在回到工作岗位后将青干精神贯彻始终，才不负青干初心，方能完成青干使命！相信我们87名学员定不负使命，在将来我们都会骄傲地说：'我们都是青干一期！'别人都会赞赏地说：'他们都是青干一期！'"

下关六中的詹荣琼说："刚开始接到七天的脱产培训通知的时候，我相当彷徨、纠结，因为学校里面有一群孩子在等着我，这个学期参加各种各样的活动，耽误了太多的时间，另外就是，我担任了初级中学七年级的新生班主任，孩子们的行为习惯急需培养，总之就是'心不甘情不愿'，但还是硬着头皮参加了培训。从相遇到相知我们一路走来，早上一起出早操，一直到晚上的小组讨论结束，每天的行程都很紧凑、很充实，仿佛又回到了大学时代，课程丰富多样，不仅让我收获了很多知识，也收获了一些教育理念，比如，听了大理二中唐志浩校长的讲座，'少数能成才，多数有发展，常常在陪伴'的'陪伴教育'，即使面对'学困生'也应该不急不躁，静待花开。在朝夕相处的七天中，收获了很多新朋友，在离别时，有很多不舍，我相信这不是结束，只是开始，我们一直在路上，在为大理教育奉献的路上共同前行。"

大理市中等职业学校的李思杰（汽修部主任）深切地说道："一群怀揣教育梦想的年轻人，暂时离开了家人，放下了手头的教育教学工作聚到了一起。从相遇到相知我们一路走来收获满满。上课时我们聚精会神地听、奋笔疾书地记；讨论时我们争先恐后地说、有理有据地论；课余时间我们积极参加各种文体活动，时而活蹦乱跳，时而开怀大笑，时而凝神静听……时光飞逝岁月如流，虽然七天的培训时间转瞬即逝，但是我们无怨无悔，因为我们没有虚度一分一秒的培训时间。通过此次培训，让我对教书育人这件事又有了新的认识，等回到工作岗位中我将把所学知识积极地运用到教书育人上。努力做一个有思想、有担当、有情怀、有作为的'四有好老师'。感谢大理市进修学校每一位老师的辛勤付出，你们辛苦了！"

来自高中一线的教师，华中师大大理附中（大理二中）茶文秀说："'教育就是一棵树摇动另一棵树，一朵云推动另一朵云，一个灵魂唤醒另一个灵魂。'六天七夜的培训，为人师者的我们，成了被摇动者、被推动者和被唤醒者。从思想修养到业务发展，从教育理念到教育实践，都有触动。青春的激情在这里飞扬，成长的脚步越来越坚定！感谢进修学校老师们的精心安排！接下来我们定会立足本职岗位，继续努力！"

这样的感悟还很多，这里只选取不同类型学校部分教师代表性的体会。在七天的学习过程中，青干班被分成八个小组，每个小组两天出一期简报，集中培训期间共出简报24期，学员参与率达100%。简报内容丰富，图文并茂，全面记录了青干班的学习历程、学习感悟和新的教育思想和教育理念，具有很好的教育资料价值。

在结业典礼上，来自下关一小的优秀教师、青干班的学习委员温雅代表全班发言，在今后的工作中，全体青干班的学员表示要继续加深学习，提高本领，还要做好返岗实践考核。要把在大理市教师进修学习期间形成的好习惯、好风气继续保持下去，在教育教学中引领学校培养好学生，发展核心素养。在工作中继续坚持学习，努力成为有知识、懂业务、胜任本职工作的内行，不断提高工作水平和驾驭全局的工作能力。通过不断地学习和实践，做"有理想信念、有道德情操、有扎实知识、有仁爱之心"的好老师，做一名肯干、敢干、善干的后备干部，努力成为政治上靠得住、工作上有本事、作风上过硬的学习型、知识型、实干型相统一的教育领导干部，为大理市教育体育事业的全面、可持续和跨越式发展做出自己的贡献。

（此文登载于《大理教育》杂志 2019 年 12 期）

观课与调研

在问题中学习数学

——观教学"按比例分配应用题"有感

数学问题解决教学是通过假设情境，激发学生的求知欲望，使学生亲身体验和感受分析问题、解决问题的全过程。它强调使用数学的意识，培养学生的探索精神、合作意识和实际操作能力。通过解决问题能使学生对数学知识形成深刻的、结构化的理解，形成自己的、可以迁移的问题解决策略，而且使其产生更为浓厚的学习数学的兴趣，形成认真求知的科学态度和勇于进取的坚定信念。

在数学问题解决的教学过程中，既要注重发挥学生的主体作用，又要重视教师主导作用的发挥，二者相辅相成，不可偏废。特别是在讲到探索、猜想、发现方面的问题时要侧重于"教"，有时可以直接教给学生完整的猜想过程，有时候则要较多地启发、诱导和点拨。因此，在一些典型的数学问题解决教学中，教给学生比较完整的解决实际问题的常用方法，以提高学生解决实际问题的能力。

在大理市教师进修学校组织的动态师资培训过程中，下关六小数学教师的一节"按比例分配应用题"课例教学，很好地体现了上述特点。

一、复习旧知，引入新问题

"学校要给小虹和小力发放数学竞赛的奖金300元，分配的比例是1∶1，小虹和小力应各得多少元？"教师先提出这个问题，然后巩固平均分的概念。

接着教师提出一个新问题，假如校长要分等级，把奖金分为一等奖、二等奖，按一定的比例来分，校长设定的比例是3∶2，你会分吗？你想怎样分配这300元奖金。

对于问题的解决，教师放手让学生在草稿本上练习，也可以参照课本上类似问题来解答。学生做完后出示练习本，由教师选择几个同学的练习在投影屏幕上展示。

学生甲算式：$300 \div （3+2）$
$$= 300 \div 5$$
$$= 60（元）$$

小虹：$60 \times 3 = 180（元）$

小力：$60 \times 2 = 120（元）$

学生乙算式：$3+2 = 5$

小虹：$300 \times \dfrac{3}{5} = 180（元）$

小力：$300 \times \dfrac{2}{5} = 120（元）$

展示过程中提问学生，让学生回答使用某种方法的理由和原因。然后总结归纳出"按比例分配"知识。

接着教师再出示一个新问题：校长还要设立三等奖，小军获得了三等奖，奖金分配比例分别为小虹、小力、小军各为3∶2∶1，三个人应各得奖金多少元？

学生已经掌握了上述两种方法，教师让学生根据已掌握的方法任意选一种算，算后出示结果，分别为150元、100

— 113 —

元、50 元，让学生思考这样的问题："你是怎么算出来的？想法是什么？"

二、联系生活，解决实际问题

通过学习、计算，教师适时提出新问题："刚才学了什么？学习以后能解决什么问题？"

思考以后提出按比例分配问题在生活中的运用，教师提出："你所见到的按比例分配在生活中的运用有哪些？请你举一个例子。"

学生 A：月饼制作过程中油、面、糖的比例；

学生 B：面包制作过程中的糖、面比例；

学生 C：饮用水和咖啡的比例是 3：1；

……

在学生畅所欲言的基础上，打开了思路，并适时提出一个新问题，让学生解决：一个十二岁的儿童，头部与身体的比例一般约 2：13，请每个同学根据自己的身高计算出自己的头部有多长。并在投影屏幕上展示一个儿童的身高图。

在学生计算时，教师提示，数字变了，方法不变。

算好的学生举手，由教师提问。

接着在投影屏幕上再展示一幅"湿地中的仙鹤"图片，并通过这幅图片提出另一个问题让学生计算：我国与其他国家拥有丹顶鹤的数量约为 1：3，2001 年全世界约有 2000 只丹顶鹤，我国和其他国家各有多少只丹顶鹤？

这个问题让学生选择一种方法计算，计算后展示学生的解题方法。

例如，学生 D：1+3 ＝ 4

2000 ÷（1+3）

$= 2000 \div 4$

$= 500$（只）

学生在计算时，教师只提示数字变了，方法不变。

老师在教学"按比例分配应用题"时，首先体现了设计数学问题的可行性特点，细致地钻研了教材，研究学生思维发展规律和知识水平，提出既有一定难度又是学生力所能及的问题，也就是说，选择在学生能力的"最近发展区"内的问题，适时适度，数学问题既有效地激发学生的求知欲望，又使学生积极主动地寻求解决问题的策略。

其次，老师的这节课，让学生从 $1:1$ 的比例分配过渡到 $3:2$，再到 $3:2:1$，最后到 $2:13$ 这样的生活中的数学问题，这种做法使问题设计具有层次性，由浅入深，由易到难。

这样就使学生在探究中不断获得成功，有助于培养学生学习数学的兴趣。人类认识教学对象的过程，是一个渐进的过程，是从最简单的对象开始，逐步发展到对数学对象之间的相互关系及它们的内部结构的认识。人们对于数学问题的认识，也如同对数学对象的认识一样，是一个渐进的过程。

第三，在教学中注重从生活实际和学生知识背景中提出问题，结合生活中的具体实例进行数学知识的教学，这是老师这节课的最大亮点。这样做，增强了课堂教学中的实践环节，重视了学生用数学的意识和用数学的能力，使学生能主动尝试用数学知识和思想方法寻求解决问题的途径。

（原载 2010 年 1 月出版《探索与实践》评价观文集）

让学生成为学习语文的主人

——语文教学《假如没有灰尘》赏析

前不久，在大理经济开发区育才一小组织了一次以教师原生态课例为基础的动态师资培训，育才一小语文教师讲授了小学语文人教版义务教育课程标准实验教科书五年级上册课文《假如没有灰尘》。其中给我印象最深的是老师根据课文特点，引导学生分别提出了"你讨厌灰尘吗？没有灰尘心情会怎样？""没有灰尘行不行？""在课文中你学到了什么？""生活中还有这样的事物吗？"等几个环环相扣的问题，通过层层导读，步步推进，顺利完成了本课的教学目标。

请看老师教学的课堂实录：

一

老师在课堂上首先向学生提出一个问题："你讨厌灰尘吗？"同时让学生摸桌子上的灰尘，并请同学谈感受。

接着老师再提出另一个问题："没有灰尘我们的心情会怎样？"教师依次提问。

学生 1：景色靠灰尘来调节。

学生 2：环境会更清新。

学生 3：灰尘还会让我们生病。

教师：是否像同学们说的那样呢？

引入课题，板书标题：12. 假如没有灰尘

全班大声朗读课文。

教师：生字生词读准了吗？

大屏幕上投影课文的生词和重点词：

忽　尘埃　拂拭　饱和　依附　湿漉漉　朝晖　日晕

单调　削弱　较短　调节　古往今来　气象万千

庞然大物

教师用"开火车"的方式依次轮读屏幕上的词。接着让一个学生带读，其余同学齐读。

二

读完课文中的词后，老师再提出一个问题："没有灰尘行不行？"

让一个学生读阅读提示：1. 默读课文并思考灰尘的作用和特点。2. 读后进行小组讨论，思考作者是怎样说明灰尘的特点和作用的。

教师提要求：特点用波浪线画出，作用用横线画出。

学生默读课文。

学生读后教师发放表格，以四人小组为单位在讨论的基础上填写一份表格，要求用简单的词语或词组填表格。

发放后教师依次指导各小组讨论，查看表格填写情况。

表格样式：

特点	作用	说明方法

学生填好后教师在投影屏幕上依次展示，对比其他组的情况。并让一个组的同学在黑板上进行填写。

学生填写的表格样本：

特点	作用	说明方法
细小	使天气变色	对比、假设
散射七色光	使阳光柔和	对比、假设
稀释性	调节气候、气象万千	比较、假设

教师：这是一篇科普说明文，说明文就有说明的方法。

教师提问学生对表格内容的理解。

在此基础上教师在大屏幕上投影彩色图片系列。

图片 1：透过云层的光芒，用来说明"散射"一词。

图片 2：彩虹

图片 3：云雾

图片 4：明月

用图片的方式来理解课文中出现的自然现象。

三

教师：学习了课文后你学到了什么？

学生：事物都有两面性。

学生：好处要利用，坏处要……

教师：你说的是"趋利避害"吧。

教师：生活当中还有这样的事物吗？

学生：细菌。

学生：细菌虽然有害，但也可以用乳酸菌做酸奶，这是细菌的一个益处。

教师：生活中还有哪些事物具有两面性？

学生：蛇，害处是它会咬死人，益处是能除害虫，比如抓老鼠。

学生：苍蝇，苍蝇很讨厌，但可以用它的幼虫来喂鸡。

学生：火，火会造成火灾，但也可以为人类造福。

通过上述一系列对话后，教师进行适时总结：1. 灰尘的作用和特点；2. 理解事物具有两面性（具体内容略）。

作业布置：课后思考，选择生活中的一种事物，既有害处，又有能为人类造福的益处，借鉴课文中的说明方法，写一篇作文，题目为"假如没有_____"。

[赏析]

一、以读为本，着重于学生自主性训练

这篇课文是一篇自读课文，老师的教学体现了把读书的优先权还给学生的理念，强调导读。在课堂上尽量给学生创造充分的读书条件和机会，让学生自读自悟，自求自得。教学中，老师致力于导，在学生思路受阻时给予疏导，理解有偏向时给予诱导，学生有疑难时给予启发。而学生则循导学读，在读前有要求，读中有感悟，读后有交流。

在导读的过程中，老师着重教给学生阅读的方法，培养学生阅读习惯，并对阅读情况及时反馈、交流，使学生在每次阅读中都经历一次成功的体验。老师以读为本的教学观，符合《语文课程标准》所提出的"学生是语文学习的主人""教师是学习活动的引导者和组织者"的理念，阅读教学要引导学生"多读书"，使学生在阅读实践中"学会思考""学会读书，在言语实践中积累、感悟"。

二、以问为本，着力于学生思维的发展

新课程的教育理念告诉我们，学习语文的过程，实质上也是不断地激发、更新、深化创造性思维活动的过程。老师在课堂教学中充分体现了"调动参与，启迪思维"的教学思想。在揭示课题时，老师运用了逆向思维，有效地吸引了学生的注意力，激发了学生的求知欲，激起了学生思维的兴奋点。

老师在教学中引导自主提问，自主学习，在学生合作交流的基础上突破了教学重点。尤其是让学生以小组为单位填写表格，不仅使学生悟出了"散射"等词语的意思，了解了假设等说明方法，还鼓励了学生积极参与、主动思维，使学生自主探究，勇于实践。最后的作业布置体现了一种让学生进行创新学习的意识。

三、以人为本，着眼于学生和谐发展

人本主义的师生观认为，教师与学生在人格上是平等的。在老师的课堂里，就凸显了师生关系的民主、平等与和谐，彰显了尊重学生生存与发展权利的人文情怀。教学前，老师按照"动态师资培训"原生态课例的要求，自己积极认真备课，但不向学生做任何的提前安排，完全按教学进度进行了一次真实课堂的再现，学生学习热情高涨，课堂里的知识让学生感兴趣。多媒体运用恰到好处，让学生直观地理解课文。

老师在提问中尊重学生的认识和思路，从学生的发展水平出发进行引导，举例也让学生从生活阅历出发，增强了学生的学习信心。教学中关注了学生的生命尊严和生存价值，关注了个体差异和个性张扬，强调合作，关注学生的精神需求和心灵世界，为学生生动活泼地、主动地、自由地发展营造了亲和的氛围，充分体现了以学生发展为本的教育理念。

（原载 2010 年 1 月出版《探索与实践》评价观文集）

新课程课堂教学中的几个"细节"例谈

在新课程课堂建立积极环境的关键点是：学生要有足够的情绪安全感，这就要求教师在课堂上重视"细节"，让学生成为学习的主人。笔者在以课例为载体的"动态师资培训"过程中，听了一些基层小学教师的课，他们的教学从理念、形式、技术上与新课程的要求越来越接近，但在一些"细节"上有待于提高，还有一些传统课堂的惯性痕迹。下面笔者选取四个教学片段，从学生回答问题、提问形式、教师语态、课外资源等四个方面，探讨容易被教师忽视的"细节"，从而认识新课程不仅是再现给学生教学内容，还要通过"细节"管理，给学生情绪安全的心理环境。

[课例片段与分析 1]

在小学语文五年级上册《圆明园的毁灭》一课教学中，教师设计了一系列问题，让学生在读课文后思考，并回答，问题有："选择圆明园的一处景点说说自己的感受。""你想说点什么吗?"

学生在回答问题时教师有打断回答的现象，这样就违背了训练学生表达欲望的宗旨。学生的话语叙述愿望被激起时，

就应让学生顺着思路表达完，这样学生的思维能力和表达能力才能得到训练，学生的叙述过程就是一次语文学习的"体验"过程。我们教师在教学时，往往怕影响教学进度，怕学生说多了浪费时间，实际这种顾虑大可不必，学生表达完整就已经是一种完整的过程，有利于学生学习兴趣的提高和获得成就感。

[课例片段与分析 2]

小学语文五年级上册《假如没有灰尘》一课，教师在引导学生自读课文后，根据课文内容提出了"你从课文中学到了什么？""生活中还存在类似这样的事物吗"等问题，学生回答问题积极踊跃，纷纷举起了小手，在众多的小手中只选择了两三个学生回答问题，学生从自己的生活阅历出发，解释了细菌、蛇、火等事物的特点，提出了它们和"灰尘"一样，都有两面性。

在这节课中，我们认为教师根据自己的意愿选择提问回答者是不恰当的，问题本身已经从学生的"最近发展区"出发，学生通过课文学习，领悟之后，产生联想，此时就应该让每个学生都有表达的机会。教师既可以按座位次序让每个学生说出一种事物，或写在黑板上，这样就让每个儿童都得到了参与的机会，都有被教师重视的感觉。在此基础上再让学生对事物进行分类，雷同的不再说，重点说几种典型事物，或每次提问按座位顺序说几个，一段时间下来，每个学生都有回答问题的机会。这样，既节省时间，又面向每一个学生，比传统课堂只提问少数学生好得多，教学效率也更高。

[课例片段与分析3]

在教学小学二年级数学上册"5的乘法口诀"时，教师先展示了一张全班同学在操场上5排5列排队的照片，然后让学生观察，并提出问题："每排有几个人？共排了几排？""20里边有几个5，5排里边有几个人？"然后让学生用自己喜欢的方式摆一摆几个5。教师在提出问题让学生思考或动手时，教师反复强调："老师要考考你们。""老师要求你们……"

虽然教学过程流畅，但教师的语气表现出一种教师主导意向，而缺乏一种平等对话的气氛，似乎学习是为了向教师展示成果。其实学习重在学生自悟，教师起到一种协调、指导的作用，应强调共同学习的意义。因此，在这一片段中，如果教师把教师布置问题任务换成一种竞赛或自主活动，效果可能会更好。教学不再是"教师要学生怎样"，而是学生"我要怎样"的一种气氛。提问语气换成"看谁想得最快"，"看谁想得好""比一比""算一算"等语气语调形式，可能更符合师生平等对话的新课程课堂气氛，更有利于学生产生学习兴趣。

[课例片段与分析4]

小学三年级"品德与社会"课在教学"温暖的家"这一课题时，教师向学生提出问题："你心目中温暖的家是什么样子的？"学生在思考这个问题时教师让学生讲家人关爱自己的故事，学生依次回答这个问题，学生的"故事"可以分为两类：一是生病或受伤时父母的关心；二是过生日时家人的关爱；很少有其他的关爱形式。教师在教学时反复强调让学生记住教材中的知识点，而没有考虑学生的真实生活和家庭背景。

在教学时，教师以"教材"为本，是在"教"教材，对教材之外学生生活中存在的生活资源挖掘不够，这时学生对家人的关爱只能想到"生病"和"生日"相关的细节，这说明家长对学生的关爱是不够的，而且这所学校的学生家长的文化素质普遍不高。这样的生源条件下，假如教师以引导学生说一起锻炼、一起参观、一起郊游、一起去书店等，都可以算是关爱，而且要让儿童回家去影响父母，引导家长关爱孩子的具体行为，效果可能会更好。课堂中教师局限于教材的知识点，缺乏引申，不能根据当地儿童的实际情况"用教材"，这说明我们的课堂对新课程的理念的理解不足。因此，我们的教学一定要从学生的生活出发，灵活学习教材内容，挖掘生活的课程资源，让学习为学生的生活服务。

（此文获得 2011 年云南省教育科研论文竞赛一等奖）

一节识字教学课

点　　评：大理市教师进修学校　张卫强
教　　材：人教版语文第三册（二年级）

[教学过程]

教师：今天我们要学习一篇描写祖国的课文，是用三字经的形式。三字经是一种语言形式，以三个字的词语组成几组词语表达意思，词语之间有联系。

教师：知道中国有哪些地名和风景区吗？

学生：大理、下关、昆明、长城、天安门、蝴蝶泉、丽江、三塔、南诏风情岛、黄山、西双版纳……

（学生依次序自由回答出上述地名）

教师：下面请同学们自读课文，画出生词。

学生用同桌互读的形式读课文。

课文：识字3

我神州	称中华	山川美	可入画
黄河奔	长江涌	长城长	珠峰耸
台湾岛	隔海峡	与大陆	是一家
各民族	齐奋发	争朝夕	兴中华

教师：下面我们来一次识字方法大比拼，用以前学过的认生字的方法，每人介绍一个生字（检查预习情况）。

学生：申——神　击——陆（方法：加偏旁）

从——耳——耸（方法：猜字谜，一个人耳朵大，生着两个人）

夹——峡（方法：加偏旁）

州——川　鸟——岛（方法：对比）

眠——民（去偏旁）

融——隔　通——勇——涌（换偏旁）

教师介绍难字：族——旅

教师：你能根据字说地名吗？

学生：川——四川

岛——海南岛

……

教师出示生字卡片读生字（拼读）

shén 神（与"衣"字旁区别）

学生组词：神仙、神笔

zhōu 州　yú 与　mín 民（独体字）

yǒng 涌　gé 隔　xiá 峡　lù 陆　zú 族（左右结构）

学完生字卡后读课文，先全班齐读，后教师范读。

接着四人小组读，重点读自己喜欢的一句。

读后要求分组讨论，不懂的地方互问。

教师：请每个小组派一个代表向教师和同学们提出自己组认为最难的一个词句。

学生：争朝夕。

学生：我神州。

学生：长城长。

学生：隔海峡。

教师先让学生用"开火车"的方式顺座次读句子，然后进行课文讲解，并解决学生提出的难句。

教师在讲解词句时在黑板上出示一张中国地图，并请同学在地图上指出与课文相关的地名。

讲解第四句时出示"民族小知识"小黑板，介绍56个民族。

教师：想想我们自己是什么民族？

学生：白族。

学生：汉族。

学生：回族。

……

教师："我神州"是指我们的祖国，神州、华夏都是中国的古名或别称。"奋发"是指努力。"朝夕"指早晚的每一天。

接下来用提问的方式思考学习收获。

教师：学了课文后我们应当以哪些具体行动来热爱祖国？

学生：多种树，绿化祖国。

学生：热爱劳动。

学生：热爱大自然。

学生：好好学习，天天向上。

教师：祖国是我们的母亲，我们都爱伟大的祖国。

有感情地齐读两遍课文。

教师：作为小学生以后学习中应该怎样做？请课后思考。

作业布置：模仿课文三字词语形式，用自己认识的字词，结合自己熟悉的事物，编一段儿歌。

[赏析]

教师上的是一节低年级的识字教学课，我们要求教学要体现新课程理念，探索识字教学的新规律，教学环节要原生态，不追求花哨，要求还原平时真实的教学。

老师的教学具有以下几个特点：

一、教材内容心理化

教学的"心理化"，不仅要求从学生的"兴趣"这个角度来进行教学，新课程实施更强调的是：让教材内容更好地激发学生的探究热情和认知欲望，使教材内容同学生的经验与体验建立联系，搭起教材通向学生生活世界的桥梁。

老师首先要求学生自由回答自己知道的地名，使教材内容更切合学生的心理特点，激起他们的联想与创意。

二、教材内容问题化

把学习知识的过程变成分析和解决问题的过程，就需要将教材问题化。老师在把一篇识字教学的"三字经"形式的美文变成问题的"链接"，引导学生凭借自己的努力（尝试、合作等）一个个地进行问题求解，在解决问题中激起学生的问题意识。

如要求每个小组提出最难理解的词句，学后要求回答"怎么办"等问题，都从低年级儿童的"最近发展区"出发，都是他们力所能及，同时对他们又有些难度的问题。

三、教材内容操作化

从一定的意义上说，教材所呈现的知识是"死"的，它只能通过学生的"活动"，通过学生的种种"操作"，才能"内化"为学生的头脑中的经验系统。

老师在教学中通过"识字方法大比拼"；这种介绍生字的方法，引导学生在"做中学""用中学"，"根据字说地名"等让学生"主动性作业",帮助学生建构知识的"意义"。在课后要求编儿歌,学习后谈收获等形式,科学地设计出多样化的练习系列。

四、教材内容的结构化

简单地说,学习"结构"就是学习事物是怎样关联的。对教材内容的学习,要尽可能地让学生掌握知识的结构,使学生"见树而又见林"。

老师在教学中由字到词,由词到句,进而让学生联想,结合学生已知的地名,自己所属民族的认识,渐进性地引申到热爱祖国这一情感。对于课文中出现的地名,老师用一张中国地图挂图,直观形象地把知识系统化,便于学生认识。

五、教学内容的最优化

教材内容的最优化,强调的是根据教学的目标任务、教材内容的特点以及学生的实际情况,提炼内容的精髓,建构必要的知识背景,选择恰当的教学策略和教学媒体,使学生能以最少的时间最大限度地掌握课程内容。

老师的这节识字课,尽量调动了学生的生活资源,依据农村儿童的特点,在识字中识句子,在句子中理解意义,表达情感,使知识、技能目标、过程、方法目标与情感、态度、价值观目标有机结合,产生了一种综合效应。

出色，出彩，出韵，出味

——核心素养背景下的一节小学语文科普童话课的教学观察

　　"小学语文核心素养"这一概念具有理解、运用、思维与审美这四个维度，它们分别是语言理解能力、语言运用能力、思维能力和初步审美能力。那小学生，尤其是低年段学生的语文核心素养怎么培养呢？课堂实践是重要的实施途径。在低年段的课本中，有很多拟人化的文章，其中有很多是童话。而童话故事神奇曲折，内容浅显生动，能适应儿童的接受能力。在教学时，通过实施读、讲、演、看、悟等教学策略，落实小学语文核心素养。近期在大理市随堂观察了一节小学语文科普童话语文课，下面谈谈我观课后对老师教学的这节一年级语文课《小壁虎借尾巴》的几点感想。

　　《小壁虎借尾巴》这篇课文，是九年义务教育六年制小学语文第二册的一篇讲读课文，是一篇一年级语文中的科普童话。这篇课文借助形象化拟人的手法，通过小壁虎向小鱼、黄牛、燕子借尾巴的故事，讲了鱼、牛、燕子、壁虎尾巴的特点，说明了"动物尾巴都有用"这样一个浅显的道理。这篇课文生动有趣，符合低年级学龄儿童的特点，把自然界小动物讲礼貌的特点和它们之间真诚相待的美好形象表述得栩栩如生。是向儿童进行初步的科普教育的好素材，有利于发展学生的观察能力、审美能力和朗读能力，从而培养学生发展核心素养。

老师精心设计的这节课有以下几点值得我们借鉴和思考。

1. 出色：我们说一节好的语文课必然是吸引学生的课，而一节吸引学生的语文课，常常是有情有义有趣味的。课的开始老师用了一个谜语导课："叫虎不是虎，生来有四足，爱在墙角住，专吃蚊蝇虫。"这样就引起了学生的兴趣。接着老师展示电子白板上的介绍壁虎的课件，有图有文字，提高了课堂效率。介绍完壁虎之后，引入一个问题让学生去思考："人类的好朋友有哪些？"

老师的这节课正是充满了童趣的课。在教学过程中老师能充分挖掘文本的语文元素，引导学生学习语言表达。例如，用"因为……他觉得……所以"来说说为什么借尾巴，老师先示范，然后让学生结合自己的生活经验进行模仿造句；比较句子，体会礼貌用词的妙处；做动作理解动词"摇、甩、摆"并选词巩固练习；最后发挥想象说话……

2. 出彩：我们还在课上欣赏到了老师制作的精美教具、学具。一是课件上激发兴趣的图片，从重点字到重点词句不同色彩的提示，这里的每一张幻灯片、每一个细节、每一个提问无不体现了老师的用心。例如，在读拼音认字时，提问学生再组词，当学生回答正确时，老师用了这样的鼓励用语："李博轩同学，知识面广博，真不愧爸爸给你起了一个好名字。"这样的激励用语很多，它起到的激发兴趣的作用、带给学生的愉悦感是我们所不能忽略的。所以老师在这里的用心我们也体会到了。

当讲到"爬"字时，老师用字理识字法帮助学生，电子白板上出现了由一条蛇和一只手构成的象形文字"爬"，制作精美的课件也为课堂添彩。本节课上，老师精心制作的精美课件和符合儿童年龄特点的问题设计，深深地吸引学生的注意，学生在图文并茂的课件的引导下学习课文，符合低年级学生以形象直观注意为主的特点。

3. 出韵：本节课教师向学生传授大量的重要的知识点，同时重视了低年级的学习重点——写字。在读课文前，用读读画画的方式认生字，按座位顺序"开火车"读生字，有组词活动，有同类字比较。语文教学中低年级的教学重点是写字，写字环节必不可少，老师在板书时，要求全体同学用手指比画笔画，有利于学生对字形笔画的巩固。

在具体的写字过程中，老师按实名要求提醒写字不端正的同学，在投影仪上展示小同学写的字时，老师用了检查问题、展示、改正三环节。这样，教师每节课保证了几分钟的练习写字的时间，让学生每节课都能练习写字。这节课的美感还体现在老师落落大方的教态和丰富的体态语，对学生亲切鼓励的语言，以及自然优美的过渡上和整堂课的设计上，这里我就不一一细说了。

4. 出味：这节课上，教师引导学生围绕主问题"小壁虎为什么要借尾巴"设计教学，结合课件，引导学生举手发言；读懂小壁虎与小鱼、牛、燕子之间的对话，给学生一分钟时间读一句长句子，并引导关注课文相同的表达结构，探究文章表达特点。讲到"挣"这个字时，让同学上讲台做拟人动作，加深对字意的理解。如果教师能通过分角色朗读体验角色之间的对话，学生可能学得更扎实，印象更深。

一堂好课，也必定有值得探讨思考的价值。这里我有一点儿不成熟的想法想与大家共讨。在老师出示学习单让学生自学时，采取的是每个小组选择一段进行讨论学习的方法。

首先，在学生讨论之前，我觉得学生最好先读再讨论，因为随着年龄的增长，学习内容的增多，课文会越来越长，有些问题的答案不可能一眼就看出来，所以应养成先读再思后讨论的习惯。其次，一个组选择一段学习，学生如何充分理解自己没有选择研读的那一段内容，是否应在大组交流时增加读的内容比重，给予充分思考的时间。或者让学生自学时是全面的，到汇报时可以选择一段，这样就不容易出现理解上的偏差。

纵观整节语文课，课堂容量还是比较大的，对于一年级学生来说，显得有些应接不暇。教师不必"眉毛胡子一把抓"，只要能抓住主要问题这一线索，引导学生好好地读课文，在指导朗读的过程中读文学句，好好地学习写字，就可以了。对一年级的学生来说，朗读是学习积累语言的最好方法，教师应把重点放在指导朗读上。这篇充满童趣的课文，最适合分角色朗读。在角色朗读中，让学生读懂小壁虎借尾巴的原因；在分角色朗读课文中，让学生体会礼貌用词的准确；在角色朗读中，让学生去体会文章相同的表现的结构；在角色表演中，积极想象拓展说话……而不必特意出示篇章的结构，让学生特意去明白，对一年级的学生来说，只要"意会"不用"言传"。

教师要简简单单地教语文！只有这样，我们才能上出有利于学生发展和以学生为中心的好课，学生发展核心素养的培养才能落到实处。

在大理市中小学推进英特尔未来教育
实践应用的思考

自 2006 年 7 月英特尔未来教育落户大理市以来，大理市教师进修学校已连续五年开展了项目培训工作，至 2013 年 8 月，已有大理市辖区 1500 名中小学学科教师从中受益。英特尔未来教育这个全球教师培训项目正在以其自身的优势，在大理市辖区教育的土壤里生根、发芽。

一、大理市开展英特尔未来教育项目的特色

（一）以城市学校为龙头，逐步向农村学校辐射

大理市辖区内现有各级各类学校 238 所，其中高级完全中学 10 所，初级中学 24 所，九年制学校 1 所，完全小学 134 所，幼儿园 5 所，其他学校 5 所。我们认为将英特尔未来教育在全市全面铺开还不具备条件，只能先在城市学校试点，等条件成熟再向农村学校推广。

（二）以校本培训为抓手，在项目学校开展全面培训

每所学校抽几个人，培训后让其回校带动其他教师，发挥辐射作用，这仅仅是一种理想。这些教师势单力薄，在学校难以形成"气候"。而一所学校的教师全部接受过培训，在校内形成一个交流、研讨的氛围，对培训成果向实践转化显

然是有利的。我们的工作思路是：先由大理市教师进修学校牵头，在城区信息技术运用基础较好的学校举办培训班，再以校本培训为抓手，开展学校信息技术的全面运用。

（三）将培训内容与学科教学内容紧密结合，增强实用性

很多教师在培训中容易产生困惑，以为这种教学模式只能打打"擦边球"，在章节复习、小结时使用，在传授与生活、应用相关的内容时使用，对教学的实际意义不大。在培训中，我们引导教师从教材中挑选一些能拓展出好的主题来的素材，然后，把教材中需要学生掌握的内容设计成内容问题，比较开放的问题设计成单元问题，基本问题再落脚到学生生活或社会发展的层面。这样处理，教师不会觉得项目培训的内容很"空"，而是感觉到一种全新的教学模式就在身边，触手可及，只要自己勇于尝试就能让课堂教学发生变化，这在一定程度上提高了教师的积极性。

（四）注重主讲教师队伍建设，保证培训质量

从实施该项目以来，我们就非常注重主讲教师队伍的建设，在主讲教师的选拔、备课、研修上采取了一系列措施。

一是建立主讲教师的选拔制度。由教师进修学校根据条件选派教师，经过当地教育局审核，由省执行机构组织培训。

二是组织集体备课和研讨。为了保证培训质量，省执行机构每年都组织骨干教师对培训内容和方式方法进行研讨，通过集体交流、讨论形成一个基本的培训模式，下发到各市州参考，各地市执行机构再组织主讲教师集体备课，根据本地区的实际情况，对培训模式进行修改完善，尽量在教学上达成共识。

三是积极参加各种研修和研讨活动。为提高主讲教师的教学水平。2006 年到 2009 年我们相继参加了 2 期主讲教师高级研修班，共有 5 名主讲教师参加了研修班的学习。研修班的举办非常及时和必要，它不仅有利于主讲教师对新版教材问题设计等重点、难点问题的理解，增强主讲教师对教学的信心，并为完成培训任务做好师资上的储备。

二、为推动项目的发展，我们根据实际情况采取了"四个结合"的行动策略

（一）与中小学教师继续教育相结合

我们认识到英特尔未来教育项目是教师培训项目，它的内容、目标旨在使教师提高运用信息技术与课程整合的能力，属于教师继续教育范畴。因此，省教育厅出台的文件把项目纳入我省新一轮中小学教师继续教育培训体系。凡参加培训并取得合格证书的在职教师，可替代新一轮中小学教师继续教育教学计划中的相关课程，获继续教育学分 5 分。并与中小学教师教育技术能力计划衔接，凡取得项目培训合格证书者，可免训免试获得教师教育技术初级证书，并可直接参加中级考试，考试通过即可获得教育技术能力考核中级证书。这一政策极大地激发了学科教师的参训兴趣。

（二）与基础教育新课程改革相结合

英特尔未来教育项目所蕴含的理念、内容、教学方法等与我国正在实施的基础教育新课程实验的理念、所倡导要建立的学与教的方式以及评价方式都是相一致的，参加项目培训有助于教师们理解新课程的理念和指导教学改革实践。因此，在培训中特别强调这一点，让参加培训的教师有意识地将项目培训与新课程改革紧密地联系起来，增强教师学习的积极性和主动性。具体做法如下：

一是在项目发展布局上与省新课程实施推动相一致。培

训指标的分配向已经启动新课程改革的学校倾斜，比如，大理一中、下关六小、下关三小、满江中学等学校，在硬件和软件条件方面比较优越，所以在指标分配上相对来说要多些，实施起来比较顺利，效果也是最好的。

二是开设各农村乡镇骨干培训班，帮助农村中小学学科教师了解项目的性质、特点、目的和作用，并与新课程改革内容比较。该项目模块化结构、实用性、学做结合的方式等诸多特点，对教师更新教育观念、改变课堂教学行为、实现信息技术与课程整合，推动基础教育课程改革有着十分重要的作用。例如，喜洲镇一中、下关四中、育才中学、大理一小、下关六小、下关二小等教育行政领导和校长们的身体力行，有力推动了项目的发展。

（三）与促进教师专业发展相结合

"计算机不是神奇的魔法，而教师才是真正的魔术师"这一句经典名言指导我们对培训效益的认识提升到促进教师专业发展的高度。因此，我们在培训中通过引导学科教师写感悟、做反思来触动参加培训的教师的内心世界，帮助他们切实理解项目培训中先进的教育教学理念。培训后很多教师自觉地开展应用研究，产生了一个个鲜活的教学改革成果，由此也促进了一部分教师迅速成长。

三、大理市辖区中小学英特尔未来教育实践应用中存在的问题及归因分析

（一）不能用。大理市中小学在校生总数中，农村人口子女人数多于城镇居民子女人数，而且大多数城镇居民子女也没有网络学习的家庭环境。学校大多只有一个计算机教室，联网的不多，即使接通了网络，各班的计算机课程也排得满满的，没机会用。教室里没有网络，网吧又不能去（很多乡村也没有网吧），学生没有上网的渠道，更谈不上将网络作为学习的工具和手段支持学习了。

（二）用不了。这种教学模式在个别科目实施起来比较困难。如：数学科目的系统性强，重在培养学生的逻辑思维能力，与学生的生活实际、社会发展的联系不大，数学课上成这种课型的难度较大。音、体、美科目基本上属于"技能型"，这些学科教师的理论水平，跨学科的综合素质，计算机水平都还有待提高，设计这类课也很难。

（三）用不好。这种教学模式在本土化过程中也遇到了很多实际问题。问题设计是项目培训的难点也是实践应用的难点，这与教师的教学素养有关，不可能一蹴而就。合作学习的效果也不理想，班额过大，小组划分得过多，教师关照不过来。小组划分得少，小组内的成员多，势必有个别同学不参与。小组内的合作学习基本上还是以成绩好的同学为主，他们决定了学习的内容和结果，成绩差的同学只是听一听、看一看，参与的程度和效果都达不到要求。学习成果的共享明显不足。由于是按小组分配任务，学生对分配给自己的任务都掌握得比较好，对其他小组的学习内容则难以留下深刻的印象。

（四）不想用。这种教学模式与现行的考试评价体系冲突比较大。英特尔未来教育重在挖掘学科知识与生活实际，与社会发展的联系，拓宽学生的知识面，培养学生的综合能力。而现行的考试制度仍属水平测试，考查的重点放在知识点的掌握程度以及利用知识点解决实际问题的能力上。况且，使用新模式授课以后，课堂讲解的内容少了，教师付出的劳动更多了。从备课到组织学生活动，都得占用大量的时间，现在的教师工作量普遍较大，很难有精力以这样的方式开展教学。教师们普遍觉得负担较重，尝试一下可以，要将其纳入常规教学，则顾虑重重。

综上所述，英特尔未来教育项目在大理市辖区的应用现状不容乐观，究其原因，主要有以下几点：

与内地教育发达地区相比，大理市教育发展得比较缓慢。1997年，大理市实现了"普九"目标，自全面普及了九年义务教育以后，教育的重点已经从抓学生的数量转移到了巩固"普九"成果，提高办学质量上来，而且2010年以后还要进行"普十三"规划。近几年来，虽然办学条件得到了一定程度的改善，但是，教育信息化建设的步伐还远远跟不上教育发展的步伐，尤其是硬件条件与英特尔未来教育项目的要求还有距离。很多基层学校多媒体教室使用率低，不能提供运用信息技术的平台。很多学校有机房却联不了网，每月的通信费让学校实在无力承担。很多学校的电脑运行速度太慢，配置过低，需要更新。一部分教师和学生的信息技术水平还很低，还处在练习打字的阶段……另外，基础教育课程改革中教师们大多还是在解说知识点、练习知识点、考查知识点里兜圈子，考什么教什么的现象非常普遍，教师参与教改的积极性和能力参差不齐。

四、有效推进大理市辖区中小学英特尔未来教育实践应用的策略

（一）进一步转变观念。现阶段，英特尔未来教育所推行的教学模式不可能一下子成为教学的主流，但我们可以将传统教学模式与"主题探究式"教学模式搭配使用，调动学生学习的积极性。我们应该看到，英特尔未来教育所倡导的人

才培养目标与社会的需要相一致，这正是它扎根于中国教育的土壤经久不衰的基石。尽管目前我们的条件不足，还会遇到这样或那样的困难，但是，无论什么都不能阻挡教育前进与发展的步伐。作为教师，要跟上时代，教学才有旺盛的生命力。

（二）稳妥、创新，实现"洋模式"的本土化。以大理市所处的教学环境和教学条件而言，把"主题探究"式教学模式"原汁原味"地搬进课堂显然有难度。我们鼓励教师们结合本地实际，结合学生的水平，灵活地运用。可以把教学设计从信息技术中剥离出来，框架问题设计得小一点儿，问题提得实际一点儿，照样可以落实于日常教学之中。不能上网查资料，可以安排学生阅读、走访、搞调查、搞研究，把学习体会写成感想、小作文，把学习的资源编写成手抄报、黑板报。教师还可以利用好远程教育的资源，提前下载一些资源，存放在文件夹里，引导学生浏览。PPT、学生网站并不是唯一的展示交流的工具，成果表达的方式可以多样化。只要学生的学习兴趣调动起来了，自主学习、合作学习有所体现，都可以说是向教学改革迈出了一步。

（三）加大骨干教师的培养培训力度。项目运作四年来，项目总协调机构只分配了750人的教师培训名额。尽管如此，我们还是想方设法地开展了一些提高培训。这一项目的培训，有免费提供的培训教材和光盘资源，需要上网注册学习，可以获得教育技术能力中级培训资格，给教师们讲清道理，争取他们的理解。培训内容多，可以把时间缩短到6天，重点放在框架问题的设计上。我们认为，培养一批项目骨干，提高项目骨干应用新模式的水平，由项目骨干发挥辐射作用，带动其他教师共同提高，这才是项目取得实践成果的基础。

（四）加大对项目跟踪监测的力度。每学期我们都安排了一些到项目学校的回访活动，在与学校领导和教师的交流中了解实践应用中存在的问题。如：机房是不是按时开放，教师是不是可以随时使用，计算机教师与学科教师能不能协作，教师组织学生开展活动时要不要算课时等，凡是涉及学校管理方面的问题，我们总是找到相关领导，及时磋商、协调，尽量予以解决。同时，对一些学校重视、教师积极参与的，评选出一些先进集体和个人，从物质上和精神上给予一定的表彰，调动和保护广大学校和教师参与教学改革的积极性。

（五）推出一些优秀案例，广泛开展课题研究。项目学校的骨干教师培训完成后，我们总是协调主管教学的副校长，以教研组为单位，由骨干教师牵头，开展教学实践。每次学习初期，我们还要组织对全市的先前学习的优秀成果进行观摩研讨活动，共同探讨这种教学模式的操作要领，领略它的实践价值。同时，我们还将英特尔未来教育应用研究纳入市级课题，组织一批教师开展应用研究，再用研究成果指导教学实践。

一项教育改革，只有长期地、稳定地开展起来，形成连续性，改革的效益才能显现，英特尔未来教育在大理市辖区的中小学已经起步，但它的根基还不牢固，需要每位教育工作者去关注、培育。作为英特尔未来教育项目的执行机构，更应该调动各方面的力量，以培训推进应用，创新引领实践，为各个中小学践行好新课程服务，努力探索为国家培养更多更好人才的途径。

（原载大理市《教学研究》中小学版 2009 年第六期）

一次成功的校本研修活动

——西南大学"国培计划（2014）"云南省农村义务教育寄宿制学校班主任远程培训项目大理市教师进修学校校本研修工作点工作纪实

校本研修是以教育教学中存在的实际问题为对象，以教师为主体，以学校、教师、学生的发展为目标的各类教学、研究、学习活动。研修过程中，通过"专家讲座""统一答疑""集中研讨"等形式解决培训中主要存在的问题；运用"问题驱动""案例讨论""现场实践"等模式来提高培训的有效性。从而在"专业引领""同伴互助""实践反思"的校本研修活动中实现教师的专业发展。

一、研修目标

大理市教师进修学校校本研修工作点（以下称校本研修工作点）对培训对象——大理州初中班主任12班120名班主任实施"以校为本""教师即研究者"和"促进教师专业发展"为核心理念的教师专业发展行动。更新初中寄宿制班主任专业理念，强调关爱每一个学生，强化责任意识，提高班主任的道德与心理素养；完善初中寄宿制班主任知识结构，提升其专业素养；加强实践演练，提高班主任处理寄宿制班级事务与洞察学生心理的能力；加强自主学习与校本研修学习的结合，提高班主任校本研修能力；开展网络研修，提高班主任远程学习的能力，促进优质资源共享，从根本上改变班主任老师在"研修"中的被动地位。同时，主张紧密结合学校和班主任老师实际情况，将培训过程中学到的理论知识运用到研修的学校中去，进一步加强初中班主任队伍建设。截至 2014 年 12 月 29 日云南省大理州 12 班班级网络在线学情如下：作业完成总数 120 份，论坛发帖总数 891 条，论坛回帖总数 1991 条，参训率 100%，合格率 100%。

二、研修过程

（一）确定校本研修课题

在专家的指导下，针对如何开展"主题班队活动"这个突出问题，来选择专题研修，然后共同研讨交流。

（二）制订好校本研修学习计划

校本研修工作点结合工作实际，充分依托国培平台资源，按照培训机构提供的课程，结合实际制订校本研修学习计划。

（三）开展研修实践

1. 研修前期：参与研修的学员结合本人和班级实际情况，围绕研修课题，做好自身的各方面分析，明确个人校本研修的学习需求。

2. 研修中期：研修活动由校本研修工作点组织，全班学员参与，相关负责人支持，具体工作如下：

（1）2014 年 12 月 28 日，学员报到（上午 9:00—下午 4:30）。

（2）2014 年 12 月 29 日，上午举行校本研修启动大会（9:00—11:30），大会具体过程如下：大理州教育局副局长高汉生致辞，市教育局领导李建华动员讲话，西南大学教育学部教授、教育学博士、硕士生导师夏海鹰教授通报网络研修情况，学员代表下关五中教师杨建斌和上关二中教师夏梅交流网络学习心得体会和工作中的实际困难，夏梅老师重点就农村留守学生存在的问题谈了农村班主任现状和面临的挑战，辅导教师黄惠枫简要介绍了研修点的基本情况，接着西南大学教育学部夏海鹰教授专门梳理学员在网络上提出的问题并现场答疑，对"青春期早恋""班级管理问题"做重点解答。下午：西南大学专家夏海鹰讲座《班主任心理压力与健康维护》(1:00—4:30)。夏教授从"班主任心理压力状况""班主任心理压力产生的原因"和"班主任心理压力改进策略"三个方面有理有据、深入浅出地为一线的班主任教师进行了一次生动的心理辅导课，学员们受益匪浅。

（3）2014年12月30日上午，校本研修工作点从西南大学网络平台所提供的课程中选取"如何开展主题班队活动"这个专题，集中全体学员、专家到下关六中观摩杨扬老师（学员）开展的主题班队活动，以杨老师担任班主任的下关六中初二121班为对象，做了一次"对自己负责"为主题的班会，并在西南大学专家和本地专家的引领下，以问题为驱动，进行学员间的交流互动，交流中夏海鹰教授对主题班会进行了点评，并从"主题班会的概念""主题班会的组织与设计"两个方面进行了深入的学术阐述和实践引领。

（4）2014年12月30日下午，西南大学专家、本地专家和全体学员在下关六中阶梯教室进行班主任工作经验交流研讨活动，大理市凤仪镇三中教师常雪梅、喜洲镇一中教师杨化莲、开发区育才中学教师施灿庭、下关四中教师赵亚琳分别以自己的班主任工作经验为主题进行了发言，发言结束后夏海鹰教授做了指导性发言。

（5）研修活动资料收集，研修活动开展时，做好相应的资料收集，如校本研修学习时间、参加人数、学习内容、讨论主题、学习方式、活动纪要、收获体会、大家的精彩发言、相关照片资料以及视频资料等收集工作，并将收集到的资料及时在平台提供的班级论坛中以发帖、回帖等形式，发布在网络平台上，这样交流讨论的时空就极大地扩展开来，形成"教师研修共同体"，开创了校本研修工作新局面。

3．研修后期：校本研修工作点针对此次研修活动以及研修的经历做好总结和反思。

研修后成果要求（每位学员都需提供）：

（1）一份个人的校本研修学习计划。

（2）一份参加校本研修活动的总结（字数不少于1500字）。

（3）一份活动期间的资料包，如活动纪要（研修学习时间、学习内容、学习方式、个人学习心得体会、参加人员名单、单位、联系电话等）、图片资料、视频等所有相关资料。

三、校本研修工作点工作团队

1．为了有效开展好此次校本研修活动，聘请大理州教科所杨志东老师，大理市教研室金国强、杜琼艳老师，大理市教师进修学校杨鹏校长、何发副校长为本地专家，指导班主任校本研修活动的开展。同时，邀请西南大学派出专家进行现场指导，使校本研修获得最大成效。

2．参加本次网络培训的班主任有新教师、中青年教师、中老年教师，他们分别来自大理市的25所初级中学，为保证研修的顺利进行，由西南大学"国培计划（2014）"——云南省农村义务教育寄宿制学校班主任远程培训项目大理州初中班主任12班班级辅导教师，大理市教师进修学校副校长黄惠枫负责组织实施此次研修活动。

3. 校本研修工作点全体学员的生活管理食宿安排由大理市教师进修学校总务处负责。

四、校本研修工作收获与反思

云南省农村义务教育寄宿制学校班主任远程培训项目大理州初中班主任 12 班班级校本研修工作点，经过两个多月的在线网络学习和线下现场活动，研修工作有如下成果：

1. 实现大理市教师进修学校校本研修工作点的预定目标，提升了大理州初中班主任 12 班 120 名班主任的专业素质，为他们在具体工作中实施"以校为本""教师即研究者"和"促进教师专业发展"为核心理念的教师专业发展行动提供了指南。

2. 从新课程倡导的教育理念出发，更新了初中寄宿制班主任专业理念，强调关爱每一个学生，强化责任意识，提高班主任的道德与心理素养；完善初中寄宿制班主任知识结构，发展其专业能力；加强实践演练，提高班主任处理寄宿制班级事务与洞察学生心理的能力；加强自主学习与校本研修学习的结合，提高班主任校本研修能力。

3. 打造出学习型的班主任，结合网络研修，提高了初中班主任远程学习的能力，促进优质资源共享，从根本上改变了班主任老师在"研修"中的被动地位。

4. "以校为本"理念深入人心，参训的大理州 12 班 120 名班主任紧密结合学校和班主任老师实际情况，把培训过程中学到的理论知识运用到研修的学校中去，将进一步加强大理市初中班主任队伍建设。

此次西南大学"国培计划（2014）"——云南省农村义

务教育寄宿制学校班主任远程培训项目和大理市教师进修学校校本研修工作点校本研修工作将对大理市120名初级中学的班主任从教育理念和行为上产生巨大的影响，下面选取几位学员的反思及具体收获。

12班学员李克功在研修日志里总结道："这次我参加了国培计划班主任培训，这次培训让我学到了许多实实在在的教育教学方法，让我受益匪浅。优秀班主任、教育专家，全面地述说了自己独具风格的班主任工作经验和搞好班级管理的具体措施，以及新时期班主任工作的技巧和应该具备的素质，令我感触很深，使我的教育思想更是有了良好的升华！著名教育改革家魏书生说过：'教师应具备进入学生心灵世界的本领。育人先要育心，只有走进孩子心灵世界的教育，才能引起孩子心灵深处的共鸣。用心灵去赢得心灵，用爱去交换爱，用真情赢得真情。'听了之后我很受启发，记得有一句名言叫'蹲下来看孩子'，我们老师就应该蹲下来与孩子保持一样的高度，以孩子的眼光看问题、看世界，这样才能真正尊重孩子、理解孩子，也只有在这样的前提下，我们才更有心去主动地创造更充裕的时间和空间了解、剖析、关爱孩子，为孩子提供最适合的教育。"

大理市上关二中张玉梅在培训心得里写道："参加了这次云南省农村义务教育寄宿制学校班主任远程培训，我深感受益良多，同时发现了一些自己以往工作的不足。今后在工作中要从小事做起，教育学生讲究方法，注重策略。"

12班学员钱金武说道："接到'国培'的通知，我打开了电脑，按规定的网址登录，于是第一天的学习开始了。我在选课中心选了课，开始在线学习，这时，我感觉这次培训有些不同以往。首先，不管你点进任何一个地方，都可以留

言，也就是说，在这里你不会寂寞，任何地方你都可以畅所欲言；专家的讲课更是精彩，叫人百听不厌；还有班级沙龙、沙龙评论、课程留言、学科讨论组专题讨论评论等，在上面除了完成作业，参与讨论外，还可以上传资源，发表学习日志等，学习内容丰富多彩，给人以新鲜感。在不知不觉中，我喜欢上了'国培'。"

"在培训的过程中听专家的讲座让人有茅塞顿开的感觉，在平时的教育教学工作中，总会被一些棘手的问题所困惑，在专家的指导下，疑惑一步一步被解开，心里一天比一天亮堂，特别是当把学到的知识和经验运用到自己的教育教学工作中的时候，真的是一种不小的收获。"

"不仅如此，因为是全国培训，在网上会遇到不同地域的老师，和他们在网上交流学习心得，讨论教学中存在的问题，分享一些教育特殊学生和转化后进生的经验。在网上看老师们发的帖子和发表自己的独特见解，是一种全新的享受，自己发表的帖子被别的老师回复，得到支持，更是一种莫大的快乐。另外，在网上阅读别人的文章，是一种独特的感受，而自己的文章被别人阅读也是一种美好感觉。于是，我每天阅读别人的文章，发表自己的日志、教案、课件及上传各种资源等。更有意义的是与同行交流，大家各抒己见，群策群力，聚合更多人的智慧，从而实现教学资源的共享，我每天在发帖、回帖的过程中享受更多学习的乐趣，无形之中产生了一种表现的欲望，我希望每天的学习统计数据都有所更新。希望帖子的质量越来越高，有更多的人回复；讨论的话题更新颖，能吸引更多的人参与。于是，我在学习的过程中，不断取人之长，补己之短，不断地联系自己的教学实际，挖掘出有共性和特性的话题，和老师们一起探讨分享。在讨论的过程中，我积极发表自己的见解。而要发表更好的见解，便会促使我更加关注自己平时教学，通过学习专家讲座和同行的讨论，对教学进行分析、反思，进而使我养成了观察与思考的习惯。真正实现了专家引领，同时也实现了网络培训的同伴互助。"

"几个月的时间，我每天必须上网，整个'国培'期间，天气一直很冷，可我和老师们在网上讨论得火热，没有一丝寒意，'国培'就像冬天里的火，帮我驱走冬日的寒意，给我春一般的温暖。我喜欢'国培'。'国培'已经接近尾声，但是在我心中，'国培'永远不会结束，感谢'国培'，因为'国培'让我适应了网上学习，喜欢上了网上学习，在今后的工作和学习中，我将会像这次培训一样，虚心学习，并把学到的新知识、新理念、新方法运用到自己的教育教学工作中去，同时也希望以后有更多的像'国培'一样的网络培训供我们学习。"

总之，这次西南大学"国培计划（2014）"——云南省农村义务教育寄宿制学校班主任远程培训，让大理市辖区120名来自各个学校的初级中学班主任学到了太多新理念，让他们看到了自己的差距，让学员找到了更好的班主任工作策略，犹如一场春雨洒向了老师们的心田，让他们学得那样如饥似渴，同时也真心希望这样的活动能时时有，让这些来自教育教学一线的老师有更多更好的学习充电的机会，从而更好地为大理市的教育事业做贡献。

通过这次班主任培训，更使120名班主任懂得，素质教育应时代需要所培养的人才应是高素质的，是有创造性的人才。我们在使素质不同的全体学生在各自原有基础上都得到尽可能大的提高和发展的同时，更要努力发掘学生的潜能，充分发展学生的个性特长、培养创造能力，培养他们成为班上各方面的顶梁柱和带头人，也为培养 21 世纪的专业人才奠定基础。更使他们更懂得班主任的良好形象对学生的思想和行为产生积极的影响，不良形象对学生的思想有消极的影响。因此，教师在学生中要注重树立自身的良好形象。在今后的教学中，班主任们表示要继续努力工作，不能满足于现状和已有的经验，应该与时俱进。在教育工作中认真总结教育的得与失，并虚心向身边的优秀教师学习，使自己不断进步，并创设自己的独特教学风格，创造出与众不同的教育方法。让我们携起手来，共同成长，为了千千万万的孩子，为了我们神圣的教育事业，一如既往地做好班主任教师的工作。

（原载大理市《大理教研》杂志 2015 年第二期）

大理市中小学教师网络远程继续教育培训需求调研报告（2014 年度）

根据省教育厅《关于组织开展"十二五"中小学教师培训需求调研工作的通知》精神，启动新一轮中小学教师远程网络培训工作，进一步提高培训的针对性和实效性，大理市教师进修学校师训管理者及部分骨干教师，在全市范围内开展中小学教师培训需求调研和观课活动，收集整理意见，发现共性问题，寻求解决办法。现将调研情况报告如下：

一、调研基本情况

2014 年 3 月 13 日至 3 月 27 日，大理市教师进修学校组织师训专任教师分北片组、南片组、中学组三个组到大理市基层各乡镇部分小学和初中进行观课和调研活动。调研采取召开教师代表座谈会、个别访谈等形式，通过面对面交谈实地了解 2012 年以来中小学教师对远程网络为主的中小学继续教育的意见和建议，对已开展的远程网络全员培训"备好课"和"上好课"专题培训的反馈情况和义务教育阶段学校教师首次参加远程培训网上学习进展情况进行了调研，回应教师远程学习遇到的问题，动态把握不同学段、不同年龄层次教师培训需求，并就以学校为阵地有效开展校本研修进行有针

对性的探讨。此次观课和调研活动，走访学校 25 所，召开座谈 25 次，平均每个专业教师观课 20 节，回收问卷调查表 147 份，征求基层学校和教师对教师培训机构和工作的意见建议 189 条，为今后更好地开展远程网络上的教师培训工作和整改好存在问题提供了思路。

大理市教师进修学校严格按照省教育厅的要求，主要在了解中小学教师对现行培训模式与内容的看法与评价、教师在工作中的困难与需求，以及对 2012 年以来的远程网络教师培训的期待等方面展开调研。调研活动主要通过填写问卷和座谈交流两种形式进行，采取定量与定性结合的方法。本次调研对象人员多、范围大、学校全，调研对象涉及各级各类学校一线老师、学校领导、骨干培训者等，如具有代表性的村小、乡镇中心校、城区学校和初级中学等，力求调研获取的信息更全面、可靠、真实。

二、调研情况分析

（一）对 2012 年至 2013 年中小学教师远程网络全员培训效果的反馈

调研对象的教龄主要集中在工作 5 年—15 年之间，县级、校级骨干教师各占调查的 67% 和 12%，两者近 80% 的比例说明城乡教师素质不高，队伍不强，省市级骨干教师稀缺，城乡师资队伍专业水平亟待提高。在调研中发现 64% 的教师偶尔使用计算机，经常使用和几乎不用的所占比例较小。

调研中发现，56.6% 的参训教师对 2012 年至今教师全员培训的总体评价满意或比较满意，90% 的教师比较关注备课、上课与评课技能的培养；培训模式，学校层次不同，教师需求也不同，但"集中与校本结合"占 27%，"以远程为依托，整合集中和校本的混合学习模式"占 35%，这就要求培训模式的多样化，使培训贴合基层学校与教师实际，切实提高培训模式的质量，注重实效性。

在培训方式上，经验交流、案例研讨、名师带教为最受教师欢迎的培训方式，三者所占比例高达 75% 以上。因为"专题讲座"对基层学校来说，往往是听着激动、想着感动、回家不动，原因就是各地办学资源、条件及师资不一样，往往看似成功的经验却无法借鉴。"观摩考察""经验交流""案例分析"和"名师带教"却能给基层教师一种身临其境、如在眼前的真实感觉，在案例研讨和名师视频的培训中，教师才会自我矫正与改进，从而达到提升课堂，提高效率，拓展专业的目的。

总之，参加调研的教师普遍认为培训内容、培训模式、培训方式、培训管理等方面较第一轮"备好课"专题、第二轮"上好课"专题教师培训有了明显改善，针对性、实效性更强，理论联系实际，师师互动，有助于教师业务水平的提升。具体体现在以下几个方面：

1. 培训内容逐渐贴近课堂教学，注重教学理论与实践相结合，培养了教师的实际教学能力；

2. 培训时间跨时半年，教师可安排在暑假或双休日进行，解决了教师的工学矛盾，农村及偏远教师培训采取周末在中心校多媒体教室上网的形式，解决了参训教师的后顾之忧；

3. 网络远程培训主要采取视频专题讲座、案例研讨、班级论坛、撰写教学故事和日志、作业与教学设计等方式相结合，使参训教师的学习和教学接轨，易于接受和提高；

4. 辅导教师除教师进修学校的教师之外，在全市范围内选聘一线优秀教师担任辅导教师，辅导效果较好。

但是，在已经结束的培训中也存在一些困惑与问题：

1. 学习内容多、时间长，培训收效不大；

2. 培训内容多注重理论知识传授，而缺乏先进教学理念与前沿教学方法的指引，缺少教师专业发展与教科研能力的培养与提高；

3. 培训方式不够灵活多样，需增加更具实效的观摩考察、名师带教等方式；

4. 培训模式需进一步更新，原有集中培训与校本培训应有一定比例，在此基础上大力推广远程培训，整合网上资源，使培训更有实效；

5. 培训管理体制不健全，激励机制不完善，致使部分教师参加培训的积极性不高，使培训流于形式。

6. 部分教师参训的积极性未能充分调动，参训存在被动性、应付现象，功利化现象明显。

7. 培训以远程网络在线学习为主，但校本培训有待加强，远程培训也需加强监督。

（二）对"十二五"中小学教师全员培训的意见

1. 关于培训内容

（1）从本次调研中反映的教师对专业知识和专业能力的需求看，"十二五"期间的教师专业必修课培训应从以下几方面予以加强：第一，突出对课标、教材的理解和把握，提高教师分析处理教学内容、整合课程教材的能力；第二，加强教育理论、任教学科专业与前沿知识培训，重点加强"教非所学"学科教师培训；第三，开展任教学科信息技术应用能力（如课件制作等）培训；第四，开展教育实践与教学新技能培训，进一步提高教师的课堂教学能力（这部分占教师需求的 65%）。

（2）"十二五"时期的教师培训，要适度加强教师教育科研能力的培训（这部分占教师需求的 21%）。针对中小学教师而言，教育科研应该源于教学实践，且作用于教学实践，也就是说不管研究什么和怎么研究，其结果一定要有助于改进教学。培训专题的选择要源自课堂教学，培训的过程要紧密结合课堂教学，培训的结果要直接作用于课堂教学。同时，要加强培训后的跟踪，既是培训效果评估的需要，更是培训成果进一步转化为教学实践的需要。

2. 关于培训方式与培训师资

根据本次调研反馈，教师最喜欢的培训方式是观摩名师课堂教学（占 48%），最受欢迎的培训师资是经验丰富的教学一线骨干教师（占 34%）。教师最需的培训是紧密联系教学实际、解决教学实际问题的培训，是能够直接影响和改变教师教学行为的培训，是有助于提高课堂教学质量的培训。因此，在培训资源的选择上要尽可能避免"一言堂"和"满堂灌"，在培训师资的选择上不要过分强调学术层次和理论高度。

3. 关于培训评估与考核

培训效果评估是教师培训工作的重要环节。通过评估，既可以为同类项目的循环或持续实施提出改进意见，也可以为项目质量监控提供参考。教师学习效果的考核评价，是培训效果评估内容之一。根据调研反馈，教师最认可的考核评价方式是实践技能测试或班级论坛讨论、撰写教学案例、教学故事和教学日志等，大多数教师不支持作业练习和统一考试。因此，今后在选择考核评价方式时，既要保证评价的效度和信度，又不能加重教师的工作负担。部分教师提出应采取过程性考核与终结性考核相结合的形式，考核要及时、经常性、有针对性，要与教育教学实践相联系，为教师搭建业务竞赛的平台，增加他们的危机意识，激发他们的竞争意识。

4．关于培训动因与期待

从本次调研情况反馈看，主观愿望上想通过培训促进个人和事业发展的教师占绝大多数，但也有部分被动参加培训的教师。造成教师参加培训热情不高的原因，固然有主观上的惰性因素，更多的是培训内容的陈旧，培训方式单一、培训师资老化以及体制等客观因素。因此，只有完善培训体制，切实提高教师培训的实效性，才能激发教师参与培训的热情，才能满足教师专业发展的需求。

从教师对参加培训的期待看，相比于教学理念和专业知识，能够通过培训获得教学实用技能与技巧，才是教师第一位的需求。这也反映出教师对提高自身专业能力、提高课堂教学效果的渴望。因此，教师培训一定要突出一个"实"字，任何花拳绣腿、华而不实的培训都是教师所不愿接受的，都是资源的浪费。

在 2014 年以后的下一轮培训中，要进一步提高培训的针对性和实效性，还需在以下方面不断发展、完善：

1．加强对培训者的培训，最好能进行一段时间的脱产培训，让他们"站得高，看得远"，切实起到引领、示范的作用。

2．培训的着眼点要从指导教师的"教"转到如何更有效引导学生的"学"，培养教师"点石成金"的能力，所以实行有学生参与的教师培训效果会更好。

3．在进行"案例教学"视频时所使用的案例可更多选用一线教师成功（或失败）的案例，这样更有现实的指导意义。

4. 要加强专家的引领作用，多开展教研活动，促使教师由"教书匠"向"教育家"转变。

5. 全员培训不应一刀切，宜分层次、分批开展，比如，实行"金字塔"培训模式，增加竞争机制和淘汰机制，从而实现教师"要我培训"到"我要培训"的转变。

6. 考核要持续、经常，让"考官"经常性地走进课堂。"考官"可由教育局教研员、教师进修学校教师和培训者组成，对广大教师进修进行持续、有效的督查、指导。

7. 教师培训的学科班级宜实行小班教学，或分学段开展，也可尝试按年龄段分班培训。

三、对进一步加强教师培训工作的建议

（一）在培训的思路上要注重从实际出发

在教师培训上，国家有国家的整体考虑，但云南省也应当有自己的省情，大理市也应有大理市的特点；在大理市区域内，平坝地区和山区不能比，教师整体素质差的和教师整体素质好的不能比，要从本地的情况，教师队伍的现状去考虑，不能搞一揽子工程。人们常说，不管黑猫白猫，逮住老鼠就是好猫，借用一下，不管什么形式的培训，只要能实实在在地提高教师的素质和能力，就是成功的培训。

（二）培训内容更具针对性和实效性

教师培训应服务于教师的实际需求，遵循"缺什么，补什么""需要什么，培训什么"的原则，坚决抵制教师培训上的"假、大、空"现象。在具体培训内容上，一是注重教育理念的更新，使教师理解教育的本质，增强服务意识。二是注重培养教学技能，这是非常重要但教师培训容易忽视的一个内容，技能不等同基本功，应该培养教师个性品质。部分

教师还提到一个专题培训的结束并不意味着在以后专题培训中不出现、不反复，因而在考评、定型、定性上要统筹兼顾。三是注重教师心理健康培训，教师不健康的心理状态对学生的影响是很大的，对教师进行心理辅导培训越来越显得重要。四是强化教育科研能力的培训，真正提高广大教师的教科研水平，更加有效地指导实际教学。五是探讨"留守儿童"的教育应成为农村学校教师培训的一个重要内容。六是要加强对幼儿教师的培训，编写相应的培训教材，创立相应的培训模式，进行专门的幼儿教师培训者培训，要让民办幼儿园的教师也参与到培训中来。

在培训的内容上要讲究适用。在培训的内容设置上，不是上面决定，而要充分考虑到一线教师的需求和口味。整体上，我们虽然不能推进菜单式的培训，但也要思考，培训要解决哪些问题、培训的目标是什么。目前，我们在培训的着眼点上，要聚焦怎样熟练提高教师掌握和使用新教材的能力，怎样提高每节课的教学效果，怎样促使更多老师掌握和运用现代化的教学手段。

（三）培训方式更加灵活有效

一是培训形式也要灵活多样。可采取提问、分组讨论、示范操作、教师参与讲授、体验性操作、角色扮演等方法，调动参训教师积极性，提高培训的实效性。二是培训时间要机动灵活，符合教师工作特点。对于课时量大的专项培训宜分阶段进行，同时也不应局限于课堂式培训，可以点对点开放式培训，合理地解决工学矛盾。三是结合校本培训模式，积极开展参与式培训（教师结合学校及个人发展需求，自主学习、自主实践）、案例式培训、课题研讨式培训、反思性培训等形式。四是充分利用远程教育开展教师培训。强化教师进修学校的培训职能，使之成为远程教育信息中心，以学校为单位，通过网络获取教育教学经验、方式和方法，有选择、有针对性地开展教师培训。

在培训的方式方法上，要本着服务教师、方便教师、有利于教师的原则。教师是培训的主体，他们的满意就是我们培训的成功，大理市推进的中小学教师全员网上远程培训，及其他县市区采取的集中面授培训、专家送教培训、校本培训三段式培训，就解决了教师的工学矛盾和费用开支问题，赢得了教师的欢迎。因为一个农村教师到县城参加面授培训，不含培训费，就要花掉三四百元的食宿费，另外，乡村教师编制是一个萝卜填一个坑，很难找到宽裕时间。

（四）加大培训师资建设力度

一方面在经费投入上对教师队伍建设倾斜，确保由一流的专业教师完成一流的培训任务。另一方面，由市教育主管部门和教师进修学校共同打造一支基础雄厚、力量较强的专、兼职辅导教师队伍，使之形成一个能够满足全市中小学各类教师培训的优秀培训者团队，确保中小学教师培训事业的健康快速发展。加强队伍建设，还要本着"少而精、专兼结合、合理流动"的原则，通过深化人事制度改革、加大对培训者的培训力度等措施，建设一支集培训、教学、教研于一体的具有较高水平的新型培训者队伍。

（五）进一步加强培训基地建设

根据教师培训工作的专业化特点，加大对教师培训基地的专项经费投入，设立单列的教师培训基地建设经费，进行重点建设。如用于培训基地培训条件建设、培训装备设施建设、培训场所的建设，以承担更多的教师培训任务，满足更高层次的教师培训要求，实现更为先进的远程网络等方式的培训需要。同时，按照"小实体、多功能、大服务"原则强化培训基地的功能，积极促进教师进修学校与市级电教、教研等相关部门的资源整合，将教师培训基地建设成为全市教师的学习与资源中心，开展中小学教师继续教育培训的研究和服务中心，中小学教师教育的政策咨询和指导中心，教育信息资源的开发和远程培训中心。

（六）加强和完善制度建设

采取切实有效的措施调动中心校、市直学校校长和教导主任参与教师培训的积极性、主动性，如加强调研、抽查和对培训结果的考评等，从而使教师培训能真实、有效、持续开展。尤其在远程培训中，应加强培训院校与参训教师所在县市区的沟通和交流；加强学情反馈的制度化建设，形成对参训教师的联动管理制度。

（本文获得云南《课程教材教学研究》杂志社 2014 年云南省教育科研论文竞赛二等奖）

提高农村中学语文课堂教学有效性的心理学视角

——2018年4月随大理市教师进修学习中学组下基层学校调研与课堂观察后思考

按照示范进校指标要求和学校工作计划，大理市教师进修学校于2018年4月10日至19日分三个组到大理市基层学校开展调研和课堂观察活动，中学组四人，调研大理市农村初级中学4所，城乡结合学校2所，人均观课12节，其中语文6节。此次调研和观课围绕"国培"中小学教师信息技术应用能力提升工程和全员履职晋级培训主题来进行，共收集到有效的意见建议61条。2017年完成的教师全员远程培训的主题是"从三维目标到学生发展核心素养的解读与教学设计的转变"，2018年的学习主题是"教与学的转变——学生发展核心素养框架下以学生的学为中心的教学策略应用设计与实施"，本文就以语文教学为例，简要谈谈信息技术支持下如何提高农村学校课堂有效性。

关于教学的有效性，有一个很形象生动的故事，以企业竞争为例：企业之间的竞争就好比去穿越一块玉米地，那么，穿越玉米地要比什么呢？第一个要比谁穿越得快；第二个要比在穿越的过程当中掰玉米，看最后谁掰得多；第三个是此过程当中，玉米叶子可能会刮伤皮肤，穿越过去看谁身上的伤口少。这就是企业平常所说的速度、收益和安全。而这三

者也正是考量有效教学的三个指标：速度指教学时间花费的长短（投入）；收益可看作教学目标的达成即学生的收获（产出）；安全则是指在教学活动中师生的体验特别是学生学习的体验是苦还是乐（体验）。用这三个指标来衡量现在农村的语文课堂教学，很多课堂其有效性都是值得商榷的。

我们中学组所调研和课堂观察的学校基本是农村中学，学校生源情况参差不齐，特别是近几年，随着城内私立中学的兴办和农村进城务工做生意人口的增加，成绩好的学生或者家庭条件好的学生小学一毕业甚至没毕业就到城区学校就读了，留下来的学生中问题学生不少，课堂教学管理的难度加大了，因此有的老师教学随意性增强。针对农村中学的这种情况，我认为要克服教师教学的随意性，提高语文课堂教学的有效性，以下几个方面尤为重要。

一、强烈的目标意识是提高语文课堂教学有效性的前提

教什么决定了怎么教。我认为，影响语文教学有效性很重要的一点就是教学目标的模糊、随意。备课的时候没有对教材和学生进行研究，没有制订切实可行的教学计划，只是对现成的教案里的目标照抄照搬，备课和上课虽然使用电子白板，但只是下载人家的教学程序，不思考为什么这样教，我的学生能否接受，目标和上课内容脱节，到上课时也就没有了目的性，影响了课堂教学的有效性。

前些日子我听了一节公开课。上的是苏东坡的《后赤壁赋》，上课的主要环节是这样的：一是由一个海外记者采访学者余秋雨，问余最喜欢的中国古典文学人物是谁，由余的回

答引出作者苏东坡，又问余最喜欢苏的什么作品，余回答是苏在黄州时的三篇作品，由此引出课题《后赤壁赋》，然后全班齐诵《前赤壁赋》。这样的导入很好，既激发了学生的好奇心，刺激了学生的求知欲，又使旧知识成为新知识的支撑点，符合教学规律（用时 6 分钟）；二是教师范读课文，边读边强调读音、句义、断句等，将课文内容梳理了一遍（用时 11 分钟）；三是引导学生看课文后面金圣叹等对《赤壁赋》评价的链接内容，老师边翻译边讲解（用时 16 分钟）；四是《前赤壁赋》和《后赤壁赋》的比较，教师分别从景色、目的游程、结构情感、意象对象等方面画表板书（没有讲完，下课时间就到了）。初看这节课的教学目标应该是《前赤壁赋》和《后赤壁赋》的比较，虽然中间讲链接的环节费时过多，似乎影响了突出重点，也还算无伤大雅。但是在后面的评课活动中，这位老师却展示了他这节课的目标是引导学生对《后赤壁赋》中"鹤"象征意义进行理解。这样，教学目标和教学内容就脱节了，怎么来衡量这节课的有效性呢？所以我想问题关键还是在于教学目标的随意。如果教师有强烈的目标意识，他对教材处理和上课环节的安排就不会这样。可以把第三个环节和第四个环节的目标改为探究《后赤壁赋》中"鹤"的象征意义，并且结合课前发给学生的古人关于"鹤"的诗文的材料。这将是一节更精彩而有效的课。

这次课堂观察过程中，有个老师教学作家杨绛的作品《老王》。文章写的是在"文化大革命"时期，作者与车夫老王交往的故事。在那个动荡的年代里，老王照样尊重杨绛夫妇俩，他认准他们是好人，知恩必报，临死也要去谢谢好心人。老王一辈子很苦，靠一辆破旧的三轮车活命，他的眼睛又不好，生活更是凄凉艰难。但是他心好，老实厚道，关心人，作者笔下的老王虽然穷苦卑微，但是精神上没有受到任何污染，是极其淳朴的好人。作者在文章里含蓄地提出了"平等"和"人道主义"的观念。

在学习过程中，发现学生只是表面上解了老王和作者的善良，但还是没有真正理解作者多年来在善良行为的背后深深的自责和内心的愧疚，没有深入理解作者所倡导的平等观念和人道主义的精神。

所以，在预习课上应该让学生充分地预习课文，整体感知，厘清思路：了解课文写了老王的哪几件事情，作者对老王又做了哪几件事情，从而在整体上感知课文内容，把书读薄。

然后引领学生品读细节，领悟老王。课文有中多处细节描写，请你标出描写老王动作、语言、神态、心理的句子，标出你最有感触的语句，在旁边写一写你的读书感悟，你读出了一个怎样的老王？之所以这样设计，是为了让学生在品味语言中体会作者的情感。从上课效果来看，学生能抓住细节描写来体会情感，品味出了一个贫、老、孤、残的老王，一个善良、仁义、知恩图报的老王，同时也从杨绛对老王做的事情中体会出一个善良的杨绛。

我们已经感受到作者对老王生活上的照顾和言语上的安慰，那为什么作者在文章最后写道"那是一个幸运的人对一个不幸者的愧怍"？请大家结合文章内容，自主思考，小组谈论。看看哪个小组最先得到对这个问题的结论。

这是这篇文章的难点，也是理解文章主旨的关键所在，所以教师在此处设计了"合作探究，解决疑难"，引领学生小组讨论，然后展示答案。在学生展示的过程中，发现学生只理解了老王临终前送香油和鸡蛋时"我"没有请他喝杯茶，并且还拿钱来侮辱他，并不能深刻理解作者的意图。因此，此时应补充当时的写作背景。

文学作品的价值取向是对人情感的潜移默化、心灵的无声熏陶。而要实现新课标中关于情感态度价值观的维度目标，教师必须要有课程意识，课堂要在动态的过程中承担情感启迪和价值观指引的任务，充分引发学生的心灵对话，让学生发自内心地多角度感悟，并让学生在分享中完善自己的心智。唯有这样超越文本的心灵交流，才是课堂有效教学的最好体现。

为了让学生更深刻地体会善良，体会平等和人道主义，教师又进行了文本的拓展延伸：在我们身边，也有许许多多的"老王"，我们和他们也有语言上的交流、思想上的碰撞，我们以什么样的态度面对生活当中的老王呢？然后出示门岗的门卫、学校餐厅的服务员、打扫学校厕所卫生的阿姨的照片，让学生谈谈我们应该以怎样的态度面对这些"老王"，从而让"平等观念"和"人道主义"常驻学生心田。

最后老师小结，结束本节课的学习：不管我们是幸运的还是不幸的，我们都要对人心怀关爱，用伟大的爱去做细小的事情，只要我们心存善意，只要我们平等真诚地对待每一个人，尊重每一个人，老师相信，有你、有我、有千千万万个"老王"，世界一定会变成美好的人间！

整堂课的设计，突出"以学生为主体"教学理念，引领学生读书、品味、讨论、交流、展示，在自主中感悟，在疑难时讨论，在讨论后交流。老师是导演，学生才是演员，把展示的舞台留给了学生。

整堂课实现了平等对话的过程，那就是教师、学生、文

本三者之间的平等对话。是教师与文本，学生与文本，教师与学生之间的平等对话，是思想的碰撞，是情感的交流。这样才能使语文教学保持灵性，保证阅读教学的成功。

保证了小组合作学习的高效性，小组合作的问题要有价值，分配给小组的任务要明确，这样小组讨论才不会流于形式，才能保证合作的有效，课堂的高效。

课堂中也存在不足，教师语言还需凝练，板书还需美观，主旨升华还可深刻。在今后的教学中将继续发扬优点，克服不足，力求打造快乐课堂。

其次，强烈的目标意识还体现在确定的教学目标是否符合学生实际，也就是说在确定教学目标时有没有充分考虑学生的情况。这一点对于农村中学尤其重要，农村中学的生源状况前面已讲到，如果我们不进行研究而照抄照搬别人的，目标面面俱到，上课无度拓展，对于农村的学生来说，面面俱到的目标实现不了，等于面面不到，过于超出学生水平的拓展，除了让学生失去学习信心外，毫无意义，肯定会影响课堂教学的有效性。比如这次课堂观察中一位老师的古诗词课《渔家傲》，对于初中文言文的教学目标，课程标准是这样规定的，"阅读浅易文言文，能借助注释和工具书理解基本内容"，特别是对于农村学生，这节课的目标重点应该是通过朗读和讲解文章帮助学生理解内容，从而理解诗词含义。可是这位老师却舍本逐末，花了很多时间去讲作者李清照和背景，后面拓展时又花了很多时间讲李清照的思想，进行无度拓展。一节课老师讲得津津有味，而学生却云里雾里。备课时没有明确的目标，没有想到要学生通过这节课发生什么变化，得到什么样的发展，就导致了课堂教学的低效。

所以，虽然每篇课文的内容很多，课时的目标也不止一个，但我们要根据课文和学生情况分清主次，合理分配。不必面面俱到而至"蜻蜓点水""水过地皮湿"，要勇于放弃。暂时的放弃，是为了长远的目标。作为语文教师，要有"弱水三千，只取一瓢饮"的气魄，当目标精了，重点准了，教学效率自然就高了。

第三，强烈的目标意识还要体现在：每节课上课前必须向学生展示这节课的目标，这样老师教学有的放矢，时刻提醒自己在教学环节中有没有脱离目标，学生学习也做到心中有数，在学习中检测自己有没有达到目标，也有利于教师课后反思总结。这样一节课下来，重点就会很明确，教有得，学有获，每课有得，久而久之学生学习干劲就大，课堂效率就高。当然，向学生展示目标，不必像有的老师那样，在多媒体上把三维目标都写出来。有时一句话就行，比如，我听大理四中陈敏老师在讲授欧阳修的《卖油翁》时，她就这样说：今天这节课我们就围绕"读"展开，也就是怎么通过朗读读懂课文。张永伦老师在教学杨绛的文章《老王》时，教与学就围绕"老王是个怎样的人呢"展开。然后一节课就是围绕指导朗读，让学生不停地读，不停地悟，在读中实现教学目标。

二、加强课堂心理管理是提高语文课堂教学有效性的保障

我们常讲"心动不如行动"，但我觉得在课堂教学中是"行动不如心动"，教学中我们只有让学生真正"心动"起来了，才会变"要我学"为"我要学"，使"苦学"变"乐学"，

课堂教学的有效性得到保证。农村中学正如各个学校调研座谈会上基层教师所说，由于种种原因，厌学学生相当多，课堂纪律普遍不很理想。因此，要保证语文课堂教学的有效性，教师除了要有精湛的专业知识和专业技能外，有效管理课堂组织教学的能力显得更加重要。而我认为其中最重要的是课堂心理的管理，既加强对课堂心理的调控，来使师生达到心理相容，从而保证课堂教学的有效性。课堂心理管理包括两个方面：

（一）课堂心理管理是教师自身心理的调节

教师要尽量做到不把生活情绪带到课堂中，走进课堂时精神一定要饱满，一定要充满激情，这样才会感染学生，使学生"心动"起来，比如，我们听了大理市民族中学杨晓虹老师（2017年大理市名师）的课，议论文教学《想和做》，老师先用电子白板展示两幅漫画而引出课题，整节课教师情绪激昂，又很善于煽情，学生抢着回答问题，课堂掌声不时响起，整个课堂被带动得心潮涌动。学生总处于亢奋之中，思维火花不断迸发，课堂效率就高。

（二）课堂心理管理是对学生学习心理的调控

首先，上课伊始要吸引学生的注意力，抑制课间活动的兴奋心理，激活其参与心理。英国教育家洛克说："教育的巨大技巧在于集中学生的注意，并且保持他的注意。"因此，集中并保持学生的注意是课堂心理调控的核心所在。我们老师习惯于一上课就直奔主题讲授主要知识，这样不好，因为刚上课时，学生课间休息时所形成的兴奋中心还没有退去，注意力还无法集中，也不可能完全参与到我们的教学活动中，因此，应先采用各种手段，比如，形象、生动、饱含激情而又富有情趣性的导入法和创设问题情境等，既可以激发学生的学习兴趣，激活学生的参与心理，又自然过渡到教学主题，同时，也可以借此时间和方法来抑制学生课间休息所形成的兴奋中心，而产生新的学习的兴奋中心，使学生尽快进入有效的学习活动中，保证上课效率。例如，育才中学的杨梅飞老师在上课开始时先让学生上讲台说自己的作文，说完让台下同学评论，再由教师评论，以此让学生"收心"进入学习状态。

其次，教学中注意满足学生的期待心理。每天面对山珍海味，也会让人生厌。我们读书时也一样，在课堂上学生都有一种期待心理：期待这节课有味道，能学到新内容，期待这节课老师有新方法，期待这节课老师多提问多表扬他，让他从学习的成功感中得到心理的满足。因此，我们教师就必须注意满足学生的这些期待心理。灵活运用教学方法，多鼓励多表扬学生，精心设计问题情境，设计教学"空白"，创造一个个学生的"认识冲突"，让学生处于一种"心求通而未达，口欲言而未能"的暂时不平衡的思维状态，达到较长时间保持思维兴奋的状态。使学生在创造中寻找乐趣，每节课都在期待中度过。比如，我们在教古文时，往往是最枯燥的，按传统的教法是很难满足学生的期待心理的。例如，杨梅飞教师讲到古文《曹刿论战》时设计的问题：1. 作者是如何塑造人物形象的？ 2. 曹刿的"远谋"体现在哪些方面？（学生找课文原句）3. 曹刿和鲁庄公这两个人物你如何评价？ 4. 说说鲁国获胜的原因。（让学生用自己的话说）5. 简要说说曹刿"远谋"对我们生活的启示。这样的教学设计将古文教学和思想内容写作手法融合在一起，更能满足学生的期待心理，从而提高了语文课堂教学的有效性。

第三，教学中还要注意调整学生的焦虑心理。心理学认为，中等强度的焦虑才是对学习最有利的。焦虑程度过强或过弱都会对思维的兴奋产生破坏作用，都会影响学生的课堂心理环境，降低教学的有效性。因此，教师必须根据学生的学习能力调控恰当的焦虑度。一方面，要防止学生焦虑心理过弱。教师要抑制学生的依赖心理，少讲多启发，多设计问题情境，激发学生学习动机。另一方面，又要防止学生焦虑程度过强。中学生正处于身心发展的关键期，敏感、自尊心强、注重形象、渴求别人的认同与肯定。这种心理表现在课堂上就会出现害怕发言的现象，这就是焦虑心理过度的表现，它会影响学生参与教学活动，抑制学生思维，这时教师应及时加以调控，比如，保证学生足够思考的时间，让学生有充分的心理准备；有效"倾听"，鼓励学生发言，进行积极课堂评价等，让学生尝到成功的喜悦，带给他们更多的自信、自尊，营造融洽的学习心理环境，保障课堂教学有效性的提高。

三、课堂心理管理是对课堂纪律的隐性管理

当学生在课堂上发生问题行为时，我们往往会采用体罚、讽刺挖苦、以赶出教室威胁学生等"以恶制恶"的方式来规范学生的行为。运用这种方法，可以达到组织课堂教学的目的，但也带来了一些不容忽视的负效应，即师生情感对立，关系紧张，使问题行为更加严重，有时也可能造成教师自身的尴尬，出现"下不了台"的现象。同时，"一人害病，全班吃药"，必然引起学生注意力分散，导致学生知识输入过程受阻与中断，严重浪费其他学生的学习时间，影响课堂教学效

率，并因此有可能导致全体学生对教师的不满。师生情绪因此对立，课堂心理难以相容，就直接影响了教学效率。为了克服这种负效应，教师对于课堂中的那些不认真听讲或者违犯了课堂常规学生的管理，不仅要注意他们的心理，还要顾及班上其他同学的心理，要在不影响正常授课的前提下，采取隐含在教学活动中非公开的隐性管理手段，从而保证课堂学习的心理环境，使课堂教学的有效性得到保障。

当然，诸多的因素都可能影响语文课堂教学的有效性，本人只是针对农村中学的实际和自己的教学实践谈了些看法。记得一位学者说过：有效的课堂不一定是理想的课堂，但理想的课堂一定是有效的课堂。我们必须努力克服语文课堂教学的随意性，提高语文课堂教学的有效性，从而提高农村中学语文教学的质量。

四、利用好农村中学自然小班化的优势来促进语文课堂有效学习

随着农村生活水平的提高，农村家长对子女的教育重视度和期望值都急切走高，农村学生通过"择校"进入城区学校就读已成普遍现象，到了初中更是择校成风。计划生育政策的得力执行及城镇化的推进，更加快了农村中学自然小班化的进程，二十来个学生一个班级的现象比比皆是。这种自然小班化无疑正迎合了当前时代的发展。查阅国内外资料，小班化教学是欧美发达国家普遍推行的一种教学组织形式。据研究表明：教师在课堂教学中教学视野关注的覆盖范围一般不超过 25 名学生，否则教师就会顾此失彼。

心理学研究表明：学生在越受老师关注的条件下越容易

取得成功（皮格马利翁效应）。由于小班人数少，教师比较容易关注到每一位学生的特点和个性，可以对每个孩子施之以爱，使学生对老师有亲切感。"亲其师"就会"信其道"，从而乐于接受教诲，乐于投入学习活动，乐于与教师形成愉快的合作教学关系，开发出融洽师生关系所孕育的巨大教育潜力。在小班化的课堂上，学生所平均占有的时间成倍增加。比如班上 20 个学生，一节课中有的学生可以拥有多次表现机会。在课堂上，师生之间、生生之间讨论和交流时间更充分，教师能仔细耐心地倾听学生到底提出了什么问题，并从中选择有价值的题目组织讨论，通过自主学习和相互学习得到圆满解决。这种师生之间的互动是师生共同发展的动力。在互动中，学生在教师的指导下，实现自主、合作、探究性的学习，充分发挥主体的积极性和创造性，提高了课堂学习的有效性。如果遇到教学内容需要用肢体语言来表达时，小班教室也有足够的空间来实现。

爱因斯坦说：教育应使所提供的东西让学生作为一种宝贵的礼物来领受，而不是作为一种艰苦的任务要他们去负担。在小班化的教学氛围下，学生有更多的机会质疑、表达自己的独立见解，有利于他们综合素质的提高。教师也可通过反思关注到每一个学生，不留课堂"死角"。可见自然小班化为促进农村中学课堂的有效学习、提高教学质量创造了极为有利的条件。

五、通过明确语文课性质定位精简教学目标来促进语文课堂有效学习

2022 年版《语文课程标准》明确指出："语文是工具性

和人文性的统一。""语文是最重要的交际工具，是人类文化的重要组成部分。"新课程标准不仅给语文定性为工具，而且突出这个工具的个性特征：交际工具，负载文化的交际工具。社会交际的言语必然是对语言的具体运用，包括听说读写。随着信息传播技术的飞速发展，语文的交际作用越来越大。对于农村孩子来说，"工具性"是最重要的。因此，农村中学的语文课堂必须精简教学目标。《道德经》中说："少则得，多则惑。"农村中学的大部分学生，上课时注意力较分散，如果课堂学习内容太多，容易引起学生的疲劳和厌烦。我认为，其学习有效性差很大程度上是因为学习目标的模糊随意，不够精简。学什么决定了怎么学。

对于农村中学的学生来说，面面俱到的目标如果实现不了，等于面面不到，尤其是超出学生水平的拓展，除了让学生失去学习信心外，毫无意义，并且影响课堂学习的有效性。比如我们在课堂观察中有些课就是如此。对于初中文言文的教学目标，课程标准是这样规定的："阅读浅易文言文，能借助注释和工具书理解基本内容。"对于农村中学的学生课的目标重点应该是通过朗读和讲解文章帮助学生理解内容，从而感受文章表现出的气势或内涵。可是有的老师却舍本逐末，花了很多时间去讲作者和背景，后面拓展时又花了很多时间讲作者的思想，并且与另外一些作者进行思想上的比较。一节课老师讲得津津有味，而学生却云里雾里。学生通过这节课的学习发生了什么变化，得到了什么样的发展，就可想而知了。

教师的专业成长离不开教师培训，农村学校的教师要实现教学目标、教学手段与教学手段的系统性、科学性转变，需要靠长期的积累。大理市教师进修学校依托各种优质资源，2006 年至 2012 年之间引入英特尔未来教育项目，更新教师的理念与技术，问题教学和网络资源进入教师视野。2012 年至 2016 年"国培"项目和全员远程培训，重新建构了教师的"备好课""上好课""评好课""命好题""育好人"能力。2017 年完成的教师全员远程培训的主题是"从三维目标到学生发展核心素养的解读及教学设计的转变"，2018 年的学习主题是"教与学的转变——学生发展核心素养框架下以学生的学为中心的教学策略应用设计与实施"，新的学习将使教育教学进入"学生发展核心素养"时代。

电子白板课堂应用中常见的问题及对策

——2019 年大理市农村初级中学课堂观察思考

近年来，电子白板作为一项新的现代教学工具，在中小学课堂教学中的应用日趋广泛。它既具备传统黑板的功能，又融合了现代多媒体的优势，其特有的工具和性能以及丰富的多媒体资源，为改善课堂互动和提高教学效益提供了技术可能。但在应用新设备的同时，新的问题也在教学中不断凸显。比如，教师该如何提升自身的应用理念和应用技能以有效开展教学活动？我们该如何合理应用资源库完成教学设计？如何克服电子白板自身的缺陷以优化视觉效果？面对硬件和资源的种种问题，厂商又该有哪些改善？这些都是提高电子白板的应用效率所需解决的问题。

微光量子环保教学系统，彻底淘汰了传统的黑板和白绿板，改变了以往几十年用粉笔写字的历史，采用了无尘、无毒、无味并可以循环使用反复加墨的水性环保板书笔。因为使用的是反射率比绿板低的米黄色教学板，所以，在预防近视方面也得到了很大的提高。同时，投影机可以直接投射到教学板上，这样，也就不需要投影幕布了。同时，老师还可以手持教学笔在板面上直接运用多媒体课件进行教学。总结起来，微光量子环保教学系统相当于把绿板、投影幕布和电子白板三种功能集于一体，让教室成为一个健康环保低碳科技整洁的教学新环境，真正进入了无尘教学新时代。

一、电子白板课堂教学应用常见问题

为了具体地了解电子白板在中小学课堂应用中所存在的问题，2019 年 3 月 19 日至 4 月 18 日，我随大理市教师进修学校中学组在大理市走访调研了 11 所使用电子白板的农村初级中学。此间，我们观摩了部分学科的电子白板教学课，与这 11 所的行政领导、教导主任、教科研主任、部分任课教师及学生进行了访谈交流，通过对调查结果的归纳总结，我们梳理出以下六个共性问题。

1. 教师操作不熟练，影响教学效果。

2. 教师将电子白板作为投影屏幕使用。

3. 电子白板自身的局限性影响课堂的视觉效果。

4. 资源库建设杂乱且不兼容外部资源，增加教师备课量。

5. 教师没有完全摆脱"以教为中心"的教学模式。

6. 缺乏基于电子白板有效教学的评价标准，课堂评价缺乏可操作性。

除上述问题之外，我们在与中小学教师的接触中了解到，由于技术条件限制，目前的电子白板还不能真正实现"一板两用"，在课堂教学中，教师仍旧需要在电子白板与传统黑板之间相互转换，电子白板并未得到充分利用，教师也浪费了过多的时间在操作与界面转换上，影响了课堂教学的效果。另外还有计算机、电子白板以及投影仪三部分所产生的系统的稳定性问题，以及在不同品牌电子白板之间资源的兼容性、传统的教学资源尤其是 PPT 与电子白板内置软件之间的兼容性问题等，这些都是需要生产商认真考虑的问题。

二、对策研究

（一）开展教师培训，掌握操作技巧

要提高教师对电子白板的操作熟练程度，最有效的办法就是对教师开展培训，让教师多做练习。虽然，有一定计算机基础的教师通过自己的摸索研究，也能够掌握电子白板的基本操作，但必定既耗时又耗力。且仅仅掌握电子白板的原理技术是不够的，更重要的是要理解电子白板的互动教学理念，才能实现教学的新突破，故而培训的开展是非常必要的。

针对目前电子白板培训时间短且内容不深的问题，我们认为在增加地区培训次数和时间以及提高培训难度的同时，也可以在学校内部组织培训或教研活动。比如，由学校电教人员为教师集中培训，答疑解惑；或者组织教师相互观摩，互相交流学习，共同提高。学校需要为教师创造练习使用电子白板的环境，授课教师也可在自己的办公电脑中尝试使用电子白板的系统软件，以期能熟练掌握并与其他教具有效整合。

（二）充分挖掘电子白板的潜力，有效利用电子白板自身优势

电子白板自身具有很多人性化的特性和功能，教师可以根据所教授的学科科学地加以利用，使师生从中都能够得到锻炼。

电子白板有一个聚光灯功能，当教师需要突出强调课件中某一部分的内容，让学生对其有一个更加深刻直观的了解时，此时教师就可以利用聚光灯，将此部分放大至大半个屏幕，从而使学生的注意力瞬间集中到此部分，从而使学生更加深刻地了解该部分的内容。电子白板自带素材库，教师可将上课所需的图片、音频、视频等素材存到素材库当中，当

讲课需要时，就用电子笔将其拖拽到屏幕上，再根据教师的需求进行组合，如物理电路图的连接，化学反应中仪器的连接等。再有就是电子白板的拉幕功能，当教师需要展示屏幕中的一部分，而想隐藏其他部分时，就可以使用拉幕功能，虽然此功能用 PPT 也可以实现，但是教师在上下左右拉的时候，学生可以直观、近距离地看到教师的动作，一改以往只有教师操作电脑，学生的注意力需在屏幕和教师之间转换的状态，这样可以拉近师生之间的距离。

（三）一切为学生服务，优化视觉效果

大多数教室将电子白板安放在教室的一角的主要原因是教师自身还摆脱不了对黑板的依赖性，教师应该在熟练使用电子白板的基础上，慢慢走出黑板的束缚，真正将电子白板作为课堂上的教学工具，而不仅仅是作为辅助工具。现在大部分教室安装的电子白板适合小班教学，在超过 40 人的大班教学中师生、生生互动困难，影响白板交互功能的发挥，学校在购进电子白板的时候如果能考虑教室的大小与学生的数量，电子白板的尺寸要保证所有的学生均能清楚地看见电子白板的演示。另外，学校在引进电子白板的同时应该对教室的环境进行设置，例如，教室窗帘的配置要保证白板的周围不受强光的照射、教室座位的安排尽量集中在白板的正前方等。

（四）师生协同工作，系统整合教学资源

针对目前大部分学校所建立的资源库系统性不强且很难与学校教材相配套这一问题，我们认为，切实可行的办法，就是各学科教师协同工作，根据各学科的教学目标，收集和整理各种不同的教学资源，或对电子白板的内置资源库和网络素材进行修改和调整，或自主设计课堂教学材料，完成教

学设计，并将其分类增添至资源库中。周而复始，即可重构电子白板中内置的资源库，从而构建出与授课教材相关的电子白板资源库。

此外，为了凸显学生在课堂中的主体地位，加之电子白板的易学易用，我们还可以鼓励学生结合他们在信息技术课程中所学的知识，协助教师设计课堂教学中所需的资源。这样既可以减轻教师的工作量，也可以培养学生的信息技术素养。当然，我们也希望各电子白板厂商能够对其产品的兼容性进行改进，真正实现优质资源高度共享。

（五）营造动态教学环境，体现教学互动性

电子白板强大的交互功能从根本上改变了教师单纯授课、学生被动听课的传统方式，为师生们在教学过程中的互动和参与提供了极大的方便，学习也由此变得更有乐趣。电子白板的交互主要体现在它营造的学生与教师之间的情感交互上。在多媒体课堂上，人机交互发生在教师与电脑之间，学生完全处于交互之外，但是电子白板的使用可以将学生拉到交互之中。多媒体使用中教师是用鼠标点击，学生只是看到屏幕上的变化，并没有看到教师的操作，学生的参与性不高，但是电子白板是在学生的观看中教师进行操作的，"我点你看"和"你看着我点"是两种完全不同的方式，相应的课堂互动度也是大相径庭。在小学的课堂上，互动功能更能发挥得淋漓尽致。比如，在小学的算术课上，老师可以鼓励学生到电子白板上做一些练习题，做对了，会出现朵朵红花，反之则出现哭脸；在成语课上，可以让孩子们自己动手填写成语，填写正确则以动画的形式讲解成语故事，既可以让孩子们了解成语的意义，又可以加深对该成语的记忆。在交互白板环境下完成的知识建构，是在与电子白板"密切接触"的过程

中实现的。

（六）分学科、有针对性地制定电子白板课堂教学评价标准

电子白板并不是显示工具的替代品，它的资源库、内置软件等都有自己的特征，因此对于它的使用绩效评价，不能简单地归结于对普通多媒体教学软件的评价，不能套用旧的评价标准，它的评价体系应该与学科相对应，且与其所具有的特点相匹配，并且要具有一定的可操作性。

例如，在进行理科教学时，可以从电子白板的以下几个功能对其产生的教学绩效进行简单的初步评价：1.存储功能的应用。是否利用电子白板的存储功能实现对教师课堂教学内容的回放，学生观看回放是否能抓住课程的重点；2.资源库功能的应用。教师在使用电子白板进行教学时有没有设计和利用相关资源库，资源库的应用是否联系实际情况，是否和课堂主题相关；3.交互功能的应用。在教学过程中，师生是否利用电子白板实现互动。

目前教师应用信息技术教学的手段滞后于信息技术的发展。每一种新的教育设备，都必然有其自身的优势以及局限。从事教学和教学研究人员应该在肯定它给教育带来的优势的基础上，以批判的目光来看待各种新兴的教育装备，不断发现问题，解决问题，更多地考虑如何使这个教育装备能够更好地为教育教学服务。对电子白板而言，教师应该对教学过程、教学方式、教学资源进行优化设计，同时加强自身修养，以便能够好地适应和运用电子白板，优化教学效果。

网络化教师继续教育模式的优势与思考

　　教师继续教育进入网络时代。基于计算机的出现和普及，对 21 世纪的学校教育将会带来革命性的影响。处在全球网络化、信息化的新时代，作为一个有责任感的教育工作者，要具有教育现代化的意识，敢于创新，与时俱进，确立现代教育的新思想、新观念，掌握现代教育的新方法，勇于实践，并在实践中不断总结教学的模式和经验，推动现代教育技术的发展。

一、现代教育技术对教育教学的意义

　　（一）有利于教师树立现代化教育意识。联合国教科文组织调查表明：几乎所有的国家都认为，促进教育发展的动力来自外部，阻力来自内部，教育的发展受到教育观念、教育体制、评价制度等因素的制约。要实行网络化教学，教师的观念应是超前的。传统教学方法的理论出发点是"以教师为中心""以知识为中心""以书本知识为中心"，把学生作为学习的客体，这样，学生的自主性受到了忽视，从而导致学生位置的附庸化。联合国教科文组织更提出了 21 世纪教育的四大支柱："学会认知，学会做事，学会协同，学会生存。"由此可见，今后的学习将更注重学生的自主性、主动性。教师应冲破旧观念的束缚，充分挖掘网络资源的"金矿"，树立"以学生发展为本"的教育新思想，全面关注每一个学生的需要，促进学生身心的健康发展，引导学生积极参与教学过程，让学生获得正面的情感体验与知识需要，以及自我探究的内在需求。

（二）有利于教师正确认识多媒体教学的重要性。相对而言，多媒体技术的发展领先于教育思想的发展，领先于教师对多媒体技术的应用能力的提高。多媒体技术给教育带来的不仅是手段和方法的变革，它更要求教育观念应产生相应的变革，以适应生产力的发展。但是，教育观念的改革，重要的不是停留在理论家的研究中，而应体现在广大教师的教学实践中，现代教育观念是建立在现代教育技术基础上的，不接触、不使用先进的现代教育技术，就无从发现它在教学应用中发挥出来的优势和潜力，就无从认识现代教育技术以及占其主导的多媒体技术在教学上重要性。

（三）有利于开展务实的培训工作。教师培训是现代教育资源发挥的关键，没有高素质的教师队伍，就不可能有教育信息化的应用。处在教学第一线的教师是学校开展现代教育技术实验，进行多媒体教学的主力军。一支具有现代教育技术素质的优秀教师队伍，应是网络管理、软件技术、课件制作、资料收集和维修保养的集成者，必须善于充分利用现代教育资源发展"教育力"，从而提高教学效率。而"教育力"的转化，必须是以广大教师对多媒体技术的熟练掌握和应用为前提。目前，要改变教师现代教育技术素质较差的现状，加强教师的现代教育技术培训是当务之急。通过培训，有目的、有计划地提高教师对现代教育技术的认识和运用能力，使教师熟练应用网上的教学软件以及开发教学软件所需的有关创作软件和工具软件。

二、网络化继续教育的优势

最近几年大理市中小学及幼儿园老师的履职晋级培训都在进行远程网络培训，感受着网络化教师继续教育模式的优势，教育部是非常重视网络建设的，也开展了基于骨干的中小学幼儿园教师信息技术能力提升工程，让教师善于利用网络资源有效进行工作和学习，这样的培训实践我们已经进行了多年，大家从中受益很多。为了更好地贯彻落实《国家教育事业发展"十三五"规划》，大理市教育行政部门也制定了《大理市中小学幼儿园教师继续教育远程全员培训实施方案（2017—2021年）》，五年为周期，助力教师在立德树人意识、学科核心素养理解力、信息技术与学科教学能力深度融合等方面得到提升：

年份	学习主题	专业发展能力	备注
2017年	教学目标的设计与转变	从"三维目标"到"学生发展核心素养"的解读及教学设计转变	已完成3820人次
2018年	教与学的转变	学生发展核心素养框架下以学生的学为中心的教学策略应用设计与实施	已完成5299人次
2019年	"评好"到"好评"的转变	学生发展核心素养框架下的"一堂好课"	已完成5326人次
2020年	"考"到"评"的转变	基于学生发展核心素养的考核评价体系的构建	已完成5594人次
2021年	"标准化"到"校本化"的转变	学生发展核心素养下的课程观和校本实践策略	已完成6127人次

网络化继续教育将带给我们如下优势：

（一）多样的教学组织形式

网络的特点使得网络化教师继续教育模式使集中式学习、个别化学习、协作学习等变得切实可行。多种教学组织形式可以相互配合，实现教学最优化。

每一个学习者都变为教学活动的主体，由被动地接受知识，转变为主动地去学习。网络成为促进学习者学习的重要的认知工具。

（二）超越时空限制

网络化教育式继续教育模式实行师生的异地同步或者异步教学，教师可以摆脱地域限制，只需在学校或在家利用空余时间利用计算机网络即可参加培训，免除了参训教师长途跋涉、体力与精力以及经济负担过重等问题。同时，培训机构或学校不必为教师安排教室，更不必为教师解决食宿等问题，免除了后勤上的后顾之忧。

（三）个性化自主学习

网络化教育中，学习者的学习过程是自主进行的，学习内容、学习方式和学习进度是可以选择和自我调控的。这种完全"自助式"的个性化自主学习，有助于提高学习效率，也有利于针对中小学教师继续教育中参训教师数量庞大，学历层次不等的特点进行分层次教学，满足继续教育针对性、实效性、时代性和多样性的要求。

（四）优质教育资源共享

网络化教育的教学资源包括文字、图像、动画、音频、视频等多种形式的数字化资源，这些资源均可方便地进行存取、修改、复制、传输等操作。将其放在网络服务器上或通过磁盘、光盘、录像带、录音带等媒介，即可实现资源共享和优化，使原来仅为少数人占有的有限资源被大面积共享。这不仅最大限度地扩大了优质教育资源的利用价值，而且有助于使优质教学资源向教育欠发达的中西部和边远地区输送，改变不合理的教学资源非平衡布局。

三、网络远程培训后要做好后续工作，推助教与学效率提升

教师参与远程网络培训后应做好如下后续工作，以助于提高学习的有效性，提升教师专业化素质，而不是让信息技术背景下的继续教育的学习成为形式主义：

（一）要更新观念，强化应用，服务好教学教研

目前大理市各个中小学校的教育信息化硬件建设初具规模后，如何应用这些先进的设施，使之对教学教研产生出应有的效益，成为当务之急。各级各类学校应有这样的思路：宁可用坏，不能放坏。教育行政部门负责服务保障，各学校要大胆应用。

完善制度保障，建立教育信息化和远程教育资源应用的激励评价机制。远程教育维护和运转专项资金纳入财政预算，专款专用，及时解决应用中存在的问题，提高使用效益；学校应出台《教育信息化及远程教育资源应用评价标准》，制定硬性措施；对学校的要求是必须保证教育信息化建设、教师培训和教学应用等方面的经费，每周应用远程教育资源和设备进行各种形式的教育教学活动不少于 20 课时，各年级的课程覆盖率不低于 60%，学科覆盖率达到 100%；对校长的要求是以学校的信息化应用水平来评价其工作水平，对认识不到位、工作没起色的校长要进行建议和整改；对教师的要求是会制作电子教案、会组织和整合教育资源开展教学和教研

活动、会修改或开发简单教学课件并应用于教学中。这些强制性的要求通过专项督导评估的方式，有效地激励和促进了教育信息化应用水平的提升。上面要求严，下面才会抓得紧，尤其是各中小学校校长对应用教育信息化开展教学活动的重视程度显著提高。最好将教师的参与质量纳入业务能力考核，作为评优、评模、晋职"一票否决"的条件；建立规范的远程教育档案，及时真实地记录教师对远教设施的使用情况。

（二）要坚持强化培训，提高教师对教育信息化的认知水平

有条件的学校可以组织现场培训会，聘请省市专家亲自对各级各类学校的校长和骨干教师进行培训。同时，充分利用远程视频网络对所有的教师进行培训。现在继续教育依托全国继教网采用的视频培训是一种新的培训模式，实现了语音和视频的同步双向传输，主讲教师的 PPT 讲稿、电子文稿、课件、视频、网页浏览等，可以实时传输，达到了面对面的培训效果。受训教师在接受培训的同时，能够通过语言、视频及时反馈培训过程中的疑惑或问题，这种培训方式快捷、便利，教师足不出校就能接受培训，避免了大规模集中带来的不便，既降低了培训成本，又扩大了培训覆盖面。我们应明确要求，无论是何种形式的培训，受训的校长、教师必须无条件参与，教师必须成为教育信息化课堂应用的行家里手。远程网络化教师培训的目的就是要让老师们做到"人人会，堂堂用"。对于教育信息化带来的新思维，新观念，接受快的要往前走，接受慢的要跟着走，无法适应的要再培训。通过这些强制性的培训，整体上提高广大教师对教育信息化的认知水平，激发他们参与的积极性和主动性。

（三）要建立门户网站，形成校本资源积累应用平台

市直校、乡镇初中以及有条件的农村小学有条件都应该建立自己的门户网站，建成的网站不是门面摆设，除可以宣传自身的形象外，更重要的是为教师们搭建了资源积累和应用的平台，教师能够充分发挥自身所长，在远程教育资源的基础上开发和整合教育教学课件，把自己的教学素材、教学课件、心得体会及专题节目等提交到网站的资源库，通过不断完善，使之逐步成为适合本校教育特色的校本资源。例如，有些地区的教育信息网的校本资源库建设已经初具规模，一个县的总访问量达55000人次，总浏览量近100000人次；全县10个联校，27所农村初中和县直学校都建立了自己的校园网站和校本资源库，有三分之一的农村小学依托教育空间和网络平台，建立了本校的校园网站。这样做有利于校本资源能够不断积累并应用于课堂教学，最主要的在于每个教师都是参与者，都能够在信息化管理和学科课程整合中发挥主导作用。

（四）要鼓励实践探究，倡导教育信息化的课堂教学应用

以远教工程为载体的教育信息化引进课堂教学，对传统的教学模式具有革命性的改变。这种改变是全方位的，教育理念、教育管理、教学过程、教学评价等都有了全新的定位。学生是教育信息化的主要受益者，让学生在快乐的学习中掌握知识是教育的根本目的。为此，有必要将信息技术学科教学纳入必修课，考试成绩记入学生发展档案，并作为衡量各校信息技术学科教学开展效果的重要指标。对于教师的课堂教学应用，我们提倡"拿来主义"和"创新主义"并举，丰富的校本资源完全实现了资源共享，任何学校的教师，在课前准备的过程中，可以"拿来"全市各校同年级同科目甚至全国各地名校名师的优秀教案、课件等资料参考使用，教学

过程中可以"拿来"网络资源中的视频、图片、文字等随时应用；很多教师在不断地思考、研究、比较、评判中逐步形成了具有本市、本校特色的"创新主义"，通过课堂教学的诠释和应用，更加激发了学生的学习兴趣，通过网络来反馈课堂教学效果也使学生的自主参与意识得到了培养，课堂容量大大增加，涌现出了一批应用好、教学效果显著的学校和教师。例如，有的小学教师做了关于《网络环境下的作文教学》的探索，充分利用教育信息资源，通过"班级邮箱""班级博客""电脑作文活动"等段落的衔接，使学生在自主创新的兴趣中提高了写作水平，这位教师的这种网络作文教学很有创意，受到了省市专家的一致好评。

（五）要进行交流合作，形成网络环境下的教研信息氛围

从最基层的学校到全市性的合作探究活动、校际的在线教研活动、校内的自主教研活动都可以在网络环境下开展得富有生机。开展网络教研，使教研中心下移，为教师带来了便利和实惠，老师坐在办公室就可以在线参与教学研讨，可以第一时间发表自己的意见和建议；以网络交流为主的校际、校内新型合作教研模式也十分普遍，建立博客、微信或美篇资源，把自己的工作心得、随笔、成果、案例都放到自己的网络资源信息中，共同学习和参考，任何教师都可以登录并进行评价，通过不断的汇集和梳理，这些教学素材、教学课件、心得体会、教案论文等都成了各自校域网站教学资源库中难得的校本资源。

四、远程网络全员培训后的"教与学"变化与启示

新时代，新思想，新征程，教育信息化过程中教师培训远程网络化是教育现代化的主要潮流。在教育信息化服务于

教育教学的过程中，我们感到带来了"三种变化""三点启示"：

一是教育思维的变化，已经从仅限于校内知识传播的"只管一段"转变为利用现代教育手段从学生实际出发，关注学生终身学习、终身发展的"长远指导"。启示我们在实践应用教育信息化的过程中，必须要以学生的发展为本，教师必须同时注重对学生的人文关怀，一切改革的思想和措施应该服从服务于学生的发展这一最终目标。

二是教学模式的变化，从老师讲、学生听的单向知识传递演变为多媒体、多层次、多渠道的师生双向合作、讨论探究的特色化互动交流。启示我们教师必须从教育功能、师生关系、教学组织形式、教学过程的时空观、教学的质量观、终身教育观等诸方面做深刻的反思与深入的探讨，教育信息化不是减轻了教师负担，而是对教师提出了更高的要求，教师随时面临着新的危机，随时需要调整心态，不断提高、更新自己。

三是教育资源的变化，已经从由于地域、经济条件差异而导致的教育资源分布不均逐渐向实现优质教育资源共享的目标迈进。启示我们实施教育信息化可以最大限度地体现教育公平，学生即使身处不同的地区，在一定程度上同样能够享受优质教育资源，对于促进教育均衡发展具有事半功倍的作用。

教育信息化是教育现代化的必由之路，是提升教师专业化成长的必要工具，做好这项工作是我们教师进修学校等基层教育部门义不容辞的责任。在今后的工作中，我们将继续提高执行力，逐步形成健全合理的信息化发展长效机制，拓宽教育资源共享范围，促进城乡教育均衡发展，使大理市的

教育信息化建设向更高的标准迈进，为培养造就师德高尚、业务精湛、结构合理、充满活力的高素质专业化创新型教师队伍服务，以教师全员培训网络化为载体推动大理市课程改革与教育事业持续深入健康发展。

（原载宁夏期刊《丝路视野》2020年5月上旬刊）

信息化背景下的校本研修策略探讨

教师队伍建设是教育信息化可持续发展的基本保障，信息技术应用能力是信息化社会教师必备的专业能力。近年来，各地通过多种途径开展教师信息技术相关培训，取得积极成效，但也存在着项目分散、标准不全、模式单一、学用脱节等突出问题。为贯彻落实国家教育信息化总体要求，充分发挥"三通两平台"效益，全面提升教师信息技术应用能力，决定实施全国中小学教师信息技术应用能力提升工程（以下简称提升工程）。从 2015 年 10 月起，我有幸连续三年参加了全国继教网云南站组织的中小学幼儿园教师信息技术能力提升工程高级研修班。系统培训、多所学校的实地参观、多种形式的交流互动、多场业内专家的精彩报告，无不给人以震撼、以启迪，在整理着研修培训的思绪的过程中，就有了以下对校园信息化建设的并不成熟的思考。

一、信息化时代，技术改变思想

如何让管理更高效、服务更个性、执行更规范？如何让教师在日常的教研中能深度参与？如何让教师的自我成长在关注中前行？又如何能构建一个教师、家长、学生、社会都可参与的平等互动的交流平台？这些问题可能一直萦绕在学校管理者的脑海。在信息技术快速发展、网络技术突飞猛进、数字化管理成为趋势的今天，信息技术对学校管理思路的影响可谓深远，可以说"技术改变思想"。

学校管理中思想是最重要的，但思路的落实需要技术支持和物质保障。支持保障的力度又决定了决策者能够站得多高、想得多远。学习中，我深切的体会是，信息技术只有真正服务于教育教学，提高教育教学效率、办公效率，丰富学校教育教学形式，它的工具价值才会得以最大体现，才会真正成为学校不可或缺的一部分。

当然，说到底信息技术还只是工具，技术要为人服务，我们想做什么，需要自己的思想。有了思想，技术可以更好地为我所用。相对于社会其他行业，在教育领域信息技术其实只发挥了最简单、最基本的服务作用。如何最大化地发挥信息技术的作用，让信息技术的发展在教育领域引领思想的变革，是一个长期的过程。

二、数字化校园，愿景可成现实

何为数字化校园，网络检索可以有万千解释。我们可以概括为三点：基本设施、信息源（各类资源的充实、归整）、信息流（这是核心，体现每个学校文化的东西，也就是公文流转或者是公文推送）。对合理的观点，笔者觉得在行政推动和学校努力下，随着政府对学校硬件的投入逐步加大，这一愿景可成现实。

从每年一次的调研来看，目前大理市各中小学校的设施设备应该说都能够基本满足需要，每所学校的信息源（资源库）建设也都卓有成效，学校为教师提供资源汇集分类、知识管理的平台。如专题网站、成长档案袋、个人博客、文档寄存 FTP 等。建设数字化校园的最重要的任务可能就是信息流的问题。学校如何与家长进行信息交流分享？学校如何与老师进行信息沟通？学校、家庭、教师、学生之间如何进行信息共享？学校的公文如何进行流转？沟通中如何让互动成为可能？借助于一些专门开发的软件系统，这一切在目前都可以得到很好的解决。

三、网络化教研，互动成为可能

研修中最大的收获就是对网络化教研作用的认识进一步清晰，网络化教研，一种可以不受时空限制、适时互动、便于头脑风暴、智慧分享的教研方式目前正在教育领域逐步推行。

网络教研平台很多，除了论坛，还可以借助博客平台和微信平台等，这些也是一个专业引领、同伴互助、个人反思的最佳平台，非常适合网络教研。教研组可以建立一个网络教研的平台，如此，教研组的专题研讨、教学设计、教学案例反思、学习推荐等过程都可以在网络上呈现，每一位老师都可以参与，每一个项目都是动态生成，互动、对话，在这里真正成为可能。同时，教研组也可以做好知识管理，从建立到丰富的过程就是一个教研组运行的轨迹、成长发展的过程。

网络教研最大优点是让所有成员都可以充分参与发表意见，避免评课的走过场、研讨的随意性，从而有效提升教研的质量和品位。开展网络教研，需要教师建立一种开放、包容的心态，用分享的眼光看待别人的参与评论，用真诚的态度发表自己的观点。需要教师舍弃一些课后休息的时间，积极主动地参与进来，逐步形成一种参与研讨的习惯，在帮助别人的同时也提升自己。需要形成教研组共同的价值追求和教研文化，在一种合作、分享的氛围中主动地吸纳。

研修学习，对每一个研修者而言都是一次深入学习、直面问题、深刻反思的良好契机。面对飞速发展的信息技术，学校信息技术工作如何从思想上认识到位、技术上支持到位、财力上保障到位、行动上落实到位，使之成为推进学校课程改革、推动学校文化变革、提升学校办学品位的重要举措之一，是一个值得研究的重要课题。

下面就打造与信息时代一致的校本研修"地方名片"提出了五点建议：

（一）坚持多措并举，实现培训研修全员化

要积极采取专题报告、讨论交流、集中学习等形式，引导广大教师充分认识到进行校本研修，不仅仅为了推动学校发展，助推学生成功，更重要的是能促进自身专业成长，成就幸福人生，从而激发教师参与研修的内在动力，变"要我学"为"我要学"，形成校本研修的良好氛围。同时，要建立有效的研修激励机制和约束机制，定期督促指导，坚持奖优罚劣，严格学时认定，力促教师参与研修。

（二）加强制度建设，实现研修规范化

各中小学校要认真学习"行政推动、系统设计、全员参与、特色纷呈、形成常态、成效显著"的各种成功经验。从制度建设入手，创新机制，按照"简单、实用、高效"的原则，科学地制定本县区（本学校）教师培训及校本研修的方案规划、考核评价、过程指导、学习反思、教研活动、课题研究、档案管理和校际合作等制度，努力促进校本研修制度化、规范化、常态化。

（三）注重分层实施，实现研修个性化

要坚持层次实施的策略，从研修对象、研修内容、研修方式等方面根据教师需求"量身定做"。要按照梯次提高的办法，按新任教师、合格教师、骨干教师、教学名师的梯次提出不同的研修要求，制订合适的研修计划。要紧密结合课堂教学，坚持"在教学中研究，在研究中教学"，切实做到以研促教、以教带研。要继续把"聚焦高效课堂"作为校本研修主要方向，坚持"问题即课题、教学即研究、解决即成果"的思路，紧扣教学实际，解决实际问题，使校本研修成为推进课改的"助推器"和"加速器"。

（四）丰富活动形式，实现研修特色化

一方面要借鉴吸纳外地的先进经验，另一方面要立足校本，制订有针对性、实效性、操作性的工作方案，开展多种形式的研修活动。比如，校地共建、结对帮扶、专题讲座、远程互动、岗位练兵、课题带动、联片研修、示范引领等。规模大的学校，要发挥师资优势，协调作战，集体攻关；规模小的学校，更要重视远程指导、同伴互助、个人反思。

（五）搭建网络平台，实现研修信息化

未来教育的标志是网络化、信息化，所以，首先，要建立和完善校本研修的网络平台，如专题网站、专栏、QQ 群、微信朋友圈等，尽快实现校校通、班班通和人人通；其次，要建立校本研修资源库，给广大教师提供丰富、优质、实用的研修资源；第三，要充分发挥专家团队的作用，建立名师、专家团队网上指导制度；第四，要充分利用网络优势，加强校本研修管理。

（原载河南省期刊《学校教育研究》2020 年 9 月下期）

不忘初心，不负韶华，开启教育新里程

——对大理市教育体育系统青干班学员返岗实践考核中的观课总结

　　大理市教师进修学校承办的 2019 年大理市教育体育局市青年干部培训班，在 2020 年 1 月至 7 月半年的时间里，为学员返岗实践学习阶段。2019 年 12 月 8 日至 14 日大理市教育体育局市青年干部培训班，经过一周集中培训课程的学习，完成教学计划规定的内容，达到了预期的学习目的。

　　根据大理市教育体育局党工委的要求，大理市教师进修学校于 2020 年 6 月至 7 月，对青干班 87 名学员进行了返岗实践考核。大理市教师进修学校在李文豪校长的带领下，从 2020 年 5 月 29 日开始，全体专业技术人员参加，2 人至 5 人一组，对大理市辖区青干班学员所在的中小学幼儿园 75 个学校，涉及 11 个乡镇两个城区和一个经济开发区，分组下校到学员所在的学校，对每个学员现场随堂观课一节为主，辅以学校领导和教师代表参加的座谈、交流、议课，对学员的全面工作能力进行了考核，并提交一份返岗实践报告。

一、返岗实践考核的主要内容和考核情况

　　大理市教育体育系统 2019 年青干班学员的考核，主要针对青干班学员理论学习后的以下问题开展：

1. 座谈和交流：个人的德能勤绩廉综合表现如何？教育教学和管理能力的提升情况如何？与其他教师的合作情况如何？作为学校青年干部如何配合学校领导引领好教师队伍的专业化成长？

2. 观课和议课：在课堂教学中发生了什么样的变化？针对"学生发展"的研究取得了哪些进展？"学为中心"的构建还存在哪些问题？如何在教育教学中更有效地培养学生发展核心素养？作为学科教师的信息技术应用能力提升情况如何？

大理市教师进修学校对青干班学员的观课和议课要求是参与者相互提供教学信息，共同收集和感受课堂信息，在充分拥有信息的基础上，围绕共同关心的问题进行对话和反思，以改进课堂教学，促进教师专业发展的一种教师研修活动。与现有的竞赛课活动比较，观课和议课主要是针对日常的教研和教师培训活动，学校是最适宜的场所，教师是其中的主体和主角。日常性、普遍性、一线名师主体参与，这既是观课和议课的主要特点，又是它的意义和价值所在。

带着这一系列的问题，全校一行 16 人在李文豪校长的带领下，深入全市 75 所中小学幼儿园，完成了 87 名学员的返岗实践考核工作。下面针对返岗考核中的基本情况整理如下。

（一）青干班学员在实践中都提高了思想认识

青干班学员基本为学校的中层干部，大部分为教务主任、教科研主任，也有校团委书记、少先队辅导员，一部分为学科或年级组长、工会主席，还有少数学员已被提拔为校长和副校长，承担着教学、管理的多头任务，是学校的骨干力量。通过座谈和交流，青干班学员都谈到提高了对学习重要性的认识。中青年干部现有素质能力与现实工作还不完全相适应，作风务实存有差距，加强学习是个人取得进步的需要。唯有多学习、多思考，始终带着"为什么学、怎么学"的问题努力在工作中进行进一步的实践，个人才能有所建树，在教育教学工作相关领域成为某一方面专家。面对当前大理市的教育形势和挑战，青干班学员们都表示必须坚定更加努力地做好"办人民满意教育"的决心。

例如，大理市银桥镇鹤阳完小的陈吉虹，去年9月开始担任校长，成为银桥镇第一个年轻的女校长。经过培训学习和实践锻炼，管理工作获得学校教师们的认可和好评。她坚持在农村小学校开设和教学英语，教学中她积极利用网络资源，结合学生实际进行教学，使农村小学的学生也和城区一样，获得优质的教育资源。

（二）增强了党性修养和坚定了理想信念

通过去年一周的集中学习和今年初开始的半年返岗实践工作，青干班学员都学会了保持一颗平常心，正确看待个人得失，努力做到慎始、慎微、慎欲、慎权，做到敢于担当、干净干事。通过不断的学习、实践和锤炼来提升自己的修养，以保持政治上的坚定性和思想道德上的纯洁性。以良好的心态、谦虚谨慎的品行真抓实干、谋事创业，为大理市基础教育的发展一步一个脚印，踏踏实实地做出自己的贡献，力争成为信念坚定、为民服务、勤政务实、勇于担当、清正廉洁的优秀中青年干部。

例如，在太邑山区彝族乡工作的三位青年教师，桃树完小的常海川，己早完小的苏德高和苏文军，他们坚守山区教育阵地，由于表现出色，近期已被任命为副校长。他们除了教学工作之外，还有大量杂活儿和临时事务，有寄宿制学校的晚自习，安全问题，扶贫工作，营养餐的出库入库等，他们一心扑在山区的教育工作上，任劳任怨，无私奉献。还有在下关中吊草完小的李彦锋老师，作为长江大学的优秀学子，无怨无悔在山区小学工作，除了美术教育和学校艺术室的工作，还有数学教学工作，学生的教学成绩和竞赛都名列全镇前茅，作为一个"90后"教师，教育教学工作之外，服从领导安排，利用年轻、车技好的优势，每天往返市区为学校食堂购买蔬菜食品。

（三）学习后实践中的课堂教学的现状与变化

1．教师的角色在逐渐发生转变

在课堂教学中，教与学的关系问题是教学过程的本质问题，随着新课程的实施，观课中发现，经过此次集中培训中的理论学习，全体青干班学员的课堂教学在悄悄地发生变化。由过去的知识传授者、教学管理者、教材复制者转变为学生学习的引导者、促进者、组织者，教师的角色在逐渐转换。以学生为主体，尊重学生，师生双方交流、互动，实现教学相长和共同发展已成为广大教师对待学生的基本态度，也注重了对学生的心理健康方面的引导。以教材为平台和依据，充分挖掘各种课程资源，已成为教师的一种自觉行为。

2．教学问题意识得到一定体现

在观课中，绝大多数教师都体现了问题意识。认为在教学中引导学生积极发现问题，鼓励学生自主发现问题，在问题对话中生成新的问题，有助于培养学生发现问题的意识，提高学生分析问题、解决问题的能力。教学中都有课程资源开发意识，有许多延伸到生活中解决问题的设计，有利于提高学习兴趣。

3．创设情境意识得到广泛关注

在观课过程中发现，许多青干班的青年教师认为教学中应注意多元化的教学情境设计，这既能激发学生的学习兴趣、

调动课堂后气氛，又能为学生的有效学习提供广阔的平台。

4. 发展性评价体现在课堂教学中

从观课情况看，大多数教师已改变了只注重分数，把考试作为唯一手段的做法，走出了"为评价而评价"的误区，由过乱、过滥、过露的教学评价转变为真实、规范、科学的教学评价。对学生的学习评价从重结果向重过程发展，使学生在教学评价中得到真实的学习体验和成功的快乐，通过评价，不断激励学生获取知识，培养情感，形成学习能力，不断发展成长。

5. 能运用现代教育技术，提高课堂教学效率

随着多媒体信息技术设备的不断改善，教师的教学活动有了更大的发展空间。大部分青干班教师能运用多媒体信息技术进行课堂教学，使用电子白板，充分发挥网络资源作用，部分教师还使用视频资源，拓展了教学内容，活跃了课堂气氛，提高了教学效率。

二、存在的问题与对策

（一）部分教师的课堂在目标体现上，准确把握教材，有机整合"三维"目标的能力还有待提高

教学中，大部分教师能根据教学内容并结合学生实际，确定教学目标、教学重难点，但不能有机整合"三维"目标。具体表现是要么只重知识传授，轻能力培养，更忽视过程与情感价值观的培养，要么脱离具体内容和特定的情境，孤立地、机械地、生硬地进行贴标签式的情感态度价值观教育。实质上是教师未吃透教材，不能领会教材是如何体现教学目标和教学要求的，也不知怎样处理教材才能把知识点落实，不能结合学生的实际情况对教材进行调整和补充。

这就需要我们的青干班学员作为大理市教育体育系统管理中的主力军，要在今后的管理实践中加强校本研修，以学习带动教师专业化发展。要利用好远程网络教师全员培训平台，不仅要提高学习率，还有提高学习质量，青干班教育管理干部要带头学习，把全国继教网作为一个学科教师专业成长的有效平台，杜绝学习中的形式主义。

（二）教学策略上，以"教"定"学"情况还普遍存在，学生发展核心素养培养还在路上

在观课中发现，有部分课堂，不能从学生已有的知识和经验出发，根据学生的认知规律进行教学，仍然以教为基础，先教后学，不教不学，阻碍了学生学习的主动性和积极性。有的教师在教学中严格执行预设的教案，以完成教案设计为终极目标，缺乏应有的教学智慧和灵活性。对教学过程中生成的资源视而不见，不善于利用。

对于这个问题，需要在今后的工作中花大力气解决。在校本研修中要养成教师研究学生的习惯，教育教学要从学生的实际情况、年龄结构和生活环境出发，搞好生本教育。具体讲就是在备课和制作课件时不能照搬资源和设备中的现成资源，要养成依据学生具体认识能力去再创造和加工的习惯。

（三）教学实施上，形式多样但效率有待提高

大多数学员能有意识地营造宽松的学习环境，组织形式、评价手段多样，但效率不高。表现在合作学习频繁、平庸，活动形式多样但欠实效，最终流于形式。另外，也有部分学科的教师对教材理解不深，无法悟情入境，只好以分析代替学生学习，串讲串问现象处处存在。学法指导欠缺，和新课程倡导的以学生为中心的"一堂好课"还有距离。

教育管理各个部门要加强合力，促进网络环境下城乡教师专业发展的应用创新与可持续发展，打造区域网络校本研修共同体，有助于教师专业化成长，构建城乡之间和校与校之间的网络研修体现，从而促进区域教育均衡发展。

此外，对这个问题的解决需要提升教师的教育素质，优秀教师和普通教师的区别在于业余时间。此次作为教育管理干部，一要有自己的教育学习计划，二要学校教师团队的学习提升计划。可以走出去学习优质学校的经验，也可以制订学习计划，例如，一个教师一年学习好一份教育教学类杂志，阅读一本教育著作，这应该是最基本的要求。

（四）教学基本功和信息技术运用尚有提高余地

教学基本功的优劣在一定程度上会影响教学效果，有少部分教师课堂教学语言平淡，缺乏吸引力；教态呆板，缺乏亲和力；板书随意，无美感、整体感，书法水平有待提高。这与近年来新教师学历高，但师范性的基本功和教学基本技能培训不足有关，需要引起有关部门的重视。此外，还有少部分学校教室内多媒体设备配备不足，或教师使用能力不足或不使用。

观课中发现青干班教师普遍使用电子白板情况较好，使用率达 95% 以上，但网络资源运用意识和结合农村学生特点制作课件方面还需加强。同时，缺乏基于电子白板有效教学的评价标准，课堂评价缺乏可操作性。因此，教师自己利用电子白板设计的作品的好坏，以及交互式电子白板在某一学科上的使用绩效该以何种方式来进行评估，并没有一定的评价指标。

解决这类问题需要多部门合力，如今后在教育培训中增加粉笔字、钢笔字、毛笔字和简笔画"三字一画"的专项培训，特别要加强对新教师的教育教学基本技能的培训或竞赛力度。

对信息技术与教育教学的整合能力也需要提升。除上述问题之外，我们在与青干班学员的座谈中了解到，由于技术条件限制，目前的电子白板还不能真正实现"一板两用"，在课堂教学中，教师仍旧需要在电子白板与传统黑板之间相互转换，电子白板并未得到充分利用，教师也浪费了过多的时间在操作与界面转换上，影响了课堂教学的效果。另外还有计算机、电子白板以及投影仪三部分所产生的系统的稳定性问题，以及在不同品牌电子白板之间资源的兼容性、传统的教学资源尤其是 PPT 与电子白板内置软件之间的兼容性问题等，这些都是需要一线学校生产商认真考虑的问题。

一路风雨兼程，大理市教师进修学校从 2020 年 5 月 29 日至 7 月 9 日，完成了对大理市辖区 75 个学校 87 名青干班学员的一对一返岗实践考核，返岗实践报告提交率为 100%，考核合格率 100%。本次考核方式灵活，内容丰富，有学校领导对身兼重任的中层干部的评价和新要求，有同事之间对教育的理解和感悟，通过学习和返岗实践考核，使全体青干班学员提高了认识，开阔了眼界，找出了工作的差距和不足，增强了进一步做好教育工作的信心。

综上所述，依据大理市教育体育局党工委的计划和部署，由大理市教师进修学校具体落实的大理市本期教育体育系统青年干部培训，经过集中培训、理论学习和返岗实践，加强了大理市教育体育系统青年干部的实践能力、创新能力和管理能力，为大理市打造了优秀的后备管理人才，是新形势下高素质的教育管理队伍，满足大理市教育发展趋势和推动教育改革的必然选择。

新政策　　新培训　　新挑战

——记大理市教育体育局开展"双减"背景下教育教学
能力提升培训

为贯彻落实中共中央、国务院《关于进一步减轻义务教育阶段学生作业负担和校外培训负担的意见》文件精神，坚持以习近平新时代中国特色社会主义思想为指导，全面贯彻党的教育方针，营造良好教育生态，发挥校园主阵地作用，加快建设一支理论素养深、专业技能强、管理水平高的专家型、学者型领导干部队伍，大理市教育体育局结合大理市教育实际，于 2021 年 11 月 27 日举办"双减"背景下教育教学能力提升培训。培训地点为大理市教师发展中心，大理市辖区 28 所初级中学教育教学管理人员 80 多人参加培训，采用集中脱产学习，主要采用专家专题讲座、体验式教学的培训形式。

培训内容为"双减"背景下学生自主管理及学校德育工作，目的是通过培训使学校教育教学管理人员能够进一步全面学习和理解"双减"政策精神，树立科学的教育观，有效减轻义务教育阶段学生过重作业负担，坚持以德为本、全面育人，更加重视学生良好道德品质和行为习惯的培养，督促学生加强体育锻炼，保证充足睡眠时间，努力培养塑造学生健康的心理、健全的人格和乐观豁达的人生态度，切实提升大理市学校育人水平。大理市教育体育局局长洪玮做开班动员讲话并提出学习要求，洪局长指出，这次培训是一次提高自身思想政治素质和业务水平的好机会，要提高认识，团结奋进，勤学善思，做教育发展的有识之士、有为之人和有心之人。

上午的学习由华师一附中贵阳学校语文老师、八年级卓越班班主任、年级德育主任李巧玲作《力争成为光，把生命照亮》为主题的专题讲座，李巧玲老师的讲座内容丰富，生动的案例来自一线实践，为大理市教育同人提供了"双减"背景下的教育教学管理和学生心理疏导的新理念、新思路和新方法。

李巧玲老师采用问题连续体的方式进行讲解。

1. "为什么有的学生不热爱生命？"针对这个问题首先提供了当前学生的大量案例和数据。其次对出现的问题进行原因分析：（1）陷入心理困境；（2）人生意义缺失；（3）陷入自我否定。再次对解决问题提出进行青少年的心理干预办法，有心理辅导课、心理健康活动月、考前心理调整等措施，运用倾听、宣泄、提高感知力等方法预防学生容易出现的心理问题。2. "为什么有的学生不愿意学习？"针对这个普遍存在的问题，李老师从四个方面加以解决：（1）设置挑战性目标；（2）增强自主选择；（3）提供成功机会；（4）处好师生关系。她认为，解决问题的过程中要有活动支撑，要育人于细微处，让学生成长于活动中，给学生提供成长机会时，要发现学生之外和之中的闪光点，触动学生动机的迁移。学习过程中李老师还出示了自己主编的《卓越班刊》。

下午的学习由高级讲师、培训师、高级研究员、中学高级教师、东华理工大学"国培计划"特聘授课专家乐金才做题为《打好双减组合拳，奏响课改主旋律》的学生自主管理暨学习共同体建设体验式培训，乐金才老师致力于教育信息化背景下与核心素养视域下高效课堂建设及精准教学模式的研究，专注于"赢在课改"系列体验式培训课程的研发，潜心于新形势下教师培训方式的创新。

乐金才老师强调要从战略高度看待"双减政策"，他在培训中结合基层教育阶段各学科的核心素养的具体内容，从以下六个方面解读了培养学生发展核心素养在"双减"中的意义和作用：1. 立德树人为根本，培根铸魂新标准；2. 招考改革刮旋风，核心素养显神通；3. 教育改革静悄悄，考题就是风向标；4. "双减"政策已敲定，组合拳里探路径；5. 七三定律记心间，深度学习谱新篇；6. 构建学习共同体，现场体验揭谜底。同时，针对"双减"时代学校和教师如何科学设计作业，如何建立高效学习小组，乐老师现场演示了示范课例。此外，他还提出在"双减"时代，政府、学校、家长、社会如何协同发挥作用的策略。乐金才老师讲课风格独特，幽默风趣，用富有诗意的情景，指明了教育工作者在"双减"背景下的考试改革方向和学生发展核心素养培养的努力目标，受到参培教师的好评。

此次培训的举办，有利于大理市的教育工作者积极创新育人方式，充分发挥学校在立德树人中的主体地位，全面提高教育教学质量，落实好"双减"政策各项工作，助力学生健康快乐成长，推进大理市教育高质量发展。

（本文新闻简缩稿发表《云南教育·视界》2021 年 12 月 47 期）

大理市有序推进"万名校长培训计划"

——大理市召开"万名校长培训计划"第七期培训班大理市学员座谈会

2022年3月2日下午，云南省"万名校长培训计划"第七期培训班大理市学员座谈会在大理市教师进修学校举行。大理州教体局师训负责人、大理市名师管理中心主任赵银、大理市教师发展中心主任和大理市教师进修学校校长李文豪以及8名参训学员4名往届学员参加了座谈会。即将参加第七期培训班的大理市学员，都是35岁以下的校长、副校长和骨干教师，高中、初中、小学和幼儿园各占两名，其中下关三小副校长杨杰是此次大理州参训学员的联络员。座谈活动由大理市教师进修学校书记杨智广主持。

座谈会上，参训学员首先做自我介绍。每位学员都做了简明扼要的自我介绍，表明了自己坚定的学习态度、学习信念，表示要转变角色、积极融入、开拓创新，以一种合格的学生姿态投入到本次培训学习中，做到"学有所获、学有所成、学有所用"。

大理州教体局师训专干杨志东指出，在云南师范大学举办的今年第七期"万名校长培训计划"项目培训在学员结构、名家讲座结构、经典导读水平、学业导师指导、学员自主管理等方面进行了调整和优化。希望大理市参训学员牢记习近平总书记嘱托，争做"四有"好老师，传承"刚毅坚卓"的西南联大精神，向朱有勇、张桂梅等先进模范学习，以做"好老师"、当"好校长"、办"好学校"、育"好学生"为毕生追求，大力培养德智体美劳全面发展的社会主义建设者和接班人，努力做新时代的教育家。要充分认识到"万名校长培训计划"项目的实施意义，是落实立德树人根本任务的要求，是我省基础教育事业发展的要求，是培养教育家型校长的要求；要认真完成"万名校长培训计划"的各项学习任务。大理市教师发展中心主任和大理市教师进修学校校长李文豪在座谈会上强调，"万名校长培训计划"是省委、省政府深化新时代中小学教师队伍建设改革的一项重要举措，是一个基于全新理念和模式的培训项目。自 2018 年 9 月项目实施以来，已经完成六期，每年两期，每期跨时一学期，目前大理市完成学习的学员达 66 人，在增强校长落实立德树人根本任务的使命感、提升中小学校长领导力和执行力、推进教师教育职前职后一体化等方面取得了成效，达到了项目预期目的。希望今年 3 月开始学习的 8 位学员，要切实加强学习的纪律要求和结果运用，要正确认识、认真对待这次培训学习的机会和平台，转换身份，遵守各项培训管理规定。不断凝练自身独特的教育思想，胸怀理想，脚踏实地，把所学所思转化为奋发有为的实际行动，教好每一名学生，办好每一所学校；希望完成学习的学员持续做好经验总结，研究、解决学校管理中出现的问题，凝心、聚力、汇智承担起教师教育改革"领头羊"的责任。

座谈中，由下关七小校长史继辉、大理二中骨干教师董广之、下关六小少先队辅导员戴祖园等一至六期学员代表，聚焦"什么是好学生、什么是好老师、什么是好学校、什么是好教育、什么是好社会"5个问题，结合自身成长经历、教育实践和培训学习收获进行了交流分享。为期135天的脱产集中培训，模式新颖，内容丰富，主要包括经典书籍阅读和聆听名家讲座。通过学习，阅读了《爱弥儿》《大教学论》《明日之学校》《重新定义学校》《普通教育学》等20本经典名著，感悟教育的真谛，与作者进行思想上的碰撞和交流。通过个人自读、小组研讨、班级交流、名师导读、大班读书交流会等形式提高阅读品质。读完一本书后要认真撰写读书心得，要求参训学员养成爱读书的习惯，基于教育使命的理性思考，增强办学治校的领导力和执行力。聆听40场名家讲座，跟随名家解读国家最新教育发展政策，探寻自然科学奥秘，学习名校办学经验，提升学科素养知识。最后整合所学知识写出讲座心得。

第六期学员戴祖园在座谈会上说，她十分有幸参加培训，潜心学习，收获颇丰。阅读经典名著，回归教育本真。通过专家导读、阅读分享、撰写心得，完成20本经典名著阅读，让她不断丰富知识、拓宽视野，深度反思教育过程、提炼育人本质。聆听名家讲座，重拾教育初心。通过聆听43场名家讲座，学习先进教育理念、接受艺术文化熏陶、借鉴一线名校长实践经验，让她重拾教育初心，更新教育理念。担任学习委员，启发教育思想。通过参与培训期刊《启明》编辑，个人发表心得，在审阅和撰写中启发了更深层次的教育思想。"学然后知不足，教然后知困。"此次培训让她停下脚步，对"好社会、好学校、好教育、好老师、好学生"进行了深入思考，进一步理解了"立德树人"本质。今后，她将用所学知识指导教育教学工作，在普洱教育沃土里不断耕耘，牢记育人使命，为党和人民的教育事业贡献自己的绵薄之力。

他们殷切希望新一期学员通过"万名校长培训计划"项目的系统学习后，立足大理市新市情，不断向着新时代"未来教育家"的目标迈进，潜心治校办学，为大理市高质量教育体系建设、深化改革促进教育公平做出更大贡献。通过此次座谈会，学员们更新了观念，提高认识，懂得了学习机会的难能可贵，将在以后的学习生活中更加严格要求自己，争做新时代的学习型校长。

（本文新闻简缩稿发表于《云南教育·视界》2021 年 3 月第 11 期）

小学校长需要什么样的培训

——学习陕西师大远程培训课程"培训政策及培训方案解读"专题的实践与思考

全面了解中小学校长的培训需求，是做好校长培训工作的前提。参训校长大多是具有丰富工作经验的，因此，他们的学习带有强烈的目的性，每个人的需求都不尽相同。故而，对中小学校长的培训需求进行有效的调查，能保证在培训中按需施教，提高培训的针对性和实效性。

2013 年 10 月，我校领导及教科处成员就大理市辖区中小学幼儿园校长培训需求进行调研，对校长培训课程的设置、培训模式的构建、培训方法的选择等方面进行分析。我们先后到大理市辖区下关一幼、下关城区教办、挖色中心学校、挖色光邑完小、双廊镇中心校、双廊镇中学、喜洲镇一中、周城九年制学校、喜洲中心校等基层单位进行调研，与基层学校多位校长座谈和访谈，了解到校长对培训的需求情况，但同时也提出不少问题，为我们的研究和开展校长培训提供了依据。

一、调查分析
（一）对理论知识的需求
校长的知识需求主要涉及政治理论、教育理论、素质管理知识、法律法规四大板块。但就目前急需的知识而言，大多数选择"专业管理知识"，其次是"法律法规"和"教育学及心理学知识"，政治理论被相对被忽视，说明校长们较为注重实用的、操作性强的知识，而政治理论似乎被认为人人都懂，不属于"急需"范畴。

1. 政治理论知识方面，马克思列宁主义、毛泽东思想、邓小平理论、"三个代表"重要思想、科学发展观、习近平新时代中国特色社会主义思想成为校长政治理论需求的核心，说明随着教育改革和发展，这一需求正是使校长适应时代要求和自身成长的前提条件。

2. 教育理论知识方面，由于与学校教育教学有较为紧密的联系，因此有着较大的需求，"青少年心理特点与教育""教育科学研究理论""管理心理学""现代教育理论""现代管理理论"等更是需求的热点。随着计算机的普及，"现代信息技术应用"成为共同需求。

3. 管理知识方面，校长们较为重视与其管理工作作用较大的"教师管理""学校评价""家庭、社会、学校三结合管理"，而"学生管理""总务管理"，一般被认为是职能处部门的事，则相对被忽视。

4. 教育法律法规知识方面，如《未成年人保护法》《教育法》《义务教育法》《教师法》相对于其他法律法规需求程度大。民法在一定程度上受到重视，《职业教育法》只是职业学校校长关注。

（二）对素质能力的需求

多数校长在计划职能方面注重预测和调研，组织职能方面注重调用人才和激励，检查和总结职能方面则强调考核和评价。说明校长们在工作中非常注重实际，重视教学管理和考量管理，重视办学效率以及社会各方对学校的评价，实用是他们表现较为明显的价值取向。

对于急需提高的能力方面，校长们认为最为重要的首先是管理能力，其次是评价、科研、决策，对创新能力不够重视，这里同样表现为校长们的务实态度，但较为缺乏的就是勇于开拓和积极进取的创新精神。

二、校长培训现状思考

综上所述，目前为止大理市的中小学校长们无论是知识结构或是能力培养，在满足校长的需求方面远远不够。从另一角度来看，由于区域和办学条件的差别，校长个体素质的差异，都影响校长队伍的整体素质。从调查结果来看，目前大理市中小学校长队伍尚存在以下问题：

（一）校长的观念没有完全转变。从参训动力来看，大多数校长认为是工作需要，而自我成长和指导教学改革等居于次要。这是由于经济的制约、地域的局限，使相当部分校长思想受传统观念束缚，并未树立终身教育观和学习观，没有把校长培训同学校的发展联系起来。由于主观态度不端正，并不能真正达到学习提高的目的。

（二）部分校长继续教育学分偏低，获高级职称后参加继续教育学习的人数较少，全市"国培"等继续教育学习不达标教师中的校长和副校长占一定比例，影响校长队伍的整体专业素质，而且缺乏教育管理专业训练，专业理论基础薄弱。校长中教育管理专业毕业的很少，即使参加培训，这方面的知识获得也是零碎的，缺乏系统性，与校长应具备的岗位知识要求相距甚远。

（三）学校管理经验不足。校长平均年龄虽然比原来低，但流动性大，校长在职的任期没有保证，影响了学校的管理。而且多数校长处于岗位适应期，偏重教学管理和教师管理，而教育研究能力、决策能力、创新能力等则嫌不足。办学思想方面大多数校长表现为重硬件轻观念，重操作理论而对素质教育、民主观念、效率观念、法治观念、情感管理、组织文化等认识得不够深入。

（四）从培训管理来看，我们还未完全从计划经济体制转变过来，依然是根据上级精神和上级领导的要求部署来完成培训任务。培训观念并未完全改变，基本上还是沿用传统培训模式：课程设置较为呆板，缺乏个性针对性的选修课程，缺少实用性强的地方性教材；教学内容有的理论性太强，实际工作中难以应用；培训方法基本还是传统的以课堂讲授为主，研讨和实践的机会不多；教育考察大多走马观花，实际得到的收获不大；培训方法显得单一陈旧，缺乏灵活性。总之培训的针对性和实用性不强，培训改革的力度不够，效果不明显。

三、影响校长培训需求的因素分析
（一）社会需求与培训的关系

进入经济全球化的 21 世纪，我国社会、经济、政治和文化的发展对教育提出了多规格、多样化的要求。知识经济时代和社会主义市场经济体制的建立，对教育产生重大影响，教育面临着多元化发展，基础教育正经历着急剧的变更。从教育观念到管理体制，从管理方式到管理行为，从课程改革到办学资源的重组，以及校园文化的重新构建，教育自身的改革与发展，对学校教育和管理提出新的挑战，校长面临着新的问题和困惑，影响和决定着校长的需求。

（二）个性化需求与培训的关系

中小学校长作为一个特殊的职业群体，其任职条件和岗位职责所面临的工作任务具有共性，由此决定校长培训的共性需求；而在校长成长的不同阶段，对培训也会产生不同的需求。校长的成长过程经历了适应期、发展期和成熟期几个阶段，由于校长的成长过程和背景、知识和能力结构、所在学校的发展水平和趋势不同，决定了校长对培训的个性化需求：学校发展和校长的自我发展需求，共同作用于校长的个体素质，使得校长培训需求不断产生和提升，校长对自身角色的认同和定位，是校长培训需求的关键性因素。校长的需求与他们实际的知识、水平、能力存在着差距，消除这一差距，正是我们进行培训需求研究的目的所在。

校长的综合素质结构与培训需求也有着密切的联系。综合素质结构表现为基本素质和能力素质两方面。由于素质结构具有整体性、差异性和动态性的特点，所以大多数校长在基本素质方面还是重视政治理论学习、业务水平提高，但有相当部分校长对教育规律的认识往往不够，不同程度上影响了办学思想的端正。对知识的需求呈现片面性和不均衡性，缺乏科学的研究方法；在能力素质方面校长们普遍注重学校管理能力，具体表现在组织指挥能力、协调公共关系能力和收集信息能力，而科学决策能力、改革创新能力和教科研能力相对较弱。所以，我们在培训中就必须引导校长加深对教育规律的认识，帮助校长掌握必备的知识和科学的研究能力，培养和锻炼改革创新能力和自我发展能力。

（三）校长培训需求的特点

1. 培训需求的专业性与应用性

从调研结果看，大理市中小学校长对培训的需求呈现出很强的专业性与应用性，对于工作实际所需要的知识和能力极为关注。校长们希望掌握诸如"市场经济与知识经济""现代管理理论""青少年心理特点与教育""教师管理""教学管理""义务教育法""教师法"等与他们工作密切相关的理论知识，并且能够应用到实践中，对实际工作起指导作用。

2. 培训需求的不均衡性和层次性

相当部分校长对培训需求呈现出不均衡性和层次性。不均衡性表现在对知识和能力的需求，有一些方面较为重要，但由于具有较强的理念性和复杂性，校长的需求并不高。过于注重实用性而忽略用科学方法论，深层次地研究教育教学问题。对培训的需求从起步开始，因低到高发展，呈现出较强的层次性。

总体来看，校长的需求与其实际的知识、水平、能力存在着差距，消除这一差距正是我们研究的目的所在。但就目前培训状况而言，还存在着制约培训的"瓶颈"因素。如，培训需求增长，培训供给无论是资源、能量方面，还是政策和制度保障方面，都难以满足不同层次和类型校长的培训需求；培训质量要求提高，而师资却难以跟上，尤其是基层培训基地问题更加突出；培训开支大，经费难以保障。此外，还有培训的制度管理、网络设施建设、工学矛盾等诸方面的因素，也影响着培训需求，制约着培训事业的发展。

四、改进培训方式的对策

（一）建立多元的目标体系

由于不同任职期限、不同成熟度的校长的需要不同，不同层次、不同类型学校校长的需要也各异。需求是多元的，目标也是多元的，因此我们在制订培训计划时要体现目标分层分类，深入了解校长的不同层次需求，建立多元的、相互联系、有机组合的目标体系，加强培训的针对性和实用性，充分满足校长的需求。不仅要革新校长的知识结构，提高校长的能力，改变校长的观念，更要开发其潜能，做到"按需施训"。

（二）培训内容要有针对性和实效件

实施培训的过程中，要体现针对性和实效性，理论联系实际，做到学以致用。校长培训的内容的基本点是以校长能力和素质为中心，更新知识结构，提高教研能力，培养创新意识。课程体系全面体现培养目标要求，打破学科本位，重组优化课程体系，体现时代性、前瞻性、专业性、实用性和灵活性特点。理论授课的内容要深刻、新颖，既具有前瞻性和指导性，又易于理解消化。课程设置要合理、科学，体现层次性和弹性，坚持整体性、动态性、精选性、层次性原则。根据不同层次需求，设置不同类型模块课程，如图：

层次	任职资格培训	提高性培训	高级研修培训
培训目标	提高专业知识和专业能力，适应岗位要求。	提升综合素质和创办特色学校能力。	形成独特办学思想，促进办出名牌学校。
培训内容	以研究办学中的问题为重点系统学习教育理论、管理科学和教育科研的知识。	以课题研究、创新实践为重点，探究特色学校形成和发展规律。	以设计个人发展方向和目标为重点，总结办学经验，推进学校整体发展。
课程设置	基础性课程模块（理论必修课、实践必修课）	综合性课程模块（专题选修课程和课题研究）	个性化课程模块（研修型菜单课程）

处于适应期的校长，由于任职的年限不长，管理方面无论理论知识还是实践经验都不够，亟须通过培训使自己能尽快适应岗位工作。对此，培训内容应选择系统教育理论、管理科学、教育科研的知识，达到"应知""应会"基本要求，同时结合教育考察，学习和借鉴先进的办学经验，掌握和提高学校教育教学管理能力。发展期的校长，积累了一定的理论知识和工作经验，能力不断提高。培训内容应理论性、操作性及科研相结合，校长能够从感性的工作经验，上升到一定的理性认识，以科研指导管理实践，从而使自己得到新的发展。成熟期的校长知识结构和能力结构都较为完善，培训内容以课题研究、创新实践为重点，研究特色学校形成和发展的规律，拓展知识领域、加深专业基础，尤其注重在理论上、方法论上的培养与提高，通过研究使自己产生质的突破。

另外，课堂教学要多采用师生互动、案例教学等方式，有利于知识的掌握；实践方面应注重管理能力的锻炼和提高，教育考察要真正起到学习、借鉴的作用；课题研究要规范，切忌形式主义。

（三）构建适应本市实情的培训模式

1. 开放式联合培训模式

要使校长培训事业保持可持续发展，必须开放培训系统，让其不断地与外界进行物质、能量和信息的交换，并根据外部环境的变化，及时调整自己的运行机制。

构建开放式联合培训模式，就是要改革长期以来封闭、单一、独立的培训模式，走联合培训路子，一是与外地培训院校联合办班，二是市镇间互办、联办。学员在异地学习、考察，打破地域界限，开阔视野，汲取外地教学精华，为自己的成长搭建平台。同时，联合培训可以使优势互补、资源共享，发挥培训的整体功能和综合效益。如大理市可以利用省会城市的师资优势，向市、镇一级培训辐射，整合培训资源，既可提高培训效益，又可节省开支，目前我们已经在这方面迈出了一大步。事实证明，这一培训模式对于经济不很发达的地区是较为适用的。

2. 专题性培训模式

即以专题形式构建课程体系，根据培训对象层次的不同，设置以文化素质为价值取向的课堂讲授模式。确定的专题要在深入调研的基础上，切实了解学校和校长工作的实际与需要，拟出符合实际的培训专题，或者由学员自己选择某一专题进行滚动培训。任职培训可以更新知识为主，提高培训应以课题研究为中心，研修培训则以科研和创新实践为重点。采用集中与分散、自学与授课相结合的培训方式，学员根据需要选择模块课程（菜单课程），采用学分制，把教学内容分阶段完成，这样既可缓解工学矛盾，且有利于满足不同层次和类型校长培训的需求，提高培训的实效。

此模式适用于各类培训层次，其特点是注重案例研究和诊断式教学，强调理论与实践相结合，帮助学员在接受理论知识的同时提高实践操作能力。

3. 跟踪培训模式

校长发展是一个不断学习提高的终身学习过程，培训要为校长日后终身学习提供帮助。跟踪培训是基于终身学习思想，树立校长自主学习、终身学习观念，创设了校长成长的环境和条件，使之在教育教学管理工作中坚持不断学习、不断提高，有利于他们尽快成长。

建立学员培训档案，有目的地进行训后了解，掌握其发展动态，选择典型，树立榜样，同时和校长所在学校所属的教育主管部门保持联系，关注校长成长，为他们提拔、任用提供依据。跟踪培训可以与终结性评价相结合。让教师进修学校教师跟踪校长进行再培训，深入校长所在学校，同他们一道研究学校教育教学和管理体制中的实际问题，考察校长的实际工作情况，1年—2年后完成终结性评价。训后反思，可为干训工作积累经验、吸取教训，提供合理和科学的评价资料。通过跟踪培训，建立以市级培训机构为中心的培训网络，充分发挥网络的交互性、协同性、共享性、开发性的整体功能，加快形成体现大理市特色的校长培训体系。

4．个性化培训模式

所谓校长个性，是指校长在学校管理过程中所表现出来的稳定的、影响其领导行为的、与他人有所区别的心理特点的总和。具有鲜明个性的校长，能培养出有个性的教师和学生，能办出有特色的学校。促进校长个性充分发展是培训的着力点，也是我们力求培养自己的名校长、打造品牌的培训目标。因此，我们构建个性化培训模式，就是在校长提高培训的基础上进行创造性学习，培训内容以设计个人发展方向、制订个人发展规划为重点，培训方法如课题研究、案例写作、现场诊断、著书立说等，达到自成一体的办学思想、促进办出名牌学校的培训目标。

创新管理还应体现在培训制度的改革，应依据人力资源管理的理论，健全包括校长聘任制度、职责制度、职务晋升制度、资格制度、培训考核制度、监督制度、薪酬制度等一系列管理制度，使校长培训事业持续发展。

理论与反思

因地制宜，开发民族文化中的课程资源

伴随着新一轮基础教育课程的改革，"课程资源"成为人们特别关注的新概念，大家也意识到课程资源的开发和利用是新课程实施的重要条件。课程资源的开发和利用对转变课程功能和学习方式有重要意义。一方面，可以超越有限的教育内容，让师生的生活和经验进入教学过程，让教学"活"起来，另一方面，可以改变学生在教学中的地位，从被动的知识接受者转变为知识的共同建构者，从而激发学生的学习积极性和主动性。

云南省民族众多，有丰富的民族审美文化。当前新课改强调课程资源的开发和利用，我们应因地制宜，重视存在于我省少数民族具有审美意义的文化现象中可开发和利用的课程资源。这样做，一方面有利于开阔的教师的教育视野，一方面有利于激发学生的创造性思维。

一、挖掘精神文化中的审美资源

人类的审美文化，从根本上讲，都是某种特定的审美思维充分展开的结果，同时，孕育出各个民族丰富多彩的民族审美文化内容，从而形成各个民族的文化传统，以及与之相应的审美观念和审美趣味。例如，民族服饰是一种审美文化的物质载体，彝族服饰一般来说尚黑，而白族服饰尚白，傣族服饰尚丽，这种差异从表层来说很难说出其根据是什么，但其深层却隐藏着各个民族审美价值观念的区别。此次课程改革大力倡导地方课程资源开发，云南省有关部门也可以把民族服饰校服作为民族审美文化课程资源在有条件的地方推广。

每一个民族所塑造的审美文化，都通向由审美所建构的精神世界。例如，在许多少数民族的文化传统习惯中，歌舞作为一种审美文化形式，其功能是多元的，许多民族把歌舞作为日常生活中的一种思维方式，作为社会交往和联系的媒介。所以，在许多重要的社会场合和活动中，如节庆、婚丧、农事、喜宴、祭祀、往来等，载歌载舞这种独特的民族文化的表达方式都是贯穿于其中的重要内容，这种审美文化不仅是一种手段，也是一种目的。在原丽江县的中小学中，以创编的纳西族歌舞打跳引入课间操，使音乐与运动有机结合于民族文化之中；临沧地区的沧源县最近也把佤族歌舞课间操加以推广。这些做法应该是一种成功的课程资源开发模式，值得在我省其他民族聚居地区推广。民族文化本身就是亟待开发的资源库，需要更多的学校和教师去开发，民族文化中具有极大的智慧。

二、挖掘物质文化中的课程资源

民族物质文化，它既指物质产品这些客观实在，又指物质资料的生产过程，即包括过程与结果两个方面。人们对生活资料的需求、消费方式、消费心理等均能构成一定的文化特征，从而反映出该民族的文化内涵。消费性的物质资料生产过程、方式及结果，又形成了一个社会或民族在物质生活及生产领域的风俗习惯。例如，彝族的刺绣、白族的扎染布、傈僳族的土织布、苗族的银饰等至今仍在生活中大量制作使用，成为民族特色的工艺产品。

由于地域、生态环境、气候等自然条件千差万别，形成各民族物质文化特征，进而形成明显的民族特征。如云南省各民族在饮食方面，器具、食物构成、分配食物方式都有明显的民族间差异。房屋式样、居住模式也具有鲜明的民族个性，如彝族的土掌房、藏族的碉楼、哈尼族的蘑菇房等，由于生态环境制约，不容易轻易改变。这些物质文化都是物质范畴的课程资源，有关部门应组织编订结合各地特色的地方读物，形成与民族物质文化相适应的地方性课程资源，为培养学生的综合素质服务，丰富学生的知识结构。

三、挖掘学生及家长等"活"资源

教师是重要的课程资源，学生和家长也是不可忽视的课程资源。人是文化的动物，也是社会化的动物，不同民族的学生和家长，形成不同的风俗习惯、行为，具有不同的语言文化，这些可作为一种"活"的课程资源来开发。

要开发学生这个课程资源，教师应多方了解他们已经具备了哪些生活经验，对哪些事感兴趣。无论是城市还是农村长大的孩子，他们都已经有了一定的生活体验，有了一定的情绪体验。不同民族的学生之间又存在着背景、经历和语言文化的差异，掌握着不同的技能技巧。

这种差异可以成为学生之间相互交流、相互学习的桥梁。少数民族语言并不是学习汉语的障碍，而是少数民族学生的优势，他们至少建立了两种思维模式，因为语言的内涵是思维模式的构建。把少数民族的语言文化作为重要的课程资源来看待，为学习活动服务。

同样，我们的学生家长也是可以借用的课程资源，他们生活于云南这块民族文化丰富发达的土壤里，具有丰富的生活经历，有各种技能和经验，有的还是某个领域的专家。不论他是石匠还是猎手，或许他是位吹口弦的能手，或是一位"毕摩"（彝族传统宗教中的祭司），或是一位酿酒师，或是一位编织能手，他们都可以成为学生的老师，也可以成为老师的老师。可见，一切与学校有关联的人，都可以成为与学校课程实施的人力资源，关键看教师能否根据需要来组合利用，形成具有民族特色的"学习共同体"。

云南省有丰富而多样的民族文化资源，当前新课程改革倡导开发课程资源开发，在民族文化中开发和利用课程资源，对云南这样处于西部的教育相对落后地区具有积极意义。我们要认识到课程资源就在身边，云南的民族文化中蕴含的各种具有积极意义的因素都是课程资源，不论是精神层面，还是物质层面；不管它是行为的，还是语言的。有条件的地方和有能力的教师在其他课程资源缺少的情况下，通过对当地少数民族文化中有课程资源意义部分的挖掘，达到新的教育教学效果，为学生的智能开发、人格塑造提供条件，从而建构具有云南特色的课程资源开发体系。

（此文获得21世纪云南教育论坛丛书《当代云南教育论文大系》论文评选出版活动一等奖）

多元智力理论：为新课程提供一种理论支撑

　　人的智能是多元的，是先天存在而又是可以后天开发的；每种智能都有其脑生理基础，都是其生物的本能；每个人都在一定程度上拥有多项智能。

　　多元智能理论认为，智能是指解决问题和生产产品的能力，而不是解答问题的能力；解决不同问题需要不同智能。目前，已研究发现人有 8 种或 9 种智能（第 9 种可能是一种"存在的"智能），这 8 种智能分别为：语言智能、音乐智能、数理逻辑智能、空间智能、身体运动智能、人际交往智能、自我认识智能以及自然观察智能等。

一、多元智能的理论来源

（一）对大脑损伤病人的研究

　　大脑生理学的研究表明，大脑皮层中有与多种不同智能相对应的专门的生理区域来负责不同的智能。如果大脑皮层的某一特定区域受到伤害，某种特定的智能就会消失，但这不会影响其他的智能。也就是说，某种特定的智能消失了，其他智能还能够继续正常发挥其功能。例如，大脑皮层左前叶的布罗卡区受到伤害，个体就会发生语言智能方面的障碍，但个体的数理逻辑智能和身体运动智能等仍会有正常的表现。由此，可以清楚地看到，个体身上确实存在着由特定大脑皮层主管的、相对独立的多种智能。

（二）对特殊儿童的研究

一般来说，"神童"是在某一个或某几个智能领域中有突出表现的个体。然而，世界上也存在着一定数量的"白痴奇才"，他们在某一方面有突出的表现，但在其他很多方面则根本低能或无能。

（三）对智能领域与符合系统关系的研究

加德纳认为，智能不是抽象之物，而是一个靠符合系统支持和反映出来的实在之物，多元智能中的每一种智能都是通过一种或几种特定符号系统的支持反映出来的。例如，空间智能是靠图像符号支持和反映出来的，画家通过他们的画笔描绘出世间的百态，而我们也是通过他们的画作知道他们对世界的感悟的。

不同的智能领域有着自己的相对独立性，这种不同智能领域的相对独立性导致了不同符号系统的相对独立性，使得每一智能领域都有自己特定的接受和传达信息的方式以及解决问题的特点。

（四）对某种能力迁移性的研究

加德纳研究指出，人的 8 种或 9 种智能之间的关联是很低的，不仅在一般情境下某种智能的优势和特点难以有效地迁移到另一种智能之中，而且，即使是在不断地教育训练之后，某种智能的优势和特点仍然难以有效地迁移到另一种智能之中。

不同智能各有特点，不同智能之间的优势和特点难以相互迁移，这就从另外一个角度进一步说明了多元智能中的每一种智能是相互独立的。

（五）对某种能力独特发展历程的研究

研究表明，多元智能中每一种智能都有自己独立的发生、发展历程，存在着不平衡的发展现象，发生的年龄是不一样的，发展的"平原时期"和"高峰时期"也不同。

（六）对多种智能学说的研究

长期以来，在关于智能及其性质和结构的问题上，心理学家们从各个不同的角度提出了不少不同的观点，形成了"单因素说"两个阵营。

最初，智能被解释为以语言能力和数理逻辑能力为核心的一种整合的能力，如智能理论和认知发展理论。这就是智能的"单因素说"。

后来，有研究者提出了智能"多因素说"，即智能是由不同因素构成的，是多元的。像英国心理学家斯皮尔曼的二因素说（智能可以被分为一般因素和特殊因素），美国心理学家桑代克的三因素说（智能可以被分为心智能力、具体智能和社会智能）等，都提出智能是多元的观点。

加德纳正是从他们那里找到了对自己多元智能理论的支持。

（七）对神经机制或操作系统的研究

不同的智能领域需要不同的神经机制或操作系统。例如，音乐智能中的"最核心部分"是对声音高低的敏锐的区分能力，这种能力在大脑中有自己特定的神经部位，即有其特定的神经机制或操作系统。各种智能的"最核心部分"的确定，目前还是"猜测"，现在的关键工作是通过"猜测"找到各种智能中的"最核心部分"，确定它们的神经部位，然后再去证明这些不同智能的"最核心部分"确实是分离的。

（八）对环境和教育影响的研究

智能的发展和表现会因社会文化环境和教育条件的差异而有所差异，因此，尽管各种社会文化环境和教育条件下人们身上都存在着多种智能，但不同社会文化环境和教育条件下人们智能发展的方向和程度有着鲜明的区别，智能的发展方向和程度受到了环境和教育的极大影响。

二、多元智能理论的内容

美国心理学家加德纳认为，以往的智力理论只注重与学校的学科有关的方面，如音乐、空间、交往等，因而不能完全解释人们在事业上的成功原因。他花了数年时间分析人脑和人脑对教育的影响，加德纳指出，我们每个人至少有7种不同类型的智力，其中两种在传统教育中受到高度重视。

他把第一种叫作语言智力，即我们读、写和用语法进行交流的能力。显然，这一能力在作家、诗人和演说家身上得到了高度的发展。

第二种是逻辑或数学智力，即推理和计算的能力。这在科学家、数学家、律师和法官等身上到了极大的发展。

传统上，大多数所谓的智力测试都集中在这两种智力上，全世界许多学校教育也集中在这两种能力上。这使我们对学习潜力产生了一种不正常的、有限的看法。他列出的其他五种智力是：

音乐智力：在作曲家、指挥家和一流的音乐家身上有着明显的高度发展。

空间或视觉智力：建筑师、雕塑家、画家、航海家和飞行员所具有的能力。

运动智力或身体智力：在运动员、舞蹈家、体操运动员身上（也许在外科医生身上）得到很高程度的发展。

人际关系智力：与其他人相处的能力，是销售人员和谈判人员应有的那种能力。

内在智力或内省能力（又叫自我认识能力）：洞察能力，了解自己的能力——给人以伟大直觉的那种能力，是让你进入存储在你潜意识中的巨大信息库的那种能力。

三、智能理论之比较
（一）传统智能理论

传统智能理论只能解释智能的一部分，也导致了智能测验能良好地预测学生在学校中的学业成就，却对个体在现实生活中的实际表现和成功概率缺乏预测性。

传统智能测验选择的都是单纯的认知任务操作，如言语理解、知觉速度、逻辑推理、短时记忆等。任务选择的狭隘性使得传统智能测验局限在认知能力上。

比如，对我们传统教育影响最大的智能理论，这种传统的智能理论认为，智能是以语言能力和数理逻辑能力为核心的、以整合的方式存在的一种能力。

（二）多元智能理论

1. 突出多元性。人的智能结构由 8 种或 9 种智能要素组成。这些智能因素是多维度相对独立地表现出来的，而不是以整合方式表现出来的。

这些智能因素同等重要，不能将语言智能和数理逻辑智能置于最重要的位置。

学生离开学校后是否仍然有良好的表现，在很大程度上往往取决于学生是否拥有运用语言和数理逻辑之外的智能，要对这些智能给予同等的注意力。

2．突出文化性。智能与一定的社会文化环境下人们的价值标准有关，不同社会文化环境下人们对智能的理解不尽相同，对智能表现形式的要求也不尽相同。智能实质上是在一定文化背景中学习机会和生理特征相互作用的产物。

3．突出差异性。多元智能理论认为，每个人都同时拥有相对独立的 8 种或 9 种智能，而这 8 种或 9 种智能在每个人身上以不同方式、不同程度的组合使得每个人的智能各具特点，这就是智能的差异性。

这种差异是由环境和教育所造成的，尽管在各种环境和教育条件下个体身上都存在着这 8 种或 9 种智能，但不同环境和教育条件下个体的智能发展方向和程度有着明显的差异性。

突出实践性。把智能作为解决实践中问题的能力，这是智能理论发展的一个突破性进展。多元智能理论认为，一个人的智能水平不能以他在学校环境中的表现为依据，而要看这个人解决实际问题的能力，以及在自然合理的环境下的创造力。

4．突出开发性。人的多元智能的发展水平的高低关键在于开发。

帮助每一个人彻底地开发他的潜在能力，需要建立一种教育体系，能够以精确的方法来描述每个人智能的演变。

学校的教育是开发智能的教育，其宗旨应是开发多种智能，并帮助学生发现其智能的特点和业余爱好，促进其发展。显然，多元智能理论比传统的智能理论更具优越性，它为我们提供了一种多维地看待人的智能的视野和方法。

多元智能理论的广阔性开放性对于我们正确地、全面地认识学生具有很高的借鉴价值。

四、多元智能的积极影响

多元智能理论在美国教育改革的理论和实践中产生了广泛而积极的影响，并且已经成为当前美国教育改革的重要理论基础之一。在美国，以印第安纳波利斯学校为代表的一批多元智能学校相继建立，已成为多元智能学校的成功示范。现在，美国有上百所学校自称为多元智能学校，还有难以计数的教师以多元智能理论为指导思想进行课堂教学改革并取得了突出的成绩。

（一）挑战智商理论

全国知名教育专家陶西平认为，多元智能理论的提出是对传统的智商理论的挑战。据资料载，传统的智商理论起源于法国教育心理学家比内。1905年，他与西蒙医师合作编制了世界上第一个智能测验量表，包括30个按难度递增的顺序编排的小测验，特别重视判断、理解和推理的测验，并认为这三者是智能的基本成分。从此，人的智能就可以通过测验被量化评价，因而迅速在世界各地得以推广，对英才教育有重要指导价值。

陶西平说，智商理论建立了人可以用"一把尺子"衡量的评价观，到现在也依然有重要作用。但是，人们发现一个悖论——小时候智商高的人过了十年、二十年在社会上的表现却与智商关系不大，小时候智商并不高的人在社会上表现很好，成就很高。在此矛盾的基础上，多元智能理论对智商理论的片面性提出了质疑。

（二）启发素质教育

陶西平指出，"多元智能"带给我们最大的启示是启发我们探究"人脑与素质教育"的相互关系，即素质教育就是要开发人的多种潜能——开发智能弱势，具体说是教育观的三方面启示：

第一，学生观。要面向一个又一个不同的、有差异的学生。现在，教师不能只问学生是否聪明，而要问学生到底在哪方面聪明。

每个学生都有自己的优势智能领域，有自己的学习类型和方法，学校里不存在"差生"，全体学生都是具有自己的智能特点、学习类型和发展方向的可造就人才。学生的问题不再是聪明与否的问题，而是在哪些方面聪明的问题。

第二，教学观。教师不能只采用一般的教学语言的方法来推理、表述，而应力图使用不同方法教学，让每个学生都可以接受，也就是提倡教学方法的多样性。

同样的教学内容，教师在教学时应该针对每个学生的不同智能特点、学习类型和发展方向"对症下药"地进行。

第三，评价观。教师不能仅仅用纸和笔，用一张卷子考核学生，而要采取多元的评价手段。例如，建立"档案夹"，把学生的每一项成果、一点一滴的进步装进去，让每个学生都感觉到"我是有希望的，我能够成才"。

我们的教育评价应该通过多种渠道、采取多种形式、在多种不同的实际生活和学习情景下进行，切实考查学生解决实际问题的能力和创造初步的精神产品的物质产品的能力；我们的教师应该从多方面观察、评价和分析学生的优点和弱点，并把由此得来的资料作为服务于学生的出发点，以此为依据选择和设计适宜的教学内容和教学方法，使评价切实成为促进每一个学生充分发展的有效手段。

有的学者认为，从 10 岁到 20 岁，人的发展的重点应该是在情感方面；从 20 岁到 30 岁，心智的感知能力和智能上的推理能力，则为发展的重点所在。成熟的情感是思想正确、敏慧的先决条件。智能的成长发生于我们发展过程的后半段。如果是这样，我们是否感到，我们以往的基础教育正好搞反了呢？

令人欣慰的是，面向每一个学生的基础课程改革正在实践中不断深化，强调了课程的普及性、基础性和发展性。新课程着眼于学生的终身学习，适应学生发展的不同需要，加强了课程与社会科技发展的联系，为学生的终身发展提供必备的基础知识、基本技能和良好的情感态度与价值观，以创新精神和实践能力为核心，重视发展学生搜集处理信息的能力、自主获取新知识的能力、分析解决问题的能力、交流与合作的能力。随着新课程的深入开展，在实践中不断探索、深化，我们才能建设出具有中国特色的高素质、高水平的基础教育。

沃夫法则与师生关系处理

生理学家发现，骨骼反复受损，就会在受损部位增加钙质构造，骨骼会变得更加细密、坚硬，耐受性也大大提高。这就是通常所说的沃夫法则。沃夫法则实质上是强化法则，引申到教育方面有两点启示：反复地批评打击是强化缺点，其结果是造成孩子只关注缺点；多次表扬赞美是强化优点，其结果是促成孩子累积优点。

我们的家长常常在和颜悦色、好言相劝不见成效的情况下，大动肝火，出语伤害。这样屡屡遭到伤害之后，孩子就真的应了沃夫法则，在某一方面形成了自我防护能力，变成了"蒸不烂、煮不熟、捶不扁、炒不爆"的响当当的一粒铜豌豆了。

我们的教师由于个人修养和教育水平的差异，面对学生的错误，方法单一且多用强制手段来教育学生。久而久之，虽然规范了学生的行为，却失去了学生的信任，甚至造成了学生扭曲的心理——虚伪世故，服从而不认同；或者造成学生叛逆的性格——以强抗强，你让我打狗我偏要撵鸡。

因此，在新课程背景下教师要依据沃夫法则处理好关于学生的以下几个问题：

一、处理好教师与学生谈话的关系——先求同，再求异

每个学生都有自己的内心世界，单纯而又复杂。当学生敞开心扉要与教师谈话或者教师主动找学生谈话时，别把他们简单地当成一个小孩子来对待了，不要居高临下，以一个长者的身份来对学生进行说教。学生的想法有时候会与教师的想法不一样，教师要试着俯下身来，平视学生，即使他的想法明显就是错误的也不要先否定他的想法，而是先做个耐心的倾听者，静静地听，听到合理的地方时可以微微点头。在倾听完之后，教师应该重复一下刚才学生所说的主要内容，让他感觉到教师是在关注他的，然后对他合理的观点赏识一番。接着，教师要注意一下学生的表情，当学生的情绪不再激动的时候，再用委婉的口气表示自己的不赞同，并用有力的事实来说服他，并给他留台阶，给他留思考的空间。

二、处理好教师与生生间矛盾的关系——先安抚情绪，再解决事情

一个班级一般有几十个学生，就一所学校来说，那就更多了。学生在一起相处的时间长了，总会产生一些矛盾。面对学生间的矛盾，教师是不可能袖手旁观的，那应该怎么处理呢？比如，教师看到两个学生吵架了，或者某一个学生主动到教师这里来诉苦，寻求解决办法等。在这个时候，教师一定要冷静，不要被他们的状态所感染，要头脑清醒，不要先忙着怎么去解决这件事情，而是先思考一下该怎么样去解决他们的心情。不要让某一位学生先说话，因为一位同学先说话，另外一位学生必定会进行反驳，让矛盾升级。教师应该先让他们冷静下来，条件允许的话让他们在不同的房间里

待着。给他们每人一张纸，用笔写下事件发生的经过。然后，教师就他们两个人所写的，或者结合第三个目击者的陈述对事件的发生过程做一个了解。接下来，教师再单独与发生矛盾的同学谈话，运用所学的心理学知识，留意他们当时的情绪，让他们的心情先平静下来，只有安抚了他们的情绪，才可以着手解决事情。

三、处理好教师对学生的期望关系——先成长，再成功

教师面对的学生很多，这些学生当中能成功的毕竟只会是少数，大部分人都将是默默无闻，只是这个社会中的普通一员。虽然教师非常希望自己教出来的学生个个都能成才、人人都会成功，但不管教师承认不承认，事实就摆在那里。所以，教师要认清楚现状，对学生的期望应该是先成长，再成功。教师培养学生的目标是什么？教师培养出来的学生首先应该是一个心理健康的人、一个行为习惯良好的人、一个不对社会造成危害的人。在这样思想的指导下，教师要做的工作是把常规工作做好，不要片面强调学生的学习成绩而忽视其他方面。教师要尽自己所能，营造良好的环境，关注每一个学生，及时发现不好的苗头并帮助学生改正，让学生健康地成长。然后，教师才能与学生谈成功，才能鼓励学生通过自己的努力去争取成为成功人士。

混合式培训模式的意义

提高中小学教师教育培训的实效性是我们在培训中最关心的问题，因此，在培训过程中，我们应关注成人学习的特性，努力突出混合式学习思想和混合式教学模式，增强教师培训的实效性。

混合式教师培训是为了达到培训目标，综合考虑传统课堂教学与网络学习的优势，根据培训内容和培训对象需要以及培训者自身的条件对学习方式及信息传递方式进行选取，以提高教师培训绩效。可以从不同的角度进行混合：从教学形态上，混合学习是传统课堂教学与网络学习两种教学形态的混合；从学习方式上，混合学习是多种学习方式的混合；这些学习方式（学习模式）可以是典型的讲授型学习、自主学习、协作学习、合作学习和研究性学习等的混合。从信息传递方式上，是指教学诸要素中构成教学系统的教学媒体及教学材料载体和传输介质上的混合使用。

在混合式培训中，主要的学习方式有学员的自主探究学习、小组协作学习和师生互动学习。自主探究学习：结合成人学习者的特点，自主探究学习在培训过程中是一种常用的学习方式，学员通过网络资源自主探究，能够扩展学习者的知识面，同时能够兼顾不同学习者学科、学习兴趣、学习能力等方面的差异，促使学习者自主发现问题、解决问题。小组协作学习：小组是培训班的基本组成单位，每个班大致分成7个小组，培训过程强调小组成员间的协作和交流，并贯穿培训过程，安排了很多小组讨论、小组汇报、小组成果展示等活动，促使学员在合作中交流和协作，相互帮助，共同成长。师生互动学习：培训活动中强调师生对话，因为良好的师生互动是培训能够取得成功的关键。互动的主题，主要是教师设问—学生回答—教师再点评的模式，也有学员质疑、教师解释等模式。通过师生互动学习能够建立和谐的师生关系，促进师生的共同成长。

一、关注成人学习特性，激发学员的参与意识

对于成人学习的特性，一直是众多成人教育理论家所关注和致力于研究的问题，美国著名成人教育理论家诺尔斯等人都对这一问题进行过深入的研究，综合他们的观点，人们一般认为，和青少年相比，成年人具有下列学习特性：具有独立的、不断强化、自我指导的个性；具有丰富多样且个性化的经验；学习目的明确，学习以及时、有用为取向，以解决问题为核心；学习能力并不随年龄的增长而明显下降，在某些方面还具有优势。结合这些特性，我们在中小学教师教育技术能力培训过程中紧紧抓住一条主线，努力激发学员的参与意识。一条主线就是在培训活动中始终贯穿着一个真实的任务，以任务驱动的形式组织培训，教师对该任务的完成情况是培训是否完成及其有效性的重要评估依据。

当然，在实施培训时我们还把真实任务按照层级关系分解为一系列的小任务，组织各个模块和活动，从而使培训过

程更为严谨，符合成人的认知规律。

二、突出混合式学习思想，调动学员学习的积极性

进入 21 世纪，教师培训的特点要求我们必须强调传统教学与网络教学的结合，既重视面对面的交流和学习，又注重网络环境下的交流与学习，培训内容和活动在真实课堂与网络平台上实现了有机结合，充分发挥两者的长处，体现教育技术应用的新趋势，使得培训本身就是信息技术与课程整合的典范，这部分隐性的知识势必对教师的学习和后续的教学产生积极的影响。因此，在培训过程中，我们努力突出混合式学习思想，充分调动学员学习的积极性。

在培训中，混合式主要的学习方式有学员的自主探究学习、小组协作学习和师生互动学习。自主探究学习：结合成人学习者的特点，自主探究学习在培训过程中是一种常用的学习方式，学员通过网络资源自主探究，能够扩展学习者的知识面，同时能够兼顾不同学习者学科、学习兴趣、学习能力等方面的差异，促使学习者自主发现问题、解决问题。小组协作学习：小组是培训班的基本组成单位，每个班大致分成 7 个小组，培训过程强调小组成员间的协作和交流，并贯穿培训过程，安排了很多小组讨论、小组汇报、小组成果展示等活动，促使学员在合作中交流和协作，相互帮助，共同成长。师生互动学习：培训活动中强调师生对话，因为良好的师生互动是培训能够取得成功的关键。互动的主题，主要是教师设问—学生回答—教师再点评的模式，也有学员质疑、教师解释等模式。通过师生互动学习能够建立和谐的师生关系，促进师生的共同成长。

三、强调混合式培训模式，充分体现成人培训特色

教师培训要以应用为导向，以"任务驱动，强调活动，强调参与"为指导原则，以提高教师信息化环境下的教学设计能力为目的。因此，我们在教学设计中把教学理论、学习理论与教学实践紧密结合起来，依据教学理论和学习理论对整个教学过程、教学活动、教学步骤进行科学而具体的规划。在教学过程组织上，强调混合式的教学模式，将讲授式教学方式与探究式教学方式有机结合，既充分发挥了教师的主导作用，也给予了学员充分的自主学习空间；既强调了学习者的主体地位，又不忽视教师的示范、讲解等主导作用的发挥。

强调混合式的教学模式，主要是强调活动参与、强调理论联系实践、强调案例观摩和体验、强调过程性评价和反馈。

四、混合式培训模式的应用优势

（一）符合教师认知特征。舍恩说："教师专业知识隐藏于艺术、直觉的过程中，是一种行动中的默会知识。"斯腾伯格把教师个人知识定义为："行动定向的知识，它帮助个体达到他们自己认为有价值的目标。"教师工作的实践特性决定了对教师的培训不是纯理论性的培训，基于网络的分级分层混合式培训模式通过案例分析、参与讨论点燃教师的激情，使他们反思自己的教学。通过多种交互平台和工具，实现他们与专家、学习同伴之间的经验分享，在交流中获取灵感，在交流中自我实现。通过网络课程等立体资源的多时空支持，实现教师所需即所取的"随时、随地、随机"的持续性学习。

（二）弥补当前教师培训模式的不足。混合学习模式下的教师培训解决了传统单一培训方式的不足。教师可以根据他们的需要随时浏览网络平台课程资源，教师们教学实践中遇

到问题或者他们想深入探讨的问题可以随时联系相关专家。资源教师集中面授加强了教师之间、教师和培训团队间的深入理解。在培训团队指导的面授期间，教师们完成有关学习心得、作品设计和实践活动。教师们通过网络课程平台或班级 QQ 群建立一个虚拟协作学习社区，分享彼此的经验和观点，相互保持畅通的联系。

（文章系国培计划县级教师培训机构培训者培训学习作业）

简说课堂提问

课堂提问是师生间对话互动、思想交流的桥梁，是一种古老的教学方法，源自我国古代教育家孔子的"启发式"提问和古希腊教育家苏格拉底的"产婆术"提问。课堂提问主要的价值取向是培养学生的思考力。思考是一种艰巨的、异常复杂的，有时甚至是一种痛苦的劳动，但这样的痛苦，正是培养学生思考力的强大的教育力量。由于提问对于促进学生的发展极具价值，所以，几乎每一位教师的每一堂课都离不开提问，但对提问的类型知之甚少，一定程度上影响了教师课堂提问的理性选择和运用，影响了课堂提问的有效性。

一、课堂提问分类

（一）根据对问题回答的要求不同，可把问题分为四类

1. 判别类问题：主要是对事物加以判定。代表性词语是："是不是""对不对""行不行""好不好""能不能""会不会"等。

2. 描述类问题：主要是对客观事物加以陈述和说明。代表性词语是："是什么""怎么样"等。

3. 探索类问题：主要是对事物的原因、规律、内在联

系加以阐释。代表性词语是："为什么""你从中能发现什么""你该如何"等。

4. 发散类问题：主要是从多角度、多方面、多领域去认识客观事物。代表性词语是："除此之外，还有哪些方法""你从中体会到了什么""你是怎样理解的""说说你的看法"等。

例如，初中历史《西安事变》一课的四个问题：（1）你赞成西安事变吗？（2）西安事变是怎么回事？（3）你认为张、杨作为蒋介石的部下，为什么要发动西安事变？（4）如果你是当事人，你会如何处理蒋介石？如果你是蒋介石，会如何处理当事人？分别属于上述四种类型。

（二）根据布鲁姆教学提问模式，可把提问分为六类

1. 识记性提问：包括判断提问和回忆提问，是考查识记能力的提问。例如，物质都是由分子构成的吗？质量守恒定律的内容是什么？

2. 理解性提问：包括横向理解提问和纵向理解提问。横向理解提问的目的是让学生通过对事件、事实、物质、概念、文章、公式、方法等进行横向对比，抓住各自的特性，区别其本质的不同，提高对知识的辨别能力。例如，地理《南极地区》一课，教师可提出横向理解的问题：为什么南极和北极都那么寒冷？为什么南极更冷呢？纵向理解提问是教师抽取知识与技能、过程与方法、情感态度与价值观中的关键部分进行的提问，以引导学生对此进行深度思考和准确理解。

3. 运用性提问：教师建立一个简单的问题情境，让学生运用新旧知识来解决新的问题，以达到强化记忆、透彻理解、灵活运用的目的。例如，我们一定都想知道首都北京在地图上的位置。请运用纬度和经度的知识，在地图上找出北京的经纬度数。

4. 分析性提问：要求学生通过要素分析、关系分析和原理分析，对问题的原因和结果进行解释和阐述。例如，为什么一片薄铁片在水中会沉下去，而钢铁制成的轮船却会浮在水面上？

5. 综合性提问：包括分析综合提问和推理想象提问两种。分析综合提问要求学生对已有的信息进行综合分析，从而得出结论；推理想象提问要求学生根据已有的事实进行推理、想象，得出可能的结论。此类提问的特点是：问题是开放的，答案是多元的。例如，小学科学课《空气中有水吗？》的提问：在一个空玻璃瓶中放一块冰，不一会儿，瓶子的外壁出现水雾。瓶子外壁的水是从哪里来的？如何通过实验证明你的推论呢？

6. 评价性提问：要求学生首先要建立起完善的相关知识结构，正确的态度、情感和价值观，以及判断评价的原则和依据等。评价提问的主要内容包括：人和人的思想观点，事件的正误，方法作品的优劣等。例如，三国里的曹操的谋士杨修是个怎样的人？

曾看到一个笑话，一个叫迈克的青年从苏格兰到英国的伦敦去看望父亲的老朋友威廉，但是，到达后却忘记了威廉家的住址，情急之中，他给父亲打了一封特急电报，电文是：您知道威廉家的住址吗？当天他就收到了父亲的回电，电文只有两个字：知道！当然，这只是一个笑话，没有人像迈克父亲这么不善解人意，但其实父亲并没有错，问题在儿子，他想得到一个描述类问题的答案，却提出了一个判别类的问题。这个笑话警示我们，在设计和提出问题时，首先要对问题的类型进行理性的选择，以免答非所问，有悖初衷，或耗时低效。

二、提高课堂提问有效性的策略分析

实现课堂教学质量"增值"的重要途径是有效的课堂提问。当前，在教育教学"减负"背景下关于有效教学的研究正在从以往只关注理论思辨层面的思考，逐步走向关注量化可测性和可操作性。

（一）课堂提问的针对性方面

首先，要针对教材实际。提问要紧扣教材，把握住重难点，有的放矢。教材的重难点是教学的主导方面。在重难点上发问，在关键段落、关键字句上发问，在突出教材结构的关节点上发问，就抓住了主要矛盾。其次，要针对学生实际。对不同基础的学生、不同性格的学生、男生和女生，都应有所区别，因人而异。对基础较好的学生，提问内容要难些，要求应高一些，使其自感不足，有一定压力；对基础较差的学生，提问内容要相对容易些，还要适当给予引导和补充，使其增强信心；对性格内向而又胆怯的学生，不仅要考虑提问场合，还要注意提问方式；对女学生，更要在生理、心理和个性上与男学生加以区别。提问有针对性，是统一要求与因材施教结合的教学原则在提问艺术上的体现。

（二）调控课堂提问的难度

教育心理学家维果茨基关于认知心理学的观点认为，人的认知水平可划分为三个层次："已知区""最近发展区"和"未知区"。其关系是：已知区→最近发展区→未知区。

人的认知水平就是在这三个层次之间循环往复，不断转化，螺旋式上升。课堂提问不宜停留在"已知区"与"未知区"，即不能太易或太难。问题太易，不能激起学生的学习兴趣，浪费有限的课堂时间；问题太难，会使学生丧失信心，不仅使学生无法保持持久不息的探索心理，反而使提问失去价值。因而，经验丰富教师的提问总能在不知不觉中唤起学生学习的热情，而后逐渐提高问题的难度。这些教师常常善于寻找学生的"已知区"与"最近发展区"的结合点，即在知识的"增长点"上布设悬念，在学生可能形成学科思想、价值观念、良好的生活方式等原始生长点处设置问题。这样才能促进学生认知结构的形成、巩固和发展，使学生的认知能力得到迅速提高，并最终将认知结构的"最近发展区"划归为"已知区"。

（三）调控课堂提问的频度

成功的教学经验表明，提问过多不仅烦琐费时，而且会导致学生"随大流"，增加回答问题的盲目性，使课堂教学重点不突出，难点得不到化解，从而制约教学目标的实现。因而课堂提问的次数应当适量。

对于如何控制课堂提问的频度问题，一般认为，教师要根据教学内容的重点，抓住知识的重点、难点，设计思考量大的问题，注重提问的质量和效率，避免问题过于烦琐、直白。这样的提问才能够培养学生独立解决问题、探索新知的能力，培养学生的问题意识，才可能成为有效的课堂提问。例如，在小学梯形面积公式的教学中，两位教师分别设计了如下问题：

1. 我们知道，两个完全一样的梯形可以拼成一个平行四边形，那么，拼成的平行四边形的高和原梯形的高有什么关系呢？拼成的平行四边形的底和原梯形的哪两条线段有关吗？拼成的平行四边形的面积和原梯形面积有什么关系？怎样求这个梯形的面积？

2. 两个完全一样的梯形可以拼成一个什么样的图形? 拼成的平行四边形的高和原梯形的高相等吗? 拼成的平行四边形的底和原梯形的上底与下底的和相等吗? 拼成的平行四边形的面积等于原梯形面积的几倍? 平行四边形的面积怎样计算? 梯形面积又怎样计算? 梯形面积为什么是上底加下底的和乘以高, 还要除以 2?

不难发现, 前者设计的问题给学生留下的思考空间较大, 有助于培养学生独立思考、自主学习的习惯; 后者的提问不仅问题域过大, 而且问题数量过频, 同时, 过于直白、琐碎, 这将直接抑制学生学习的兴趣以及参与回答的热情。

（四）合理把握课堂提问的切入点

课堂提问的有效性的解决还取决于教师对提问切入点的把握, 教师可以针对教学内容的难点提出具有启发意义的问题, 帮助学生们踢开学习的绊脚石, 加快教学进度, 从而解决学习过程中一般的问题。也可以通过在知识的重点处提问, 让学生们不仅理解了知识的内容, 在知识的生长点进行教学提问, 开放思路, 丰富想象力, 使学生们可以由一个知识点延伸出更多的知识来, 在对比中不断地完善自己的知识结构。还可以在课文细节处提问: 魅力细节、见微知著。细节充斥于每一个角落, 它就像一个"隐身的天使", 我们只有把它找出来并紧紧地抓住它来提问, 才能让它发光发亮, 照耀每一个渴求知识的心灵。

在课堂提问中设置"矛盾冲突", 可以激发出学生思维的火花, 从而聚焦矛盾, 发散思维。从表象上看, 有些教学内容之间似乎"自相矛盾", 其实正是其精妙所在, 教师在可创设"矛盾"的地方进行提问, 以引起学生们对知识的探究兴趣。

（五）适时调控提问的等候时间

一直以来，课堂教学存在的一个普遍问题，即教师在提出问题后只停留 1 秒—2 秒就开始点名，提问结束即要学生回答，学生来不及思考，既达不到提问的目的，又容易形成畏惧心理。从实际效果看，学生由于思考时间不充分、精神紧张、准备不足等原因，通常无法回答或者仓促回答导致错误，进而教师必须花费更多的时间给学生提示或者纠正学生的错误，既不经济又容易招致学生的反感。这样的课堂提问往往是无效的或者是低效的。要留出时间让学生充分思考。学生只有经过充分思考，才能回答教师所提问题。

因而，有效的课堂提问，提问后时间上有停顿，能够促使学生积极思考，一方面要根据问题的难度适当控制提问的等候时间，也就是说，教师在提出问题后应该给学生留有一定的思考时间，以提高学生回答的准确性，提高课堂教学效率。当然，对于等候多长时间为宜，我们认为，自提出问题到指定学生回答，至少应该等待 3 秒—5 秒为宜。如果教师所提的问题是开放性的，那么留给学生的等待时间以 10 秒左右为宜。另一方面，课堂提问的有效性还体现在受益学生的普遍性。有效的课堂提问必须面向全体同学，而不是"一对一"式的问答。理想的课堂提问应该使全班同学都能受益。这是中国大班额教学的必然，更是保障课堂教学效率的重要手段。

新课程倡导借学生的嘴说出教师想说的话，教师提问时多等待 1 分钟，让更多的孩子参与到你的课堂中来。给孩子一个思考的时间，孩子们对经过思考而得到的答案，就像松鼠珍惜从树上找到的食物一样，会有更深刻的理解、牢固的记忆。

（六）恰当利用鉴别课堂提问有效性的重要指标——沉默率

衡量课堂提问有效性最简单的办法之一就是通过课堂提问的沉默率做出判断。这也是教师实施课堂教学调控的重要"抓手"之一。

所谓课堂提问的沉默率，是指课堂提问后学生沉默的次数与提问的总次数之间的比率，其中，沉默是指教师在课堂上发出问题信息以后，学生由于信息接收不畅、信息理解出现困难、偏差或者根据现有信息无法做出判断等而出现长时间的"无语状态"。这不同于教师提出问题引发学生积极回答的人数占全班总人数的比率，或前文所说的"提问的问题难度"。

例如，在一节 45 分钟的数学课上，某教师提问 60 次，而学生沉默了 48 次，课堂提问引起的沉默率达到了 80%，每个问题占有的平均时间仅仅 45 秒，多数问题的思维含量普遍低下（多是"是不是""对不对"之类的"假问题"），问题缺乏启发性，无法真正启发学生的思维；或者是提问引起长时间的沉默，或者回应人数寥寥，或答非所问，不知所云，让听者云里雾里。实际教学表明，这种提问几乎都是无效的（至少是低效的）。

需要特别指出的是，"无语状态"不同于启发式的"愤悱"状态，这里特指所提问题未能达到激发学生开展积极思维、并用适当语言予以表达的目的。一般地，课堂提问的沉默率不宜超过 20%。这取决于学生的年龄特征以及课堂教学的风格。相比之下，高年级的课堂有些问题的提出只是引发学生深思而不是直接回答，就不宜判为沉默；沉思型（内向型）的课堂教学风格相比活泼型（外向型），其课堂提问的沉默率要高一些。其实，沉默率只是一种模糊的刻画方法（而不是数学上的精确度量）。

为此，在设计问题之前，教师应该充分考虑学生的思维水平、认知结构特点。提出问题后如果学生沉默不语，教师可以考虑转换自己提问的角度，从另一个方向来发问；或者转换问题的种类、改变问题的开放程度、改变问题的层次（如将综合性的问题降低为应用性的问题、理解性的问题甚至事实性的问题）；或者用更清晰、简练、明确的语言重新表述自己的问题，进而提高提问的效率。当前，适当减少课堂提问的沉默率、注重提问的有效性，已经成为提高课堂教学效率的成功做法，这也是提高课堂教学质量的重要策略。

总之，有效的课堂提问能够让学生学会发现问题、探索问题，培养良好的问题意识。有效的课堂提问是师生交流、对话，共同发现、理解知识的重要途径和必备手段。在有效提问中，学生能与教师共同探讨新知，教师通过提问使课程内容持续地生成和转换，而不仅仅传递特定的课程内容，也就是说，有效的提问是教师引领学生发现新问题、分析解决新问题，实现学生自我建构不可缺少的重要环节。

关于校园文化建设的思考

——听陕西师大远程教育学院《学校的灵魂与文化特性》课程后感想

一个学校的发展，在 21 世纪的学校里，不仅仅体现在高质量的教育教学上，更体现在富有特色和个性的校园文化建设上。校园文化是师生精神风貌、思维方式、价值取向和行为规范的综合体现，是在教育教学和管理实践中逐渐创造生成的，不仅彰显着一个学校发展的理念，更彰显着一个学校的发展方向，可以说，校园文化是一个学校发展的内涵式品牌。所以，把握校园文化特征，加强校园文化建设，是践行科学发展观的需要，也是构建和谐校园的需要，更是提升教育内涵、促进教育可持续发展的重要途径。

一、校园文化环境建设的重要性

校园文化是学校本身形成和发展的物质文化和精神文化的总和。由于学校是教育人、培养人的地方，因而校园文化一般取其精神文化之含义。即学校共同成员在学校发展过程中，逐步形成的包括学校最高目标、价值观、校风、传统习惯、行为规范和规章制度在内的精神文化以及校园建筑、校园景观、绿化美化等物质文化，其中以精神文化为第一要义，因此，校园文化是师生精神风貌、思维方式、价值取向和行为规范的综合体现。它在一定程度上彰显了学校发展的独特理念与发展特色，可以说，校园文化是一所学校可持续发展的品牌。

诸如提到百年名校，我们自然会想起它的校训，清华的"自强不息，厚德载物"、北师大的"学为人师，行为世范"、北大的"思想自由、兼容并包"等，校训恰恰反映了这些名校发展的历史渊源，独特的理念以及发展的特色。

因此，校园文化以其独特魅力贯穿于一个学校的发展始终，它体现了一个学校所具有的特定的精神环境、文化氛围和品位格调，特别是提高全体师生的凝聚力，营造优良的校风学风，陶冶学生的情操、启迪学生心智，促进学生的全面发展，培育优秀人才，促进学校全面、协调、可持续的发展都具有重要的意义。

二、校园文化环境建设的特征
（一）文化性特征

校园文化，是一种特殊的文化，它既有人文特征，又有教育特征，它是一个学校长期传承下来的思想观念、学术精神、价值观、思维习惯、人文传统、制度建设等精神素质和校园各项物质建设素质的总和。所以学校的教风、学风、科学风气、生活和工作环境，无不是学校校园文化的体现。校园文化大致包含两部分，一是物质文化，一是非物质文化（精神文化、制度文化、行为文化）。物质文化承载着非物质文化的内涵，是非物质文化的载体，非物质文化通过物质文化表现出来。非物质文化的核心是精神文化，精神文化通过校园环境、学校的规章制度、师生的日常言行举止、管理和教育教学活动体现出来。

（二）历史性特征

一个学校的发展历史就是一个学校的校园文化发展史，社会和时代不断发展变化，学校内部各种元素也在不断发展变化，校园文化必然要随着发展变化，在继承中发展，在发展中创新，是历史规律。所以校园文化建设必须紧跟时代步伐，不断更新内容和形式，与时俱进，开拓创新，把历史传统文化和现代文化有机地结合起来，使自己的校园文化建设永远走在时代的前列，充满旺盛的生命力。校风、教风、学风、学术传统、思维方式的形成，不是一代人，而是数代人自觉不自觉地缔造的，而且代代相传，相沿成习。似乎有一种遗传因子。任何一种校园文化，一经形成之后，必然传承下去，不因时代、社会制度不同而消失，当然会有所损益。然而其精神实质却是永续的、永生的。

（三）实践性特征

校园文化重在建设，建设就是实践，建设就是要让全体师生都参与进来，通过各种各样的教育教学活动，让师生亲自动手，学习文化，理解文化，掌握文化，运用文化，在体验文化中接受文化的熏陶，在运用文化中创新文化，使校园文化建设真正落到实处，充分发挥校园文化在学校发展中原动力作用。校园文化是学校教师与学生共同创造的。学校领导的作用是关键。领导者的办学理念、办学意识和行为对师生的影响不可低估，对校园文化建设的作用是巨大的。

三、校园文化环境建设的层次

丰富多彩的校园生活彰显着校园文化的特性，从优秀传统文化的弘扬到现代文明的网络文化的传播，从校园内涵文化的建设到校园外显文化的营造，从静态文化的加强到动态文化的生成，校园文化林林总总，五彩缤纷，形成各个学校独特的发展理念与发展模式。

纵观诸多学校的发展，校园文化的建设分为以下几个方面：

（一）教师成长文化层次

教师专业成长是每个学校都要面临的首要问题，校园文化建设首先要注重教师的专业成长，诸如采取制订教师个人发展计划书、开展校本课题研究、坚持撰写教学反思和进行集体备课等各种措施，促进教师的专业成长，同时发掘骨干教师的潜力，注重优秀教师的成果展示，形成富有特色的教师专业发展文化，这既体现了科学发展观的以人为本，又彰显了校园文化的实践性。

（二）学生个性文化层次

班级，是学校教育活动的基本单位，是学生活动的基本场所。有人曾形象地把它比喻成学生磨炼本领、学会生存、创造人生的"驿站"，进行知识信息交流、体验快乐与忧愁、酿造希望与收获的"生活舞台"。班级建设的成效如何，从结果上看，会直接关系到学校教育影响的成效，关系到学生的个性化与社会化的广度与深度。因此，人们都非常重视班级建设对学生成长的作用。打造富有特色的班级文化就成为学校文化建设的一项重点工程。一方面，我们可以借鉴全国名校经验，另一方面，又可以派专人到全国各地名校参观学习，与兄弟学校相互交流，在校内进行集体研讨，制订出了一套切实可行的实施方案。诸如，要求每个班制订班名、班徽、班歌，在班门口悬挂班级名片，还要求各班定期根据各项活动进展情况认真布置教室，让文化溢满教室，让环境无声育人。另外，每个班还专门配备了解说员，架起他人了解本班的桥梁。这体现了校园文化的独有性和艺术性。

（三）教学艺术文化层次

课堂是学校进行教育活动的重要场所，新课程改革要求把课堂还给学生，让课堂充满生命活力。课堂教学是指在课堂这一特定情境中教师教与学生学构成的互动。随着新课改的实行，课堂教改焕发出勃勃生机，一方面走出校门参观学习先进教改经验，另一方面结合校情，全员参与探究教改出路，各种课堂教学模式应运而生，板块式教学、自主学习、小组合作学习、探究式教学等，课堂教改文化体现了校园文化的知识性和系统性。

上述种种校园特色文化，处处彰显校园文化的特性，丰富多彩的校园生活既营造民主、平等、和谐的校园气氛，创建全面发展的育人环境，又开拓师生的视野，诠释学校发展的理念和特色，践行着以人为本的科学发展观。

四、创建校园文化环境的要点

学校是传承和发展文化的重要场所，尤其是学校的师生，更是校园文化的活载体。因此，学校将不仅仅要求每一门课程而是整个学校生活的每一项活动，都应渗透、弥漫着文化气息，都应具有共同的文化追求。校园文化是以校园为主要空间，以师生为主体，以课外活动为主要内容，以校园精神为主要特征并且向外延伸的一种群体性的文化。它对学生的知情意行有潜移默化的影响，对我们完成育人的任务发挥着积极作用。

（一）学校要重视校园文化环境的重建

具有生命力的校园文化环境对人的发展的重要影响是不可低估的。历史上"孟母三迁"的典故，正说明了文化环境熏陶对人才成长的作用。长期处在某一校园文化环境中的师生，在这独特的校园文化的熏陶下，会形成一定的价值观念、思维方式，如学校环境的美化、净化、绿化，不仅反映了师生良好的精神面貌，也反映了学校的校风，很难设想一个环境肮脏，秩序混乱的地方，能培养出合格人才。在重建学校文化的今天，作为一个教育管理者或教师，要善于创设一种宽松与高洁、明丽与清新的校园环境文化，使学校变得有吸引力，这就需要讲求环境建设的思想性、艺术性、知识性、规范性，精心创设学生学习、生活的各种场所，烘托一种浓厚的育人氛围。

例如，在大理市的一些中小学里，有的学校在校门口左右两边建造两个花坛，配合极具个性化的学校大门，给人很好的第一印象，让人感觉到学校的文化气息浓厚，校园优美。学校两个宣传栏向社会、家长宣传课改。教学楼从左到右设置有祖国版图、世界地图、学校规范图，意在让学生天天看到"三幅图"，使学生胸怀祖国，放眼世界，心中装有自己的学校，再依次是教风、班风、学风及"小学生日常行为规范"及"小学生守则"等规章制度。教室的黑板上方正中是国旗，国旗两旁写着"热爱祖国，勤奋好学"八个大字，喻示着中华儿女应胸怀祖国，长大为祖国做贡献。教师办公室《教师职责》《班主任职责》等一一上墙，旁边配有梅兰竹菊四幅图画，不仅明确规定了教师的职责，并要求作为人类灵魂工程师的教师应具有梅兰竹菊的品格，把校规、校训放在最显眼的位置，黑板报内容定期更换，装贴名人画像及名言，建设校园文化长廊等，使师生无时无刻不接收到健康向上的文化熏陶，真正努力实现"让学校的每块墙壁都会说话"。同时，学校上下操场栽种芒果树，开辟了一条绿化带，创设了两个圆形的花坛，栽种塔柏树，真正做到了阳春葱茏滴翠，盛夏鲜花似锦，凉秋红枫似火，寒冬松柏常青。置身其中，给人以秀丽清雅、生机勃勃、意气盎然、四季皆春之感。优美、恬静、整洁的校园，不仅给师生提供了良好的学习、工作和生活环境，而且给人以艺术的感染和美的享受，发挥了育人的作用。

（二）师生合力才能营造好校园的精神文化

"为了每一个学生的全面发展"是新课程的核心理念，在学校营造一种健康向上的校园文化的氛围，无疑会熏陶师生心灵，给人一种积极向上的力量。为此，作为学校管理者，要善于运用学校的种种设施，活用教学资源，以增多学生接触社会、了解大自然机会，让学生畅游知识的海洋。"书是人类进步的阶梯""读书破万卷，下笔如有神""知识就是力量"。这些前瞻性名言、古训，均为我们揭示出读书的重要性。例如，中小学校都应开展作文、数学、美术、音乐、书法、舞蹈、乒乓球、象棋等兴趣小组活动，开放图书馆的图书资料，让学生进行课外阅读。并定期举行一些读书比赛，学生创作手抄报，开展美术、书法、作文等课外活动。

例如，有的学校把学生的作品定期展示在学校开辟的两个栏目——《才艺大比拼》《放飞想象，遨游苍穹》上，以提高学生参与的积极性，营造一种你追我赶的学习氛围。同时，利用每周一升旗仪式进行国旗下讲话，对学生进行爱国主义教育、行为规范教育、安全卫生教育、品德思想教育以及革命传统教育等，起到良好的效果。学生讲文明、懂礼貌；助人为乐、团结协作；勤奋好学、不断进取。一股正气蔚然成风，学校面貌焕然一新。有些学校在教师中成立学科教研组，定期开展校本教研活动，开辟问题中心，充分利用一切闲暇时间，进行研讨。通过这些群众性组织的构建，既能做到把师生的注意力转移到健康的活动上来，又可以增强学校的凝聚力，加强校园文化设施建设。再者，开展丰富多彩的班队活动。内容丰富形式活泼的少先队活动是主要育人载体，这种育人活动可以通过学生的兴趣点扩散和渗透在寓教于乐的过程之中，促使学生将知识转化成能力，较易为学生接受。

（三）挖掘健康向上的校园环境中的课程资源

21世纪的学校正在构建一个和谐、温馨、积极向上的校园环境。因为我们知道，健康向上的校园文化环境对人的发展的重要影响是不可低估的。因此，对学校大环境的建设需要有条不紊地进行。如果我们学校的校门口每天都有值勤的少先队员，给人第一印象是亲切，感受到学校的浓厚人文气息。走入实验学校，在实小的操场上，走着一群披着"我是文明小使者"绶带的文明小使者，这也是我们校一道亮丽的风景线，它不但是学校的特色，也充分展现了学校浓浓的人文精神。学校宣传栏经常更换内容，向社会、家长宣传。把校风、校训、办学理念等放在最显眼的地方，意在让我们天天看到努力的方向，使学生心中装有自己的学校。

学校还应该在楼梯、走廊上、过道上布置学生作品，名人名言，既美化了校园，又营造了浓厚的学习氛围，深受同学的喜欢。教室走廊上张贴名人画像及名言，以及学生的各种作品，使我们时刻都在接收健康向上的文化的熏陶。学校的比赛，不仅仅是为构建和谐、积极向上的校园环境，也体现了非常重要的文化氛围。总之，日常卫生工作、一块块标语牌的安装、一期期黑板报的出刊、一件件小饰物的悬挂……无不体现着我们建设和谐、温馨、积极向上的校园文化的心血和汗水。

校园是一块净土，在这里只有书声，只有快乐。我认为：应为我们营造一个被理解、被关注、被接纳、被支持的宽松环境。因此，师生间的心理沟通在教育中也具有重要意义。学生是学校的主人、学习的主人。要培养我们的主人翁意识。苏霍姆林斯基说过："要进入童年这个神秘之宫的门，就必须在某种程度上变成一个孩子。只有在这种情况下，孩子们才不会把你，当成一个偶然闯入他们那个童话世界大门的人，当成一个守卫这个世界的看守人，一个对世界里面发生的一切都无动于衷的看守人。"这段话告诉我们一个道理，我们的文化就是具有个性、富有生气、充满活力，富有浪漫色彩的文化，反映了我们的愿望、我们的心理。

"国培计划"话语下县级教师培训机构
如何作为?

2010 年,教育部、财政部为提高中小学教师特别是农村教师队伍的整体素质,启动中小学教师国家级培训计划(简称"国培计划")。从此,中小学教师培训掀开新的一页。广大中小学(幼儿园)教师可以共享国家级优质培训资源,实现与发达地区教育理念及方法同步,从而促进中小学(幼儿园)教师整体素质全面提升,推进义务教育均衡发展。在这一新形势下,作为教师培训主体的县级教师培训机构要怎样适应,如何应对?

县级教师培训机构较早的名称是师范学校或教师进修学校,当时较好地发挥了教师培养、培训的职能。进入 21 世纪,许多县教师进修学校演变为中职学校后,其教师培训功能被弱化甚至完全消失。为此,2002 年,教育部发布《关于加强县级教师培训机构建设的指导意见》,强调要"进一步加强县级教师培训机构建设,使县级教师培训机构成为广大农村中小学教师终身学习和提高专业水平的重要阵地""成为本地区开展中小学教师继续教育工作的培训、研究和服务中心""为本地区中小学校开展校本培训和日常教学提供信息技术和现代教育技术的服务,为通过现代远程教育手段开展教

师继续教育提供帮助和支持"。2011 年，教育部又以"教师 1
号"文件出台《关于大力加强中小学教师培训工作的意见》，
要求"充分发挥区县教师培训机构的服务与支撑作用。积极
推进区县级教师培训机构改革建设，促进县级教师进修学校
与相关机构的整合和联合，加强县级教师培训机构基础能力
建设，促进资源整合，形成上联高校、下联中小学的区域性
教师学习与资源中心，在集中培训、远程培训和校本研修的
组织协调、服务支持等方面发挥重要作用"。县级教师培训机
构必须认真落实国家精神，加强自身建设，切实担当起管理
与培训本区域内中小学（幼儿园）教师的重任。同时，在我
国目前以县为主的教育管理体制条件之下，"国培计划"的有
效实施要惠及中小学（幼儿园）教师，必须依靠县级教师培
训机构的"服务"与"支持"。那么，县级教师培训机构应如
何"服务"与"支持""国培计划"？

一、做好集中培训教师的选送、管理与跟踪指导，造就一批"种子"教师

（一）选送参训教师

"国培计划"的集中培训包括中小学学科骨干教师培训、
幼儿园骨干教师培训、幼儿园转岗教师培训、紧缺薄弱学科
教师培训、中小学骨干教师置换培训、中小学骨干班主任培
训等项目。每一项培训对人员都有相关要求，比如，从教年
龄、经验、职称以及身体状况等出发，只有选送符合相应条
件的教师参训，才能达到培训的目的。县级教师培训机构直
接面向基层，经常面对一线教师，对中小学教师有最直接的
了解。因此，县级教师培训机构要担负起为"国培计划"选
送适合教师去参加培训的任务；如果选送不当，就收获不到

预期的培训效果，造成培训资源的浪费。在已举办的"国培计划"集中培训班中，每每通报有派送学员不当的情况，就是因为县级教师培训机构没有把好选送关。

（二）建立"种子"教师成长档案

"国培计划"旨在发挥示范引领、"雪中送炭"和促进改革的作用。通过实施"国培计划"，培训一批"种子"教师，使他们在推进素质教育和教师培训方面发挥骨干示范作用。县级教师培训机构要切实加强对参加集中培训，尤其是骨干教师脱产置换培训和省外高级研修学员的管理，为他们建立专门档案，将培训合格的"种子"教师纳入本区域的骨干教师、学科带头人、名师工作室梯队序列中进行培养、管理和使用；积极支持"种子"教师参与教科研活动；优先安排"种子"教师参加学术交流和教学考察；优先安排"种子"教师主持或参与课题研究；积极宣传并帮助总结、提炼"种子"教师在教育教学和学科专业研究上的成就，宣传他们的教学风格和教育思想；建立"种子"教师考核评定制度，按照师德师风、教育教学、教育科研、"种子"作用等方面制订科学有效的考核办法，发挥"种子"教师示范辐射作用，通过"种子"教师带动更多的教师，加快发展。

（三）跟踪指导

集中培训的效果需要教师在教学实践中体现。如何巩固和放大集中培训后的效果，重要的环节是跟踪指导。跟踪指导就是指导教师实践研修。实践研修是集中培训的延续，其目的是要将培训成果转化为实践。首先，要指导教师读书。提供读书参考目录，指导读书方法，解答他们读书的困惑。只有善于读书的教师，专业水平才能发展；一个不读书的教师，他的专业水平永远无法提高。其次，指导课堂教学中的理论应用。将培训习得的理论（理念）转化为实践，在课堂，如上好示范课，做教学反思，总结成功或不成功的教学案例；学会课前策划、学会组织教学资源、学会捕捉生成性资源、学会组织调度课堂技巧和策略等。最后，指导做教育科研。把实践提升为理论，主要是做调研和教育科研，如写调研报告，学会研究学生、研究课堂，学会写教育教学科研论文或者参与课题研究，善于将问题转化为课题，将经验转化为成果。这样，在"理论—实践—理论—实践"的循环往复中，教师的专业水平才会产生实质性的飞跃。只有经历如此过程，培训的效果才真正显现，参训教师才可真正磨炼成"种子"教师。

二、做好远程培训的组织管理、督导和跟进，提高全员培训实效

（一）培训班级的组织与管理

"国培计划"远程培训以县、以学科为单位组建班级，配备管理员和辅导教师，这符合在职教师学习的特点。在职教师学习有一种从众、被动跟进的行为倾向，所以良好的班级组织与管理、良好的班级互动支持与学习氛围，是教师参加远程培训应该特别关注的问题。班级的编排、班级组织的建立、班级工作的日常运行，都需要培训的组织者对学员十分熟悉。县级教师培训机构因目前管理体制和所处层级的缘故，具有天然的人缘优势和管理优势，可以在培训中实施有效的班级管理。班主任（辅导教师）除了督促引导学员参加远程平台的培训学习，还可以通过建立 QQ 群等方式加强班级管理和互动，从而克服远程培训缺乏人际交流的弊端。

（二）教学检查与督导

在我国目前以县为主的教育管理体制之下，对教师参加远程培训的管理和督促，必须落实以县为主的机制。"国培计划"远程培训中，一部分年轻、积极上进的教师认真地参加学习，但大部分教师因为年龄偏大（年龄偏大是农村义务教育阶段教师的主要特征），学习内驱力不足、惰性大，要促其有效参与培训学习，必须有外部力量来驱动，需要有组织和人来督促其学习。这个组织就是县级教师培训机构，人就是县级教师培训机构的专业人员。他们负责远程培训的教学管理，每天查阅参训教师学习数据，通过 QQ 群或打电话等不同形式，和参训学员联系，督促其按时完成各项学习任务；每个模块编发一期班级学习简报，向全县通报培训进展情况，表彰先进，鞭策后进，确保培训环节的落实。

（三）跟进

远程培训是国际教育和职业培训改革的潮流和发展方向，是利用网络技术构建一个网络通信的平台进行学习。《教育——财富蕴藏其中》指出："采用技术手段可使视听材料得到更广泛的传播。借助于信息技术，在介绍新的知识，讲授有关本领或评价学习结果方面是很有前途的。传播技术在正确使用的情况下，可以使学习更有效并给学生提供一条诱人的通道，去接触一些当地难以获得的知识和技能。"但远程培训也存在着一些不足，学员在网络背景下学习，由于自主性加大，难以监控学习效果；网上课程往往没有教师指导，百分之百依赖自学，而如果没有教师的适当指导，学习失败或无效学习的可能性会加大。国外研究表明：远程培训的知识（理念）与技能，在工作实践中得以吸收、运用，仅达到15%；如果组织县级研修、消化，可以达到25%；进一步交

流、研讨，能达到 50%；再组织更大范围交流、推广，开展表彰活动，就能达到 65% 以上。可见，远程培训效益几何，关键在于跟进程度。我国 2010 年启动"国培计划"，有置换脱产研修、骨干研修、巡回讲学、短期培训、远程培训等多种形式，其中远程培训量最大，受益的教师也最多。至 2015年，所有学科教师（年龄特别偏大除外）均能通过远程教育至少轮训一次。但要保证培训效益的最大化，必须由县级教师培训机构来做相应的跟进。

首先是技术手段的跟进。最基本的是要让每一位教师在网络学习的技术层面没有任何问题。其次是管理和辅导，远程培训的管理和辅导在县级。县级教师培训机构要认真履行管理和辅导的职责，积极跟进，确保培训的每一环节到位，确保参训教师学有所获。最后是培训后的跟进。一是组织专家和优秀的一线教师下乡讲学，做在理论指导下的示范性教学，在专家的引领下组织学员讨论交流。二是专家与教研人员一起走进课堂，听学员上课后，对教学进行点评，纠正教学中出现的问题。三是引导学员树立问题意识，推进教师学习、反思、研究习惯养成，推进终身学习习惯养成。

三、做好校本研修的指导与管理，巩固"国培计划"成果

校本研修是学员对集中研修阶段所学理论的进一步消化、吸收的过程，也是把教育理念、教育技能、教研能力与教育教学实践相融合的过程。巩固"国培计划"培训成果，必须有效开展校本研修。

（一）加强管理

管理是保证研修效果的基础。县级教师培训机构对中小

学（幼儿园）校本研修活动的管理体现在：一要成立跟踪工作小组。检查学员训后研修情况，及时发现问题，解决问题，提升校本研修实际效果。二要加大考核力度。学员研修效果考核与学校研修管理考核相结合，双管齐下；过程性评价与终结性评价相结合，多元考评。三要制订校本研修工作管理办法、校本研修工作考核量表等相关制度和文件，坚持制度在前，规范引导。

（二）设置研修专题

如何避免校本研修松、泛、散的现象，一直以来备受培训专家和管理者的密切关注。县级教师培训机构要深入学校、深入教师之中，通过训前问卷调查、学员座谈会等各种形式，归纳、梳理学员校本研修各种诉求，形成若干研修专题，引导学员加强专题研究，重点解决专题领域内的 1—2 个问题，做到研修目标明确，方向清晰，提高研修效果。

（三）实施专业引领

校本研修的三个要素是个人的自我反思、教师团队的同伴互助和专业研究人员的专业引领。由于"国培计划"的专业研究人员在校本研修中直接对一线教师（尤其是农村教师）进行专业引领有一定难度，所以中小学（幼儿园）校本研修的专业引领只能由县级教师培训机构来承担。专业研究人员专业引领的水平决定校本研修的质量。高水平的专业研究人员能够引导教师在理论与实践之间穿行，有利于促进教师把理论与实践有机结合起来。专业研究人员的专业引领（校本研修的跟进）有以下几种主要形式：

1. 答疑解惑咨询。专业研究人员对于教师在校本培训中遇到的疑难问题，站在专业的角度，发表自己的见解，以帮助教师（咨询者）弄清疑惑，或者明确解决问题的正确途径和方法。答疑解惑咨询分个别咨询和团体座谈咨询：个别咨询具有较强的针对性，有利于促进教师专业个性化发展；而团体座谈咨询又非常有利于促进教师在校本培训中充分交流互动，思维碰撞和集思广益。

2. 教学现场对话。专业研究人员深入一线教师的教学现场，与教师共同备课，进入课堂教学现场观察，一起开展课后反思、评课等互动交流活动，在面对面的对话交流过程中给教师提供专业指导建议。教学现场对话是专家以平等参与的方式，对中小学教师提供的"零距离"专业引领。

3. 案例分析指导。专业研究人员发现、选择和运用有代表性的教育案例（或课例），从目标设定、内容分析、过程设计、方法选择、活动实施、反思评价等方面，与教师一起进行辩证分析，交流切磋，质疑解惑，使教师体验和领悟典型案例中蕴藏的教育教学理念、教学方法和教育艺术，更新自己的教育思想和专业知识，获得完善自己的专业结构和实现专业发展的机会。

4. 课题研究指导。专业研究人员对于参加课题研究的中小学教师提供教育科学研究的理论、方法和实施操作等方面的指导。一般包括课题的选题、申报、开题论证、过程跟踪、咨询指导、收集整理分析归纳课题研究资料、提炼课题研究成果、撰写课题研究报告、结题评审鉴定等课题研究工作的各个环节。

5. 网络指导。通过"国培"网站、QQ群、短信、电话等方式加强与学员的联系与沟通，开展在线交流、指导，深入探讨学员在岗位研修期间存在的难题，寻求解决问题的具体路径。

教育大计，教师为本。提高教育质量，乃至满足人民群众对优质教育、均衡教育的需求，核心在教师专业化水平。十八大报告指出："加强教师队伍建设，提高师德水平和业务能力，增强教师教书育人的荣誉感和责任感。"2012 年教师节国务院颁布《关于加强教师队伍建设的意见》强调，教师是教育事业发展的基础，是提高教育质量、办好人民满意教育的关键。接着，教育部与有关部委联合印发六个文件，着力破解涉及教师队伍建设体制机制方面的瓶颈，这在我国历史上是第一次。"国培计划"就是落实国家意志的具体实践，县级教师培训机构要按《教育部办公厅关于开展示范性县级教师培训机构评估认定工作的通知》中提出的"示范性县级教师培训机构评估标准"，努力加强建设，做好"国培计划"的支持与纽带，为全面提高区域内中小学（幼儿园）教师专业水平贡献力量。

在校本研修中促进教师专业发展

——听陕西师大远程教育学院培训者培训课程后感想

"教师专业化"是指教师在整个职业生涯中，通过专业训练，习得教育专业知识技能，实施专业自主，具备专业道德，并逐步提高自身从教素质，成为一个合格的教育专业工作者的专业成长过程。也就是一个人从普通人变成教育者的专业发展过程。教师专业化更多从静态的角度来看，是指教师职业真正成为一个专业，教师成为专业人员得到社会承认这一发展结果。教师专业化体现了对教师专业水平和社会地位的一种肯定和认可。其内涵主要指系统的专业知识和专业技能，包括普通的文化知识、专业学科知识、教育学科知识以及娴熟的教育技能等。教师专业化不仅是中小学教师的任务，也是全国各地广大县级教师培训者的任务。此次2013年陕西师大远程教育学院网络远程网的县级教师培训机构培训者培训学习，使我更加深刻地领会到加强教师队伍建设，加强校本研修，对促进教师专业发展的重要意义。

"教师专业发展"的内涵更加丰富，更加强调教师本身动态的成长过程。主要是指教师在严格的专业训练和自身不断主动学习的基础上，成长为一名专业人员的终身的发展过程。教师作为一个专业人员，要经历一个由不成熟到成熟的发展历程。这一历程不只局限于职前的师资培训阶段，还应包括新教师的入职辅导、在职教师的职后培训，甚至要一直延伸到教师专业生涯的最后阶段，专业化的发展是一个连续的、动态的、终身的过程。这一过程的实现需要教师自身主动的学习和努力，以促进和提高自己的专业能力，而且良好校本研修文化的创设也是教师专业发展必不可少的重要条件。在教师的专业成长中，其自身和外部环境这两方面因素是相互作用、相互促进、缺一不可的。

"教师专业发展"的内涵除了专业知识、专业技能外，还涵盖牢固的专业信念，即远大的专业理想、高尚的专业情操和优秀的心理人格特征和一定的专业自主，教师队伍要形成坚强的专业团体，有相当程度的自主决策权利。

一、从"校本培训"到"校本研修"

从校本培训到校本研修，再到校本研修文化的营造，经历了一个对于教师专业发展的认识不断深化的过程，实现了三个方面的转变：

（一）从"理论关注"到"问题关注"。校本培训十分重视完整的体系，重视理论架构。校本研修强调对问题的关注，以解决教育教学中的问题和提高教师解决实际问题的能力为目标。从培训到研修，意味着从学科中心向问题中心转移，理论与实践结合，提高针对性和实效性。校本研修强调解决教育教学问题必须以教师专业发展为前提，通过教师专业发展实现教育教学问题的最终解决。

（二）从"校本培训"到"校本研修"。发动方式开始由外源式发动为主转向内源式发动为主。培训往往牵涉培训主体和培训客体，培训客体接受外在的强制和安排，处于一种他组织的状态。研修强调教师专业发展主体与客体的有机统一，学校是学校研修活动的发动者，教师是自我发展的设计者和驱动者，教师专业发展处于一种自组织的状态。与培训比较，研修更加强调对话、交流、分享。在研修中，参与主体围绕共同主题，彼此敞开，共同对话，彼此分享和帮助。在解决问题的对话和交流中，获得对自己、自己专业活动直至相关的事物更深入的"理解"，发现其中的"意义"，实现新的专业成长。

（三）从短期行为到终身研修再到无处不在的校本研修文化的变化。校本研修文化的构建，和学习型学校的建设的目标方向一致，和终身学习的要求契合，是社会发展的客观需要，是教育在知识经济时代的学校文化的崭新形态。

未来十年，不同类型的学校都将在内涵发展的道路上前行，学校要办出水平，办出特色，真正促进师生和谐发展、共同成长，"教师的专业发展"将成为大家不约而同的着力点。教师专业发展的理想状态得以实现，需要上述三个层面的共同努力，一起营造"校本研修文化"。

校长层面。校长要有价值领导力，具备学校研修文化的培植和再造能力。校长的价值领导力有四个方面：一是校长自身具有明确的价值观；二是校长的价值观体现到自身的行为和人际互动中，并贯彻到学校中；三是校长把价值观外化到学校组织层面（组织化改写）；四是校长把价值观注入学校基因，影响学校内外部人员的认识和行为。结合以上几点，校长在学校研修文化上应该有深刻的认识，有明确的推进路径，有切实的落实措施。校长对"教师专业发展"有深刻的价值判断，才能有效地培植和再造。

二、教师研修制度的建设要点

校本研修活动的深入开展，客观上要求教研组、年级组必须突破旧有的工作规程，成为一个学习型、研究型的团队。校本研修应按照"三主"原则，建设新型教研制度，即年度教研活动找准一条主线（需要着力解决的问题），每月教研活动明确一个主题，每次教研活动由一人主讲、集体互动。这一经验以"问题"作为研究对象，以互动探究作为研究的形式，以解决问题作为研究的目标。具有很大的推广价值。

例如，在我们云南省大理市的很多学校把以下几点要求作为校本研修的抓手，体现了对老师自主研修的质和量的规定性，也为统一把握全校教师的专业发展的进程和质量提供了基本依据。

（一）同事互帮互助

很多学校都有比较成熟的集体备课做法：个人备课—集体研讨（中心发言人制）—个人再备—形成特色教案。智慧共享，共同提高，完善自我，帮助青年，提升整体教学水平。互相听课观摩，也是同伴互助的有效形式，基于共同的教学任务，更方便快捷地取长补短，也更有利于成长完善。

（二）教育"沙龙"论坛

学校的教育"沙龙"可以有很多形式，例如按"沙龙"的途径可分成"场景式沙龙"和"网络式沙龙"。场景式沙龙是在一个现实的场景当中开展的沙龙，它的优点是氛围好，互动频繁，信息传输快；而网络式沙龙是指参与者在网上同一个论坛或聊天室中开展的沙龙，它的优点是不受空间限制，文本形成迅速，传播范围广。假如按照沙龙的内容可分成"读书沙龙""教学沙龙""德育沙龙""课题沙龙""管理沙龙"。读书沙龙可以年级组为单位，年级组长就是主持人；教学沙

龙可以学科组为单位，主持人为教导主任或教研组长；德育沙龙可以班主任为单位，主持人是德育处主任；课题沙龙主要以课题组为单位，主持人是教科室主任或课题组长；而管理沙龙主要以本校或几个学校的管理人员为单位，主持人往往是校长。这些沙龙组定期开展有效的沙龙活动，充分激发教师们的潜能和智慧，促进教师的专业发展。

（三）专业引领

专业引领主要是指各层次教研人员、科研人员和相关的专家、学者对校本研修的介入。校本教研虽然是以学校教师为主体，但它不完全局限于本校内的力量，因为校本研修是在一定理论指导下的实践性研究，缺少先进理念的引领，就可能困于经验总结水平上的反复，甚至导致形式化、平庸化。

专业引领是强化理论对实践的指导，是理论与实践的沟通。引领的主要方式，一是靠教师自觉学习并吸收先进的教学理论，并运用于反思和互动的教学研究活动之中；二是靠专家、学者的指导，通过他们，提炼聚集教学中的实际问题，分析问题的归类，设计改进的策略，验证教学研究的成果。

专业引领就形式而言，主要有学术专题报告、理论学习辅导讲座、教学专业咨询、教学现场指导等。每一种形式都有其特定的作用，其中以教学现场指导为最有效的形式。专业人员介入校本研修，要做到"到位不越位""导是为了不导"，要立足于提高教师独立的教学能力与研究能力，要大力倡导"平等式的对话""讨价还价式"的学术研讨。

（四）教师个人职业生涯设计

教师职业生涯规划是指教师从自身优势和特点出发，根据时代、社会的要求和所在学校的共同愿景而做出的能够促进教师有计划的、可持续发展的具有预期性、系统性的自我设计和安排；制订教师职业生涯规划，是时代的需要，也是教师专业发展的需要，还是教师自我实现和人生幸福的需要。学校应该引领教师将制订个人职业生涯设计作为教育教学工作的一部分。教师作为校本研修文化的主体，在终身学习研修的过程中体会到职业的崇高、人生的幸福，研修的积极性、主动性就会空前高涨。

（五）教学反思

所谓教学反思，是指教师借助于行动研究，不断探讨与解决教学目的、教学工具和自身方法等问题，不断提升教学实践的合理性，使自己成为专家型教师的一种方式。教学反思是教师专业成长的最可靠的途径，是所有专家型教师必备的品质。教师的成长 = 经验 + 反思。目前，反思性教学已成为我国教师发展中的一个热点问题。反思的内容包括目的、过程、态度、情境等，反思的方法包括札记、案例分析、档案评鉴等。撰写教育日记，把日常教学过程中的所思所想整理出来，坚持不懈，必有巨大收获。一节课的亮点反复回味有一种喜悦的成就感，一节课的某些失误反复琢磨能让自己在下次备课时考虑更加全面。写课后记让教师在积累经验的同时不断地反思，学会了理性思考，使自己对课堂的把握和设计能力提高了，教育工作者也更像是探索的科学家，而不再仅仅是辛勤的耕耘者。

（六）读书活动

读书应该成为教师的生活方式。读书，能够改变教师人生匮乏、贫弱、苍白的状态；读书，能改变教师的精神、气质和品性；读书，能够使教师不断增长职业智慧，能使自己的教学闪耀着睿智的光彩，充满着创造的快乐。作为一项为学生精神"打底"的工程，教育天然需要教师具有一种博大而高远的精神，一种虔诚而温馨的情怀，和追求完美人生的信念。只有读书，并且在读书的同时进行实践研究、反思和写作，才是实现教师专业化发展，并进而促进教师人生发展和生命成长的最好的途径。一个博览群书、精神富裕、专业化程度高的教师，他能以自己特殊的职业眼光，"淘"出课程的引人入胜之处，以最简洁的线条，拉动最丰富的信息，以最轻松的方式，让学生得到最有分量的收获。

从教师层面，只有个人职业生涯设计、教学反思和读书生活成为自动自发的行为，学校研修文化的形成就为时不远了，而教师的专业发展就拥有了浓郁的氛围和扎实的基础。

（七）开展好教师叙事研究

许多研究者把教育叙事引入教师教育研究领域，将其视作教师专业发展的工具。这主要是让教师有意识地叙述事件，或采取自传的形式记叙教师自身的教育经历。在叙事中，让教师主动观察、反思自己的经验，对其认识事物的方式进行思考和重新解释，使得教师能更好地监控其思想，理解其行为，使教师不只是在执行现成措施的水平上而是在解决问题的水平上工作。事实上，讲述或撰写个人教育故事是促进教师专业发展强有力的方法。学校开展的教师叙事研究，也大力推进了学校的、教师个人的专业化发展。

在新一轮课程改革实施过程中，学校教育教学、管理等各方面都会遇到一些棘手的问题。要使自己的思想能够及时地跟进教育形势的发展，就必须加强学习，不断提升自我的理论水平和科学素养，完善自己的理论和实践体系，从而能自觉按照教育规律和学生成长规律开展教学活动，从容应对课改中所遇到的每一个问题，在解决问题中成长自己、发展自己。

教师要懂得关爱，有一颗善良的心。只有怀着一颗爱心去接触学生的一颗颗童心，才会产生心与心的交融，才会发现学生的闪光点，才能适时鼓励他们，激发他们的学习积极性和创新的动力，美丽动人的教育故事才会如涓涓细流在你的笔下自然流淌。那种只看到缺点与不足，对学生百般挑剔的所谓严格要求，只会削弱学生的进取心和积极性，对师生的成长有百害而无一益，更谈不到进行教育叙事研究。

教师还要善于共享，有一种开放的思想。网络的普及，使信息资源越来越充裕，而信息沟通越来越简单、快捷。思想保守，只能故步自封，影响、限制自身的发展。进行教育叙事研究，同样需要有这种资源共享、开放的意识：把自己对教学的认识、感受、困惑和顿悟通过写教育故事表述出来，把对自我教学实践活动的评价公布出来，让教育同行、专家、学者去评说、讨论，无论对叙事者还是读者都会产生不言而喻的惊喜和进步。这种沟通和交流是新课改中变革我们的学习方式的必然趋势。

三、建立好教师专业发展档案
（一）教师个人专业发展档案

教师个人专业发展档案应内容丰富，涵盖了教师专业成长的各个方面材料，论文、案例分析、课后反思、教育叙事、各种计划总结、学习资料，以及教师的各种测试试卷，获奖证书等。在内容完整的基础上，教师的个人专业发展档案的形式都非常精美多样，美观的封面、精心设计的目录、巧妙的分类，无不透出教师的良苦用心。学校的教师个人专业发展档案在多次开放和领导视察的过程中，获得领导和同僚们的一致好评，成为教师专业化成长的重要痕迹。

（二）教师个人发展网页

为了提升教师的现代信息技术应用水平，有条件的学校要求中青年教师制作完成教师个人发展网页。通过培训，让教师掌握制作网页的基本方法，并积极投入到制作自己的个人专业发展网页活动中。在这样的活动中，教师的学习热情高涨，多媒体应用技术会得到不同程度的提高，对教师自身的专业化发展有很大帮助。

（三）网络教育博客、日志

博客作为网络时代信息化下的产物，它记录了人们的思想历程，同时，它也为人们提供了一个个性化的交流空间。目前它正在逐渐成为新课程背景下教师专业发展进程中的重要技术力量和人文环境，是实现教师专业发展重要途径。在博客上，老师们可以十分方便地记载每天发生的教学故事，及时积累研究需要的各种信息，需要的时候可以随时调用反思、写作、引文等。尤其重要的是，博客使老师们从早先上网时的人机对话转化为人与人的对话。在博客上，教师们可以得到熟悉的和陌生的教育博客作者们的鼓励与欣赏，在学习与交流中获得知识、智慧和情感上的满足。所以学校应当鼓励青年教师在网上开设自己的博客。

（四）其他

教师专业发展作为学校工作的重中之重，主要是通过校本研究进行的。学校除了采用以上形式，还在其他方面做了很多工作。比如，学校组织中层领导走入课堂，每天随机抽出上课教师，由全体中层以上领导听课，下课后及时评课。最后在全校选出优秀教师进行汇报，组织全校教师提前到校听课观摩。这样，在不影响常规教学、不耽误正课的条件下，全体教师又得到了一次业务水平提升。学校鼓励学科教师在各自的学科活动课中自主安排学习内容，通过一段时间的实践检验，制订出了学科活动内容，定为学校的校本教材。另外，学校可以组织教师专业发展活动日活动，届时，教师将有自我展示平台，将几年来教师的专业发展成果向各界汇报。

通过参加2013年陕西师大远程网络的县级教师培训机构培训者培训学习，使我更加深刻地领会到加强教师队伍建设、加强校本研修，是促进教师专业发展的主要动力因素。也为教师队伍的专业化建设创造了一个坚实的平台，它将推动我们建设一支师德师风高尚、教学业务技能精良、教育科研能力强、具有创新开拓精神的师资队伍。博学深研，脚踏实地，相信我们会在校本研修这个舞台上，会表现得更自由、更舒展。相信我们边摸索耕耘，边收获硕果，一定会在教师专业化发展这块沃土中汲取更多养料，丰盈我们的教师生涯。

（文章系2013年县级教师培训机构培训者培训作业）

构建立体的心理健康教育途径

当前，中小学生心理健康问题愈来愈突出，不仅影响他们的人格发展、社会适应和品德形成，而且影响他们的学习动力和学习效率，在学校中开展心理健康教育迫在眉睫。学校应以心理健康教育作为教育改革的主攻方向，通过心理健康教育的开展，维护和促进学生的心理健康水平，带动学生整体素质的全面提高。素质教育中也包含学生心理健康水平的提高，而且素质教育的关键是学生心理素质。心理健康可以使人保持高情商，使人的情感状态处于稳定积极的状态，为创新提供动力支持。

学校心理健康教育起源于学生心理问题的日益严重。当教育者面对学生存在的各类心理问题束手无策时，传统的思想教育与道德品质培养乃至行为规范训练等方法便受到了挑战。我们不得不开动脑筋，寻找新的思想、新的方法来帮助自己解决问题，心理辅导和教育理论与方法使我们豁然开朗。当然，心理健康教育不仅指矫正、防治学生心理问题。人的心理健康教育可分为不同等级，它的最高境界是人的潜能的发挥与自我实现，这也是心理健康教育努力追求的最后目标。因此，心理健康教育是 21 世纪我国培养一代新人对学校教育提出的新要求。

根据当前中小学教育的实际，本文着重从以下几个方面谈谈进行心理健康教育的途径。

一、调动全体教师参与心理健康教育

教师是学生的楷模，且有一定的权威性。学生常以教师的行为、品质作为自己的标准，因此，教师本人的心态情绪及外显行为，常对学生心理产生深远影响。教育家乌申斯基说过："没有教师给学生的直接影响，深入到学生性格中的真正的教育是不可能的。"尤其是低年级的学生，他们习惯于把教师对事物的态度、思想和行为方式理想化，并以此为典范，从而影响他们个性的形成和发展。

有一本名叫《课堂的皮格马利翁》的书，使许多教育者都大吃一惊。书的作者罗森塔尔提出：教育者（教师）对儿童的希望，可以影响儿童在学校里的发展。这就是著名的"罗森塔尔效应"。自那以后，大量的研究都表明，教师的期望的确能影响儿童的学习，也可能影响儿童的动机、成功的期望和自我评价，从而影响到个性的发展。

教师的教育态度也影响学生的个性发展。研究表明：教师态度是专制的，则儿童情绪紧张，教师在场时毕恭毕敬，不在场时秩序混乱，不能自制；教师态度是放任的，则儿童无团体目标，无组织、无纪律，呈放任状态；教师态度是民主的，则儿童情绪稳定，积极，态度友好，有领导能力。

因此，心理健康教育只能依靠全体教师来推行，才能真正落到实处。教师最熟悉学生和教学过程，因而他们能在许多关键性问题上和细微之处将心理健康具体化和深化。没有全体教师觉醒和参与，就没有学校心理健康活动。

在教师培训工作中，应将心理健康内容作为重要部分列入校本培训和继续教育的体系中去，通过讲座、示范课、座谈会等形式宣传心理健康的基本思想、基本知识及重要意义，用身边正反两方面的实例说明教师接受心理健康教育思想，鼓励教师在实践中大胆尝试运用心理健康教育思想指导自己的教学和德育等各方面工作，及时予以归纳总结并交流提高。教师们一旦认识到心理健康教育的意义时，他们会主动把心理健康教育的原理、要求引入自己的知识体系，他们就会有不同凡响的收获。这收获的回报又刺激教师继续探索心理健康教育，很快便能创造性地运用这些原理去开展各项工作，在实践心理健康教育中逐渐向学者型教师转变，形成一种良性循环的实践学习机制。

二、通过各科教学推行心理健康教育

教育是学校的中心工作。教学中因教师采用不同的教学模式来完成不同的教学任务，因而对师生交往方式及课堂气氛产生不同的影响。教学模式一般包括以下四方面内容：步骤安排、师生交往系统、反馈方式和支持系统。在不同的教学模式中，上述四个部分都有不同的特点。比如，在步骤安排上演绎法会先呈现概念；在师生交往系统中，使用讲授法的教师会倾向于扮演演讲者的角色，是教学活动的中心，而使用发现法的教师则会扮演一个指导者和提示者的角色；在反馈方式上，刺激强化教学模式强调及时反馈，而科学探究教学模式则强调延缓反馈；在支持系统上，概念形成教学模式可以只需要语言讲授即可，而科学探究教学模式就一定要有必要的问题情境；在实际的教学过程中，具体教学模式的选择要根据教学任务的需要和教学内容的特点来确定。

　　教学模式一旦确定，就会形成相应的课堂心理气氛，即一种微观的心理环境。良好的课堂教学心理气氛对教学质量的提高具有重要的影响作用，不仅会影响学生的情绪状态，从而对认知效果产生积极或消极的作用，而且会影响学生的个性发展，对他们的学习兴趣、探索精神、独立意识和创造能力都会产生深刻的影响。

　　学生的学习活动，实际上是一种复杂的心理活动。作为教师，对学生进行心理健康教育，也是重要的教育目标。教师应将心理健康教育渗透进学校的全部课程里面，有时间和空间上的优势，使心理健康教育在学校里得以全方位展开。

　　在学科中渗透心理健康教育的前提是所有教师必须对心理健康教育有较好的理解与把握，并对自己所授学科娴熟自如，游刃有余。因此，教师必须全面提高素质，参加各类继续教育培训，从而获得全方位的提高，适应时代对教育提出的新要求。各类培训部门也应加大心理健康教育方面的研究和培训力度。

　　结合教材内容培养学生健康心理，各科教材内容对学生人格要求和智能训练上是有不同要求的。如语文偏重德育、情感方面，数学偏重思维，体育、音乐、美术等偏重意志、观察力、美育等因素的培养。但各门学科中也有共性的因素，每一种心理素质都可以在不同的学科中加以培养。因此，德育、智育、美育等因素和心理教育因素，都是心理健康的重要资源，教师在备课和课堂教学中应充分发掘这一资源，培养学生的健康心理。

三、利用活动课程进行心理健康教育

　　活动课程是学科课程以外学生的主要活动领域，是学生生动活泼地主动地表现自我的场所，对培养学生的健康心理

具有重大作用。

例如，我们组织丰富多彩的班集体活动，学生就会在活动中相互交往，相互理解、相互同情，从而产生一种高尚的情操，形成开朗、主动的性格。班集体参加运动会、歌咏比赛等活动、可以增强集体的凝聚力，丰富学生间的情感。班集体定期参加一些力所能及的生产劳动，可以锻炼学生的意志。春游、秋游活动，许多学校组织得少，而且害怕出事故，流于形式主义。班集体组织的外出旅行活动，更能锻炼学生的心理素质，为心理健康教育服务，可以锻炼集体的纪律，促使学生社会适应能力的发展。

此外，在学校德育活动、艺术活动、体育活动、科技活动中，除了培养与该活动相适应的品德素质、审美素质、身体素质、科学文化素质以外，还可以培养兴趣、动机、良好个性、主动精神、交往能力、自我教育能力等相关的健康心理，使学生的心理发展有广阔的天地。

心理健康教育也应融于班、队活动中。事实上，少先队组织的许多活动都越来越突出心理健康教育的内容，在许多"争章"活动中，少先队员学会自理、学习自我保护、学会寻找快乐，这些其实都是很好的心理健康教育的题材。班主任主持的班会最适宜用来进行心理健康教育，班主任最了解学生，对学生的心理需要和心理问题最有发言权。因此，班主任应利用班会组织学生开展心理健康教育活动。

四、在环境课程中体现心理健康教育

教学环境也是一种潜在的课程。对学生的心理具有潜移默化的影响。教学环境是师生教与学活动赖以进行的主要环境。它主要由学校内部有形的物质环境与无形心理环境两部分构成。校园校舍、教学设施与场所，教学的光线、色彩、

温度、空气、声响及气体属有形的物质环境因素；人际关系、校风、班风、群体规范、社会信息、人的期待、课堂气氛、座位编排及班级规模等，是构成环境的心理因素。

不同的教学环境让学生产生不同的心理感受，从而影响学生的心理健康水平，并以心理活动为中介影响教育教学效果。

优美的校园自然景观令人赏心悦目，使人精神焕发。整齐宁静、清洁、幽雅、井然有序的教室情景让人精神振奋、情绪愉悦；反之，肮脏杂乱、空气污浊的情景会使师生情绪低落。在日常的教学过程中，教学环境的各种物理因素如教室里的光线、温湿度、人数、空间特点等与学生的课堂行为有着千丝万缕的联系。

教学环境的各个方面对学生心理因素施加着潜在而有力的影响，研究学生心理健康水平离不开环境因素。因此，学校管理者和教师都应努力创造一个尽可能好的教学环境，使环境的各种因素都成为推动学生心理健康的积极的有利条件。

心理健康教育的途径还有很多，这里只从这四个方面加以探讨。

当前，心理健康的意义和价值很快为人们所接受，并成为教育的一个热点。与其他新生事物的发展过程一样，在初始阶段，操作层次的人们是在模糊的认识中模糊地操作，因此有必要认真探讨心理健康教育的操作途径。随着时代的发展、社会的进步和人类自我意识的觉醒，人们越来越看到唯智主义的局限性和弊端，开发人的情感领域，构建学校情育工程将成为教育的重心。推进学校心理健康教育必将是今后社会和教育发展的重要部分。

（原载2003年5月大理市教师进修学校《学习与反思》续集）

应重视在课堂教学中进行心理健康教育

心理健康主要是指人的情、意方面的状态与特征，心理健康教育的焦点是对人情感的关怀。它是围绕着如何维护与增进师生的心理健康而开展的。如果说，智力因素的核心是思维，那么，非智力因素的核心就是情感。传统的教育心理学，一直比较重视智力因素，偏重思维的训练。这种倾向进一步发展，可能培养出一批出色的"思维工具"，在只见分数不见人的应试教育模式里更可能使学生滋生厌学情绪。随着时代发展，人们越来越看到唯智主义的局限性弊端。首先是非智力因素向它提出挑战，进而是 EQ 理论即情绪智商理论的出现，它综合心理学的研究成果后，旗帜鲜明地向世人宣告：与人的生活各个层面息息相关的情绪智商（EQ），才是影响人一生快乐成功与否的关键。

我们认为，心理健康与情绪智商都处于同一层面，只是情商理论更直截了当地道出了情感在人的生活中的重要作用，它充实了心理健康的理论基础，推动了学校心理健康工作。

在传统的教学中，许多学校、教师认识到了心理健康教育的重要性，但在实施中小学心理健康教育时存在以下五个主要问题：（1）心理健康教育德育化；（2）心理健康教育学科化；（3）心理健康教育医学化；（4）心理健康教育片面化；（5）心理健康教育孤立化。这五个方面都是当前中小学心理健康教育中存在的主要问题。我们认为，心理健康教育应该是教育的内涵之一。心理健康教育应该帮助学生解决在学习、生活、人际关系等方面的烦恼，以及随之出现的适得其反的结果。心理健康教育的主要目标不是向学生传授系统的心理学知识，而是要通过多种途径，强化与学科教学的结合，体现在各种丰富多样的活动训练中，反映在环境优化和潜在的教育资源的利用上。

结合教材内容培养学生健康心理，各科教材内容对学生的人格要求和智能训练是有不同要求的。如语文偏重德育、情感方面，数学偏重心智技能，体育、音乐、美术等偏重意志、观察力、美育等因素的培养。但各门学科中也有共性的因素，每一种心理素质都可以在不同的学科中加以培养。因此，德育、智育、美育等因素和心理教育因素，都是心理健康的重要资源，教师在备课和课堂教学中应充分发掘这一资源，培养学生的健康心理。

学生的心理健康在很大程度取决于学校生活部分时间的状况，在新课程改革的背景下，在课堂教学中渗透心理健康教育是素质教育的重要课题。在课堂教学中，通过改善课堂心理环境，使学生既能有效地掌握学科知识提高能力，又能发展良好的个性心理素质，提高教学质量。为了达到这一目的，结合课程的实施，教师应在课堂教学中体现和建立以下几个方面的理念和做法：

一、合作式的情境

合作学习理论认为，组织学生学习的情境主要有三种：

一种是竞争性的情境，在这种学习情境中，学生会意识到个人的目标与同伴的目标之间是相互排斥的，即别人的成功意味着自己的失败，反之亦然，是一种"损人利己"的学习情境；另一种是个体性的情境，学生们各自朝着既定的目标进行独立学习，而不必管其他人学得如何，这是一种"利己不利人也不损人"的学习情境；还有一种是合作性的情境，学生在既有利于自己又有利于他人的前提下进行学习，在这种情境中，学生们会意识到个人目标与小组目标之间是相互依赖的关系，是一种"利己利人"的学习情境。合作学习的倡导者认为，在合作、竞争和个人三种学习情境中，合作学习是三种学习情境中最重要的一种，却是目前运用得最少的一种学习情境。在理想的课堂里，所有的学生都应能学会如何与他人合作，为趣味和快乐而竞争，自主地独立学习。

从本质上讲，我国目前的中小学教育教学带有浓厚的竞争色彩。学生都视学校是一个竞争的场所，每个人都想胜过他人。这种教育是一种竞争教育，它把个人的成功建立在其他人失败的基础上。在这样一种学习氛围中，学生养成的是一种被扭曲了的竞争意识和与之相应的利己行为，是学生心理问题的源泉。学生们缺乏合作意识，更少有利于他人的行为，缺乏与他人相处和交往的基本技能。这种状况与我国所处的需要合作意识与社会技能的信息时代甚不合拍。尤其是独生子女占相当大比例的今天，这种状况就更加令人担忧。

因此，开展心理健康教育，首先应建立学习中的合作理念，通过合作学习将合作、竞争和个人行为融为一体，并进行优化组合加以利用，对传统教学的单一竞争格局或情境做出变革。这样，才能为中小学开展心理健康教育提供良好的课堂心理环境，从而符合现代教育教学规律和时代的需求。

二、暂缓评价

暂缓评价是重要的心理安全原则。从心理健康教育的意义讲，学生的安全喜悦感或焦虑失望感常常和教师的评价时机与内容直接相关。因为教师的教学评价能否为学生提供心理安全和良好的自我观念是活跃课堂心理氛围，开发学生创造潜能的一种重要的手段。如果评价运用得好，学生就会受到鼓励，可能成为成长和进步的转折点；如果评价过急或不当，则会禁锢学生的思维，磨灭学生的自信，损害学生的身心健康。这就要求教师在教学过程中，要千方百计使学生感到自己被老师和同学承认，受到别人信任，而不是自己在班集体中无足轻重，更不会常受人讥讽。其次，要设法使学生在教师评价过程中产生成就感、满意感，获得自我肯定，让自己有"变得崇高起来的力量"。

传统的教学评价强调的是常规参照评价，关注个体在整体中的位置，热衷于分数排队，比较强调的是胜负。这种竞争性的评价是有局限性的，它把是否"成功"作为衡量学生优劣的唯一标准，脱离了大多数学生的生活实际。在这种评价方式之下，只有少数学生能够得到高分或好名次，能够取得分数意义上的成功，而大多数学生注定是学习的失败者，这不利于大多数学生的发展。因此，应暂缓评价，追求"不求人人成功，但求人人进步"的境界，同时也将之作为标准参照评价。只有走出竞争教育的怪圈，实现教学评价的科学化，才能利于学生心理健康发展。

三、禁用教育"忌语"

从本源来说，许多危急状态，都是由于个体的自尊或人格受到损害而引起的，因而，时时、事事、处处注意尊重学

生的自尊与人格，是避免学生严重地陷于危急状态的重要措施。然而，在教育教学中，由于师生角色不同，特别是受陈旧的"师生观"的影响，一些教师在课堂上往往无视学生的自尊与人格，有意无意地伤害学生的自尊心，引起学生种种心理上的紊乱和障碍，影响他们的心理健康。

教师，在学生心目中是神圣的，他们对学生的态度，看法，都会极大影响甚至决定学生的心理和行为。遗憾的是，我们很多教师意识不到这种影响，在课堂中我们批评学生时所说的教育"忌语"，如"笨蛋""傻瓜""朽木不可雕""不可救药""木脑瓜子""笨头笨脑""憨包"等等，不但会损伤学生的自尊，而且也使师生关系恶化，使学生对老师产生反感和抵触情绪。

教师在教学和管理过程中若要避免这种情况，就要在做好自我修养和自我调整的基础上按心理健康教育的标准要求自己，使自己的态度、方法及言行顺应学生的心理状态和规律，尊重学生的人格，讲究课堂教学中的艺术性和科学性，不但自己不做学生心理创伤的"致病源"，而且对于因与其他老师发生矛盾而陷入心理冲突的学生，也要努力挽回不良影响。

四、激发兴趣

青少年的学习往往不是从目的和动机出发，而是从兴趣出发。正如皮亚杰所说："所有智力方面的工作都依赖于兴趣。"由于兴趣是在人的精神需要的基础上产生的，且包含着情感的因素，具有"内在趋向性"和"内在选择性"，所以，兴趣是对学习的一种积极的情感态度。因此，在教学中应正确运用学生与知识之间的关系，必须以学生的兴趣为起点，并以激发学生更大的学习兴趣为目的。

从心理健康教育的角度看，兴趣和好奇心是人类的天性，好奇心往往是知识的萌芽，求知欲望的表现。这就要求教师在课堂中要经常而细心地观察学生有什么兴趣和兴趣的倾向，既要重视和保护他们的好奇心，防止压抑他们的求知欲，又要充分注意个别化教学，坚持因材施教，力求反映不同学生的不同需要，做到"以需导学，以趣诱学"。

例如，某中学外语组青年教师提出"三S"心理控制法，即在课堂教学中通过创设各种情境，使学生产生惊异（surprise）以引起学生学习兴趣；使学生产生成功感（suspension）以促进其注意和思考；使学生产生成功的满足（satisfaction）以激发其学习热情和自信心，受到学生的普遍欢迎。

五、重构师生关系

教学也是一种人际关系，是师生情感交流的过程。教学相长就是指在教学过程中正确处理师生之间关系，达到心理相容。从现代教育信息论的角度来看，教学中的师生互动方式大致呈现为四种类型：一是单向型，视教学为教师把信息传递给学生的过程，教师是信息发出者，学生是信息接收者；二是双向型，视教学为师生之间相互获得信息的过程，强调双边互动，及时反馈；三是多向型，视教学为师生之间、生生之间相互作用的过程，强调多边互动，共同掌握知识；四是成员型，视教学为师生平等参与和互动的过程，强调教师作为普通的一员与其他成员共同活动，不再充当唯一的信息源。教师作为一种人际交往，是一种信息互动，其间必然涉及上述四种信息互动过程和模式，缺一不可。当前教学中易忽视的是第四种模式，因此，新课程理念中竭力推崇的合作学习就是为了构建这一师生互动模式。

由于学生获得知识需经教师为中介，故师生关系不仅为教学过程中最基本的人际关系，而且直接影响学生的情商和智商的变化。从心理健康教育的意义来说，良好的师生关系不仅使知识传授更为有利，而且也成为学生今后建立人际关系的一种潜在模式。罗杰斯说过，这种良好师生关系本身就具有心理治疗作用，具有促进学生成长的作用。

教学相长是师生之间心理相容的折射，能否在教学中做到教学相长关键在于教师要尊重学生人格，消除师生之间、学生之间的交往焦虑，真正和学生建立起一种平等相处，互相合作的关系，使学生的情绪与认知活动平衡，智慧和才能等得到最大的发展。

总之，新课程强调课程是一种"体验课程"，是被教师和学生实实在在地体验到、感受到、领悟到、思考到的课程。这意味着，在特定的教育情景中，教师和学生都是课程的创造者和主体，他们共同创造与开发课程，使教学过程成为师生富有个性化的创造过程，这样的教学也一定有利于学生心理的健康成长，使学生的健康个性得到塑造。在学科中渗透心理健康教育的前提是所有教师必须对心理健康教育有较好的理解与把握，并对自己所授学科娴熟自如，游刃有余。因此，教师必须全面提高素质，参加各类继续教育培训，从而获得全方位的提高，适应时代教育提出的新要求。各类培训部门也应加大对心理健康教育方面的研究和培训力度。

此时无声胜有声

——教师非口语信息在课堂中的心理意义

在课程资源的开发和利用方面，学校教师具有极大的智慧潜能，是一个亟待开发的巨大资源宝库，应该加以高度的重视和充分的利用。教师在课堂中表现出的各种非口语信息，与教师的口语活动一样，也是课堂内具有针对性与适应性的课程资源，应充分加以发掘，发挥它们在教学中的重要作用。非口语信息是教学活动的细节部分，属于微观层次的课程资源，与一般课程资源的开发相比，它更强调特定群体和情境的差异与独特性。

在课堂教学中，教师的口头语言是主要的，它的中心任务是掌握和抓住学生的注意力，传授知识，交流思想感情。为了更好地达到这一目的，在教学的不同阶段应用不同的刺激来配合教师的口语，即用非口语信息来引起学生的注意，更生动地传授知识和交流感情，也是一个重要的方面。用信息传播的观点来分析非口语信息可以传递丰富的信息，而这种作用又常常是口语所不能代替的。

在对课堂教学的研究上，许多教育工作者对教师的热情与学生的成就做了一系列研究，得出了如下结论：充满生气和激情的教师会极大地唤起学生参与学习的积极性。其原因

在于非口语和外加口语的提示作用。非口语的提示作用与我们身体运动所发出的信息是分不开的，它传递着情绪和情感，并增强语言所表达的内容和增强学习的体验性。非口语信息是教师课堂教学中行动性的主要部分，教学的生动活泼基本上是由于不断变换对学生的刺激方式，不断引起和抓住学生的注意力。有些课堂之所以枯燥乏味，主要是授课人语言呆板，很少有身体运动和面部表情的变化，以及缺乏手势的协助等。

当前基础教育课程改革的核心环节是课程实施，而课程实施的基本途径是教学。在教学观念的转变中，师生在教学中应呈现一种智慧和全身心投入状态，在教学中充分利用教师的非口语教学行为对学生接收信息的重要强化作用。在语言和非口语行为结合在一起的时候，语言只起方向性或规定性的作用，而非口语，即动作语言或表情语言才能准确地反映出话语的真正思想和感情，担当起绝大部分的传播职能。这就给我们一个启示：如果在教育、教学过程上，有意识地注意自己的语调、面部表情、手势、动作等非口语行为，使之与口语相配合，就能取得更理想的教学效果。如果注意学生的面部表情，说话时的语调、手势动作，就能更准确、更及时地观察学生的心理、情绪，了解他们对教育、教学的反应。这样，课堂教学就具有体验性，符合新课程所倡导的课程价值观。

在教育、教学中常用的非口语信息变化的类型可以分为以下四类：

一、身体动作

教师在课堂上身体的动作，主要指教师在教室里身体位置的移动和身体的局部动作。

教师在课堂上的走动大体有两种：一种是教师在讲课时并不总是站在一个位置上，而是适当地在讲台周围走动；另一种是在学生做练习、讨论、实验时，教师在学生中间走动。走动是教师传递信息的一种方式，如果一个教师一节课只用一个姿势站在那里一动不动，课堂就会显得单调而沉闷。相反，教师适时地在学生面前走动，而又没有分散学生注意力的动作，课堂就会变得有生气，还能激发学生的兴趣，引起学生注意，调动学习的积极情绪。

教师从讲台上下来走到学生中间，这种空间距离的缩小，带给学生的直接影响是与教师心理上的接近。因此，教师走到学生中间可以密切师生关系，加强课堂上师生间的感情交流。同时，在走动中教师可进行个别辅导，解答疑难的时候，要注意关心每一个学生，给所有的学生以同样的热情。教师的爱是博大的，不仅要爱那些学习好听话的学生，而且更要爱那些功课不好或调皮的学生。教师在对学生进行个别辅导、解答疑难时所表现的态度，正是这种师爱的自然流露，这种爱可以转化为学生好好学习、积极向上的内驱力。如果教师不注意这个问题，只把精力放在少数人身上，那么大多数学生就会认为"老师不喜欢我们，老师对我们不寄予希望"，就会伤害多数人的积极性。

教师除全身的动作外，头部和手等的动作均能表达一定的思想或辅助语言的表达。在与学生交流的过程中，头部的动作对于表达思想或态度起着重要的作用。例如，在学生回答问题或提出问题时，你使劲地点头是在表达："我知道了，你快讲吧！"如果你将眉毛抬到不能再抬高的程度，则表示："我太惊奇了！"假使教师慢慢地抬起眉毛并轻轻地点头，表示你正在注意听，而且对他的回答进行思索，会使学生更愿意谈自己的意见或见解。

二、面部的表情

情感是打开学生智力渠道阀门的钥匙，这一点已被现代心理学的研究所证明。课堂上师生之间情感的交流，是创造和谐的课堂气氛的重要因素，在交流中教师的表情对激发学生的情感有特殊的重要作用。许多教师都懂得微笑的意义，他们即使在十分疲惫或身体不适的情况下，在走进教室时也总面带微笑，因为他们懂得学生会从老师的微笑里感受到关心、爱护、理解和友谊。同时，教师的情感也会激发起与学生相应的情感，他们也就会爱老师，又会从爱老师进而延伸到爱上老师的课，欣然接受老师的要求和教育。

一些心理学家对面部表情加以研究，结果出人意料地发现，嘴在表达各种思想感情方面的作用比眼睛还要重要。另外，眉毛有二十多种"节目"，而且还有人发现男子的眉毛动作甚至比女子更多。因此，要更好地表达情感，不妨恰到好处地运用眼睛、眉毛、嘴形等各种脸部表情。

然而，不管面部表情如何复杂微妙，在交往中最常用、也是最有用的面部表情就是你的笑容。愿不愿、会不会恰到好处地笑，实际上完全反映了一个人适应社会、社交的能力如何。

在交往中，会笑、善笑往往还是具有幽默感的标志，往往是通过恰到好处的嫣然一笑流露出来的。在教育教学中，假如学生出了什么差错，或双方有拘束感，或身处窘境时，说句笑话，在笑声中就能为对方解围，消除拘束感，摆脱窘境。总之，善意的、恰到好处的笑，可以让人们轻松自如，心旷神怡。

三、视觉交流

眼睛也是表情工具。当我们意识到别人在看着我们时，我们会有一种迎视他的目光的强烈愿望，这就是我们所说的"注意吸引注意"。对于一个心不在焉的学生，教师在讲课时或说几句话时一直在直视着他，好像是在与他直接对话，那么，这个学生的注意力就会重新集中在讲解的教师身上。在不给人以干扰的感觉的情况下，让他意识到某种压力，是有效的办法。如果课堂上出现混乱情况，那么眼睛是制止这个混乱的有效武器。如果外部的噪声，比如一列火车路过严重扰乱了讲话效果，那么教师应干脆停下来，而不应装作听不见，等到噪声消除，再继续讲下去。有些教师在讲课时习惯盯着地板、窗外或没有将眼光融入听课学生，这种不良习惯应该改正。

在人与人进行谈话时，有些人的谈话会使人感到很舒服，有些人却会令人不自在，甚至有些人会让人觉得不值得信任。这主要是与相互之间注视的时间长短有关，当相互的目光接触时间超过全部谈话时间的三分之二时，可能意味着以下两种情况：一是对方认为你很吸引人，对你的谈话很感兴趣，这时对方的瞳孔会扩张；二是对方对你的谈话非常怀疑，而表现出非语言挑战，这种情形下对方的瞳孔会收缩。因此，若要与对方建立良好的默契，应有60%—70%的时间注视对方，这会使对方喜欢听你的谈话。于是，也就不难想象，紧张、羞怯的人由于讲话时目光注视不到三分之一的时间，就不容易被人信任了。如果你讲话时不面对全班学生，没有较长时间的眼神交流，学生就不喜欢听你讲话，同时你也不能从学生的目光中发现他们对课程的反应。

四、适宜的停顿

停顿也是一种语言，是引起注意的一种有效方法。在讲述一个重要事实之前作一个短暂的停顿，能够有效地引起人们的注意。同样在句子中间突然停顿，也会起到同样的作用。三秒钟的停顿足以引起人们的注意，二十秒钟的沉默对人是一种折磨，更长时间的沉默简直会使人难以忍受。

一个新教师往往会害怕停顿和沉默，每当出现这种情形时，他们就赶紧用附加的问题或陈述填补进去。而一个有经验的教师在提出一个问题后，总是停顿一会儿让学生思考，想好需要回答的问题的答案。当学生回答完问题之后再次停顿，给学生进一步思考的时间，促使其把问题回答得更全面。另外，在对一个概念分析、综合之后，在对一个问题演绎、推理之后，也要有一个适当的停顿，以使学生回味、咀嚼、消化、巩固所学的知识。一节课中恰当地进行停顿会使人感到有节奏感，不停顿地讲述45分钟，不给学生留下思考的余地的做法是不可取的。

一个平缓、单调无味的声音，会使课堂变得死气沉沉。声音的音质、声调和讲话速度的变化，以及富于情感的语言，会使教学变得很有生气。声音的变化可以是由低到高，也可以是由高到低，一个有经验的教师在讲了一段有趣的故事之后，引起学生的笑声和讨论声，当他开始把声音变弱，形成安静低沉的声调时，学生便会更加专心去听。而一个没有经验、缺乏训练的教师往往不会使用这一方法，当课堂变得喧闹嘈杂时，一味简单地去增加刺激的显著变化，不停地大声喊叫："别讲话了！"这种方法虽然有时暂时有效（也可能无效），但影响了教师在学生心中的威信，难免使学生产生轻视教师的想法。

讲话速度的变化也是引起注意的一个因素。当你从一种讲话速度变到另一种讲话速度时，即使有人已经分散了注意力，也会重新将注意力转移到你所讲的话题上来。

总之，教师在课堂教学管理中，不论采取哪种方式与学生进行信息沟通，其目的都在于师生之间信息的顺利传输、情感的及时交流，以便对课堂活动及其主体进行必要、及时的调节，达到师生之间的全面互动，使学生得到和谐的发展，使课堂教学充满合作精神。从新课程提倡的课程资源的角度讲，非口语语言信息也是一种重要的课程资源。教师在教育教学中选择非口语语言信息时，应尊重学生的人格，与课堂情景一致；非口语语言信息的行为就健康、高雅、简洁，有个人风格，给人深刻印象；教师的非口语语言信息如果与言语行为一起运用，必须合理搭配、最优选择，才能有利于新课程所倡导的合作、交流、探究等学习方式的建立。

教师非口语语言信息的行为在教学中的运用能力，与教师对课堂上具体问题情境的准确把握以及教师对有关对策的富于艺术性的选择能力密切相关。教师非口语语言信息直接影响学生积极、有效参与教学活动，教师在课堂教学中非口语语言信息运用得科学、合理，有利于教学和学习过程变成一个富有个性的过程，使知识的学习不再是仅仅属于认知、理性范畴，而是扩展到情感、生理和人格等领域，使学习方式具有体验性的特征。

（原载于《大众心理学》2003 年第十二期）

作文训练心理学

中小学作文教学是思想、语言的综合训练进程。在新课程实施中，要取得作文训练的好效果，必须考虑学生一系列的文化和心理因素，文化是学生的客观现实环境，心理是学生的主观心灵世界，文化和心理是互为因果的整体，要努力构建和谐文化环境和用心理学规律指导学生作文训练，在作文训练中体现文化心理价值。一方面可以培养学生的文化素养和心理素质，有利于学生心理健康，另一方面达到训练学生作文水平的目的，从而使二者互动，全面促进学生整体素质的提高。这样做符合新课程理念中所倡导的以弘扬人的主体性为宗旨的现代学习方式，使学习行为富于个性。因为教育作为文化心理过程，所关注的是理想个体的生成与发展，对教师而言重在价值引导；对学生而言，重在自主构建。二者相互制约，是对立统一的基本点。本文着重从以下五个方面探讨新课程的作文训练中应如何体现文化心理价值。

一、引导学生参与观察，让学生产生兴趣迁移

每个人对自己耳闻目睹的新鲜事，印象深刻的人物、情境，内心激荡的感情和思想，都有告知别人的欲望。这种不

吐不快的表达欲，在儿童身上表现得更为强烈。这表明作文也是一种需要。它产生于人们对生活的仔细观察和深刻感受。所以，作文教学的第一步就是培养学生观察生活的兴趣、习惯和方法，积累写作的材料。引导学生参与观察，教师一般可以从以下几个方面着手：

（一）挖掘学生生活中的写作资源。教师随时把新鲜有趣的生活片段写成短文，并读给大家听，使学生逐渐意识到：文章就在身边，就在生活中，作文就是把看到、听到和想到的说出来或写下来。这样，有助于消除学生对写作文的畏难情绪，并激发起他们留心观察生活的兴趣与热情。

（二）具体指导学生的观察。首先，教师要对观察对象进行仔细而全面的观察，了解它的特征，这是指导学生观察的前提。在此基础上，对学生提出明确的观察要求，指出观察的重点、难点和注意事项。观察中，教师应尽量调动学生运用眼、耳、鼻、舌、手等多种感官去接触观察对象，还要随时提一些适当的问题。如：它像什么？你想到什么？你心里觉得怎么样……以此引发学生的想象和联想。与此同时，教师要鼓励学生从不同的角度来观察和思考，鼓励学生有独特的发现和见解，而不能让他们机械地模仿教师。

（三）组织写观察日记。随时让学生把平日里有意或无意观察到的情形，以及当时自己内心的感受说一说或写成观察日记。这样，日积月累，学生就不愁没有东西可写了。同时，学生的文字表达能力、运用语言能力必然会得到锻炼和加强。

当学生发现生活是那样的五彩缤纷，并意识到它正源源不断地提供真切感受、形象鲜明的作文材料，使学生的观察和体验成为一种有意义的心理活动，把学生对活动的兴趣自然地迁移到写作上来。

二、重视表达训练，形成理性内部动机

学生作文时所直接面对的已不是客观世界的实体，而是自己内心世界的种种记忆表象。表象越鲜明，情感越丰富，思维也越活跃，越有创造性，就越能写出好文章。观察属于自我意识印象基础，而唤起自我意识，引发作文动机，就在于寻找出一个触发记忆表象的诱因——鼓励学生自我表述。

新课程把教学的重心放在学习兴趣激发上，更加注重过程。因此，应改变教师命题的老路，在作文过程中，可以让小学生参与半命题，如《我爱×××》《×××的故事》等，也可以让学生参与全命题。通过参与命题，教师给学生提供了一个宽松的选择范围，有利于产生作文兴趣，也可以由此训练学生的发散思维。学生可以根据自己的生活资源和积累自由地选择，立意命题。那些印象深、感受深的"往事"自然会再现于学生的眼前。此刻，作文对学生来讲已不再是"要我写"了，在作文教学时有时可以只提出作文范围，或提示写作重点，不硬性规定题目，束缚学生的思想，造成心理障碍。把命题的主动权交给学生，学生可以自发其感，自达其意，自传其情，自写其言，便能写出生动活泼、有血有肉、颇具个性色彩的好文章来。

教师应创造条件，经常设置能提供学生自我表述的环境。如与班会结合，开展故事会、读书报告会、朗读比赛、时事新闻交流会等活动，来进行一系列听、说、读的训练，使学生在爱听、喜读、乐说中逐步增强语感，积累丰富的语言材料，为人人"愿说"到"愿写"打下基础。

另外，教师还可以在课堂上设计多种学生所乐意接受的作文训练。如可以在课堂进行"写作素描"训练，对同一观察对象，全班学生可"各显神通"，比比谁描述得最好，又可

以通过交流取长补短，进一步扩充语汇量。这比枯燥的命题作文更能调动学生的写作兴趣。又如，课外阅读后写读书笔记，观看电影或电视节目后写观后感，男孩写踢足球、下棋的故事，女孩写跳皮筋的乐趣等。由于在火热的生活和丰富的课余活动推动刺激下，学生会急于把自己的见闻感受、思想情感传导给别人，"情动而辞发"，写来也就得心应手，水到渠成了。学生的写作的内部动机也就自然建立起来了。

三、利用记忆经验，宣泄情感

学生作文要靠平时记忆经验的积累，通过口头或书面的作文宣泄情感，一方面训练作文，一方面也可以促进师生、生生交流，达到提高心理健康水平的目的。因为人的心理也有情感交流、倾诉和宣泄的需要，作文训练刚好可以成为一个有效途径。

记忆包括运动记忆、情感记忆、形象记忆、词法—逻辑记忆。这些记忆都与学生作文直接相关：要描述动作，必须有运动记忆；要描述感情，必须有亲身的情绪体验的记忆或相似的情绪体验的记忆；要有描述形象，必须有视觉的、听觉的、触觉的、嗅觉的、味觉的种种形象的记忆，有关于自然的和社会生活的形象记忆；至于词语—逻辑记忆，对于一切叙述、描写、说明、议论、抒情都是必要的。学生的记忆储备愈丰富，作文的材料也愈充实，作文的倾吐活动也愈自由、愈灵活。

作文的心理过程包括记忆，自始至终都有记忆参加。在作文训练中，可以从以下两个方面打开学生记忆的大门。

（一）在作文题目、内容上，尽量切合学生已有的文化环境和生活经验，让他们从记忆的仓库里去寻觅、发掘材料。

从命题作文的心理因素来看，学生一看到题目就应复活相关的记忆，并就此进行思考：如果题目和学生已有的知识经验投合，相关的材料很快就重现出来，构思也就顺利；如果题目和学生已有的知识经验相距较远，甚至学生根本没有类似的经验，就难复活记忆，甚至"搜索枯肠"也找不到作文的材料，作文也就无话可说。例如，学生对《童年趣事》《记一件有意义的事》《记一个难忘的印象》等题目的较感兴趣，主要原因是记忆仓库里有储备，容易着手，并能唤起儿童美好回忆。

（二）在作文的具体过程中，要启发学生再现生活的画面，追忆有关的材料。作文命题与学生生活经验投合，只是为复活记忆创造了条件，而学生能否顺利地再现，还与许多心理因素有关：有的材料由于经历的时间已久，印象已经模糊，不易再现；有的材料零碎，不成系统，也不易再现；有的学生思维惰性较大，懒于回忆，也不易再现。作文教学经验表明，指导学生用"过电影"的方法进行再现，能使过去的生活情景、感性形象在学生的头脑中浮现出来。在"过电影"中如有困难，还要帮助学生进行追忆，方法是启发谈话、语言提示，为再现搭桥、指路。这样，又可以促进师生之间的人际交流、沟通，提高心理相容程度。

四、培养作文中的个性因素，发展求异思维

作文是创造性的智力作业。要通过作文训练培养学生独立的个性品质，为发展学生的求异思维活动服务。

求同思维和求异思维是两种相互联系的思维形式。求同思维的特点是按照教师的讲解和书本的结论进行思考，有助于获得已有的知识。求异思维的特点是不受现成结论的约束，

从不同的方向、方面进行思考，有助于提出创见。作文有一些基本规律，如观点和材料的统一、情动辞发、为情造文，这些都必须求同。作文必须审题，应与题目的要求求同。作文是一种基本训练，应当与教师提出的训练要求求同。作文允许模仿，仿写则是与范文、例文求同。这些都离不开求同思维。但作文不能一味求同，必须有独特的个性，有创造性因素，这就需要发展求异思维。

教师应在教学中大胆发掘和培养学生独创性的个性品质。对于学生在作文出现的独特见解，应给予鼓励。当然，前提条件应是正确、健康的观点。教师在作文教学中应鼓励学生勇于探索，鼓励独立思考，独辟蹊径、立意新颖，乐于创新。

在作文教学中发展学生的求异思维，可以从以下几个方面着手：

（一）放胆求异。我国传统作文教学的一条理论是让学生写放胆文，由放到收。放胆文的最大价值是放言高论，自由求异。根据心理学的研究，求异思维是发散型的，而放胆文"放之如野马""不受羁绊"，也是发散型的。学生的放胆作文，能培养学生独立和创造的个性品质。

（二）争论求异。学生框框套套少，思维还没有定型，遇事好争论，喜欢发表一些新奇的意见，提出一些与众不同的看法。这正是求异思维火花的闪现。根据这一心理特点，可进行争论式作文，先组织学生就某一问题进行讨论，然后让学生从不同角度进行思考，甚至提出一些针锋相对的见解，通过激化思维的矛盾来激发学生的创造能力。不论哪一类型的作文，都可找到不同的论题。这样做对求异思维训练大有益处。

（三）"翻案"求异。针对传统的定论提出不同的解释，或驳斥传统定论，或赋予传统定论以新意，这更表现出求异思维的创造活力，这种做法适用于议论文写作中的求异思维训练。

以上这些做法实施过程中可能出现一些片面性，甚至发生错误。但这不是求异思维的弊端。只要引导得法，是可以收到发展创造能力的最佳效果的。

五、摆正学生写作主体位置，努力激发学生写作思维的自组织

美国学者加德纳的多元智力理论不仅提出每一位学生都同时拥有智力的优势领域和弱势领域，而且提出在每一位学生充分展示自己优势领域的同时，应将其优势领域的特点迁移到弱势领域中去，从而使弱势领域尽可能得到发展。因此，摆正学生写作的主体位置，激发学生写作思维的自组织，则是作文教学和体现文化心理价值的核心和关键。

要摆正学生的写作的主体位置，激发写作思维的组织。教师应有意识地遵循多元智力理论所倡导的理念，创造性地运用各种教学技能技巧、方式方法，帮助学生能动地将认知系统获得的写作素材与写作知识进行整合，组织编排，储存于大脑之中，与自己的优势智力结合，转化为一定的写作能力。当学生要写作某一类文章时，就要引导学生把储存在大脑中不断消长变化的写作信息，通过思维的自组织和创造性地整合物化出来。例如，学生要写一篇表现人物心灵美的文章，教师就可以用假借的方式，给学生描绘生活中体现了心灵美的事，讲述文学作品中具有心灵美的人物，以调动学生多元化的智力因素，激活学生的思维。这样，学生就能在教师的引导下，进行分析、整合，最后，围绕所要表达的主题

形成文章。此外，对作文的评价要从学生多元智力出发，强调通过学生自组织思维和创造性，切勿以教师成人观念代替学生思考得出结论。

总之，中小学教师在进行学生的作文训练时，同时应关注学生的全面发展，尤其从学生真实的文化环境出发，注重培养学生的心理素质，培养实践能力和创新能力。这样，课程的功能就会发生根本的转变，由单纯追求语文能力变为综合素质和创造能力的提高，这将是新课程作文教学发展的方向，也符合美国心理学加德纳的多元智力理论，因为学生个体间发展具有差异性和个体内发展具有不均衡性，通过作文训练也可以弥补学生的某些不足，从而面向全体学生，面向全面素质，使文化心理素质培养和作文训练有机结合，在作文训练中体现文化心理价值。

简论教师继续教育工作中
应坚持的原则

教师继续教育工作是教师落实终身教育的具体载体之一。为了把已经正规化、法规化的教师继续教育工作做好，使教师继续教育工作能适应新课程改革和发展的需要，切实提高小学教师的整体素质，结合小学教师继续教育工作，坚持以下原则是关键。

一、实践性原则

实践性原则，也就是理论联系实际的原则。即引导学习对象在了解基本理论知识的基础上，开展一系列教育教学实践活动，让学习对象在实践中去运用理论，深化理论和发展理论。从而达到掌握新课程所倡导的各种教育理念和教学规律，解决教育教学中的实际问题的目的。

继续教育的最后归宿是让小学教师能够更好地承担小学教育教学工作，培养与现代社会相适应的小学教育教学工作的能力。无论多高深的理论，或多丰富的知识，最终都要服务于具体的小学教育教学实践。因此，实践性原理是继续教育中必须贯彻的原则。

贯彻实践性原则要求在一切培训中注重教育教学实践，

这种实践是在理论指导下的实践，是遵循教育教学规律的实践，绝非无目的盲目的实践，也不是随意的单纯的实践。贯彻实践性原则最好的途径有两个：一个是把"学习、教研、培训"三者有机地结合起来；一个是根据陶行知先生的生活教育理论，把教、学、做三者有机地结合起来。实现两个"三结合"开展继续教育，就能充分体现实践性原则。

要贯彻好实践性原则，要解决好两个问题，一是专任教师问题；二是培训中如何理论联系实际的问题。对继续教育的专任教师来讲，不但要有从事小学教育教学的实践能力，而且应有丰富的教育教学实践经验和现代教育理论素养。这就要求专任教师必须深入小学，了解小学，研究小学。到小学中去参加教研、课改活动，长期坚持听课，研究小学教材，有条件的还可以从事教育教学实践，感受教育教学中的难点、热点问题。只有熟悉小学的教育教学，才能很好地贯彻实践性原则。

要贯彻好实践性原则，不论在学科骨干教师培训、校长岗位培训，还是在教师履职晋级培训中，要注重实践短训，注重理论联系实际。如何体现呢？

1. 教师讲授的专题，要具有适用性、实践性和可行性。要结合小学实际，不能空头论教。

2. 实行专兼职结合。由专任教师讲专题，兼任教师上课表演来应征专题内容，体现专题理论的具体实施细则。

3. 针对教育教学中的具体问题，开展现场研讨活动，在实践中加深对理论的认识。

为了贯彻好这一原则，大理市教师进修学校在举办首届州级语文骨干教师培训班时，组织了大量的教学见习和实习活动，收到了较好的效果。在举办大理市小学校长岗位培训

时，也组织了大量的现场参观活动，使理论和实际能及时地得到反馈。

二、适应性原则

适应性原则就是从培训对象的实际出发，根据受训对象在职能上的需要，给予必要的培训教育。

继续教育的对象是全体教师，而且是学历达标的教师。但是教师的职能和岗位不一样，水平和能力又千差万别，知识层次复杂，不能像学历培训那样"一刀切"。要使不同层次的教师都有所提高，达到全员培训的目的，就得贯彻适应性的原则。

要贯彻好这一原则，需要弄清教师"需"什么，教师才能按需施教。这就要实行充分的调查研究，找出教师所需的层次来。可以面向教师开展问卷调查、意向调查，弄清教师所需。也可以向各级各校的教育行政部门调查，弄清教师教育教学中的问题以及知识结构情况。还可以深入课堂，调查教育教学现状，弄清教师的知识缺陷和新课程改革中存在的问题。在广泛调查的基础上，认真分析，找出教师的所需和所需的层次。其次要确定好按需施教的形式，这是贯彻好适应性原则的重要环节。例如，校长岗位培训班就以现代教育理论指导下的管理知识和办法为主，宜多组织参观学校管理，听取管理经验；学科骨干教师培训，就需拓展知识，加深层次，进行专项研讨；履职晋级培训要熟悉教材，想做到对教材分析到位，保证学习者考试及格，收集的案例不能是单一学科的，要覆盖小学里所开设的所有学科，还要坚持送教下乡，等等。按照不同层次的需求，确定相应的培训内容和培训形式，教其所需，以补其不足，从而可以收到较好的效果。

适应性原则了体现当前继续教育的特点，使学校和教师都能适应社会不断发展中对教育的新要求，使新课程改革能顺利进行。

三、合作性原则

合作性原则一方面是指继续教育工作在教育行政主管部门的领导下，发挥基层学校、教研室、进修学校各个方面的作用，各方面互相配合、互相促进，综合做好师资培训工作。

小学教师继续教育工作，牵涉的面是很广的，而且会遇到各种各样的问题，单靠教师进修学校的力量不足以承担起广大小学教师继续教育这个艰巨的任务，需要教育党政部门、教研室、教师进修学校和基层学校协同合作和互相支持。需要目标一致，工作步调一致，思想认识一致，共同搞好师训工作。这样，使行政目标管理、新课教材学习和履职晋级培训有机地结合起来，校长岗位培训、骨干教师培训和新课程理念、现代教育理论的学习达到整合的目的，学习就有了层次性和顺序性。

合作性原则的另一方面是指专职和兼职教师之间的协同合作。新课程在对待教师与其他教育者的关系上，更强调合作。继续教育所开设的各门学科都有综合性的特点，需要教师之间的合作交流、互相促进。特别是针对某些难点和热点问题，就更需要相互切磋、合作研讨，彼此支持，共同分享经验和信息。例如，教师履职晋级考试科目信息量大，理论与观念更新率高，如果在备课过程中仅仅是教师个人的"自我反思"，而没有同伴之间的合作共进，那么信息就有局限性。每个教师原来所学专业也不一样，因此需要参加集体备课会或说课的形式达到合作和交流的目的，从而实现教师之

间教育资源和互动，通过同行交流往往会产生意想不到的经验。

为了更好地体现合作性原则，大理市教师进修学校在2004年春季的小学教师履职晋级考试科目的培训中，打破以往的做法，以2—3人为一个课题小组，共同负责一门学科，在上课前加强集体研讨，积极参加州师训办组织的备课会。上课时，按各个教师的特长分别负责教学不同的专题，使教学更具有针对性，这种合作教学的做法受到广大小学教师的欢迎。

当然，继续教育工作中应遵循的原则还可以从不同的角度出发举出许多，但以上三条原则是基本的要求。教师继续教育工作承担着教师素质不断提高的任务，服务于教师工作的可持续发展，任重而道远，为了让继续教育工作适应新课程改革和发展的需要，也为了培养符合21世纪教师发展要求的高素质教师，教师进修学校的教师应以以上原则为本不断探索出教师继续教育的更多新路。

（原载大理州教育局主办《大理教学》杂志小学版2006年第三期）

马扎诺"学习维度"理论在中小学幼儿园教师远程履职晋级培训中的价值与应用

在远程网络时代，新时代教师核心素养与马扎诺认知目标的分类框架都注重对人的知识和思维的培养，具有很高的匹配性。而且在信息时代运用马扎诺认知目标分类学理论分析教师的学习行为是可行的。罗伯特·马扎诺是美国著名教育学者。他从教育目标分类学的角度研究教学理论和教学实践。"学习维度"理论是代表理论。他的教育理论体系是基于布鲁姆的学术体系，但实现了新的突破。在教师继续教育中，"学习维度"理论同样具有理论研究意义和较高的实用价值。目前，该理论在中小学幼儿园教师培训领域的推广应用研究还不普遍，马扎诺教育理论的价值挖掘有待加强。本文基于马扎诺的"学习维度"理论为依据，结合近五年来的教师继续教育实践活动，深入分析这一理论在教师继续教育中的积极作用及其价值，从而为提高中小学教师继续教育实效性提供新的思路。

马扎诺体系的特点在于它的实践可行性。它不会像布卢姆体系那样因为完全从经验出发而导致层次的界限不清从而无法准确界定，布卢姆的体系增加了一个维度，马扎诺的体系由于摆脱了层次之间逻辑关系的困扰，相对于其他二维或多维的分类体系，显得更简单明了，这就为实际工作带来了极大的方便。马扎诺的体系还是源自布卢姆目标教学理论体系，这里既有对布卢姆体系的合理继承，也有一些属于未能摆脱的不合理影响。尽管如此，相对于布卢姆和其他分类理论，马扎诺的分类理论是最新的理论，它借鉴了上述各类理论的优点，既没有只从经验出发，也不是单从理论出发，而是较好地考虑了理论和经验两个方面，综合了心理学之外的其他领域的研究成果，因而在理论性和实践可行性方面都达到一个新的高度。

一、马扎诺认知系统"学习维度"理论的基本内容

马扎诺认知系统理论里提出的五个学习维度，具体为：

1. 维度一——态度与感受

这一维度带有极强的情感色彩，是保证学生投入学习的前提条件，它包含帮助学生发展有关课堂氛围和有关课题任务的积极态度与感受。因此，教师在课堂中，要努力让每个学生都感觉到被群体接纳，产生安全感和责任感；让学生感受到任务的价值和兴趣，让学生有能力和资源完成任务，理解并明确任务等。在网络学习主题中介绍了一些具体可以操作的策略和技术。

2. 维度二——获取与整合知识

学生以不同的方式学习和学习程序性知识所经历的不同阶段，需要结合实际案例介绍了陈述性知识和程序性知识的获得方式和单元整合计划。

3. 维度三——扩展与精炼知识

马扎诺认为，只有当学生深入理解重要知识时，学习才是最有效的。为了发展理解能力，学生需要扩展与精炼原初

获得的知识。远程网络学习每年的主题里都详细阐述了如何学生帮助扩展和精炼知识，并介绍适用的评价量表。

4. 维度四——有意义地运用知识

马扎诺认为，获得知识的目的在于有意义地运用知识，教师的任务就是让学生在他们认为是有意义的情境中积极地运用知识。在学习平台提供的课堂设计的内容要来自于现实生活中真实的问题，并提供多种策略。还有大量在建构任务时需要考虑的问题，如学习方式、成果呈现形式、评价方式等。

5. 维度五——良好的思维习惯

在马扎诺看来，良好的思维习惯与态度及感知一起，形成了学习过程的"背景"。良好的思维习惯能够帮助学生应对各种各样的情境。许多成功教学案例和教师成长案例介绍了多种思维习惯以及良好的思维习惯评价量表，对于我们的实际教学有很好的借鉴意义。

马扎诺的体系既不是对布卢姆体系的简单修正，也不完全是基于某种理论。作为一种后来的、新近的体系，它综合了心理学的最新研究成果并提出自己的假设，有着明显的特点。马扎诺体系的首要特点在于他提出了一个崭新的学习过程模型，这一模型综合了心理学研究的各方面成果，将心理学研究的最新成果汇入他的体系中。马扎诺的分类体系因此更好地区分了学习的目标类型和目标间的相互联系，更好地反映了教学的实际情况，对教学和评价可以有更好导向作用。

二、马扎诺认知系统"学习维度"理论的价值体现与分析

（一）促进教师继续教育学习目标设计的科学化

在信息时代，中小学教师的职后继续教育，马扎诺的

"学习维度"理论的运用使学习目标的设置更加具体，学习任务可以明确层次化，无论是学习模块的设置，还是活动的设计，都可以有更微观、层次化的目标引导。强调学习目标的统一，避免学习目标过于分散，对于以中小学教师为对象的继续学习者来说，能够让他们在教育理论知识、实践整合能力、思维素质和价值观方面都能得到有力的提升与发展。

（二）为中小学继续教育实践提供科学指导

教学过程中的方法和策略需要科学理论的支持和指导。"学习维度"理论强调关注学习对象的学习需求和实际情况，对应具体的知识学习过程，突出学习者的主体地位。在"学习维度"理论指导下，需要更重视以有效的教学案例来引发学习者的认识活动，从而保证学习知识与能力的双重提升。同时对于网络学习平台的指导作用提出了更具体的要求，需要依据更具体和符合学习者专业学科的学习目标来引导学习者。

三、马扎诺认"学习维度"理论在中小学的推介与科学化应用

（一）面向教师继续教育学习者，制订更具层次性的学习目标

马扎诺关于学习认知系统的"学习维度"理论，能为中小学教师继续教育提供良好的思路。中小学教师继续教育与其他未成年人相比，学习需求和学习能力存在显著差异。具有丰富的经验、常识和相对丰富的知识积累，决定了教师在设定继续教育和学习目标时要重新思考起点。确保继续教育学习者获得最需要的、与学习者的学科背景和专业成长需求相一致的学习内容。层次化的学习目标还体现在目标的多样化上，学习目标不是封闭单一的。每个学习目标的产生和实

现都需要不同层次的次要目标的辅助。

（二）以学习目标为指向，选用科学的认识策略开展学习

教师继续教育学习依据《教育法》和《教师法》，既是教师的权利，也是教师的法律义务，符合国家发展的意志，用教育理念的形式让教师接受。面对终身教育的全新发展新时代，很多教育理论家和一线教师都在思考如何对教师的继续教育采取更有效的学习模式，采取什么样的意义理论和教学策略来保证教学成果的巩固和提高。选择任何学习策略的目的都是为了确保有效完成预设的学习目标。因此，我们只需要从学习目标出发，来保证学习模式和学习策略选择的有效性。对此，教师继续教育需要有价值的教育理论、学习策略、学习模式、案例提供等因素促进学习者理论知识和应用能力的提高。

（三）马扎诺"学习维度"理论在中小学教师中的应用案例

2012 年至 2021 年，依托全国继教网，五年为一个周期，在职中小学及幼儿园教师履职和晋级培训均通过远程网络对全体员工进行培训。在部分省市已开展十年，接收优质教育培训资源，感受网络教师继续教育模式的优势。教育部高度重视在职教师的终身学习和网络资源建设，也开展了一批骨干项目，提升中小学幼儿园教师信息化能力，使教师可以充分利用网络资源有效地工作和学习。例如，为了更好地贯彻落实《国家教育事业发展"十三五"规划》，一些省市教育行政部门也制定了《中小学幼儿园教师继续教育远程全员培训实施方案》。马扎诺提出的"学习维度"理论，在美国教学改革中发挥了重要作用。"学习的维度"是一个综合性的模型，是对学习过程的界定。其理论前提是学习有五种类型的思维，或学习的五大维度，对学习成效十分关键。马扎诺将态度与感受、获取与整合知识、扩展与精炼知识、有意义地运用知识、良好的思维习惯称为学习的五个维度。对新教师来说，能帮助他们从整体上构建课程、教学和评价等完整的框架；对有经验的教师来说，能丰富教学过程的手段。在五年的学习周期中，学习对象为在职教师全员培训学习，一年一个主题，这五个维度一方面延续五年学习过程，一方面渗透在每年的学习过程中，学习完成后获得 5 个学分，助力中小学教师在立德树人意识、学科核心素养理解力、教育理论素养、信息技术与学科教学能力深度融合等方面得到提升。

下表为一个县级市五年教师继续教育学习主题与具体内容：

县级市五年教师继续教育学习主题与具体内容

年份	学习主题名称	专业发展能力目标维度	备注
2017 年	教学目标的设计与转变	从"三维目标"到"学生发展核心素养"的解读及教学设计转变	已完成 3820 人次
2018 年	教与学的转变	学生发展核心素养框架下以学生的学为中心的教学策略应用设计与实施	已完成 5299 人次
2019 年	"评好"到"好评"的转变	学生发展核心素养框架下的"一堂好课"	已完成 5326 人次
2020 年	"考"到"评"的转变	基于学生发展核心素养的考核评价体系的构建	已完成 5645 人次
2021 年	"标准化"到"校本化"的转变	学生发展核心素养下的课程观和校本实践策略	完成 6127 人次

四、结合马扎诺"学习维度"理论对教师职业的作用

（一）加强了教师理论素养和课程教学能力的培养

教师职业在网络社会中，需要新智慧、新质量、新发展和新水平，教师需要在强调核心素养的时代做到新自我、新超越和新创造。在继续教育学习中升华理论素养，提升思维水平，转变观念，与时代合拍。现在有些老师有一个误区，就是认为学教育理论太难、太费力，得不偿失，不如多学一些"现成"的经验，强调务实，学一点儿，用一点儿，久而久之就会成功。不得不说，这是一种学习方式，但并不像系统的理论学习那样容易复制和可持续。众所周知，只有通过一定的理论指导和广泛的比较分析，才能找到正确的科学方法来处理教学中的实际问题，才能对学生终生发展有利。

（二）优质教育资源共享

全员远程中小学幼儿园继续教育的最大的特点是网络化教师继续教育模式，使集中式学习、个别化学习、协作学习等变得切实可行，是一种网络化的混合式培训。多种学习组织形式可以相互配合，实现学习过程最优化。每一个学习者都变为学习活动的主体，由被动地接受知识，转变为主动地学习。远程网络成为促进学习者学习的重要的认知工具。网络化继续教育活动中，学习者的学习过程是自主进行的，学习内容、学习方式和学习进度是可以选择和自我调控的。这种完全"自助式"的个性化自主学习，有助于提高学习效率，也有利于针对中小学教师继续教育中参训教师全员参与，教师学习资源一体化，建立教师群体学习共同体，同时也兼顾学历层次不等的特点进行分层次教学，满足中小学幼儿园教师继续教育与新时代、新理念、新发展结合，建立具有中国特色的教师继续教育体系，增加继续教育的针对性、时效性、

时代性和多样性的要求和任务。

（三）网络远程培训做好后续工作后，有助于推助教与学效率提升

马扎诺认知系统理论里提出的五个学习维度，也是教师培训后在教育教学中实际应用的方向，在五年的学习过程中，学习平台提供的课堂设计的内容要来自于现实生活中真实的问题，并提供了多种策略。因此，教师参与远程网络培训后应做好如下后续工作，以助于学习的有效性，提升教师专业化素质，而不是让信息技术背景下的继续教育的学习成为形式主义。

（四）有利于教师更新观念，服务好教学教研

目前各地中小学校的教育信息化硬件建设初具规模后，如何应用这些先进的设施，使之对教学教研产生出应有的效益成为当务之急。要建立规范的远程教育档案，及时真实地记录教师对远教设施的使用情况。

（五）要坚持强化培训，依托信息平台提高教师教育专业化水平

在新的时代，教师继续教育的远程网络学习平台是国家给予教师的最好的时代礼物，因此，充分利用"学习维度"理论的指导作用，以远程网络平台为载体对所有的教师进行培训是新时代的教育常态。现在继续教育依托全国继教网采用的视频培训是一种新的培训模式，实现了语音和视频的同步双向传输，依据不同的学科和学段划分学习班级，专家资源和有意义教育教学案例的 PPT 讲稿、电子文稿、课件、视频、网页浏览等，可以实时传输，达到了与面授相同的培训效果。受训教师在接受培训的同时，能够通过语言、视频及时反馈培训过程中的疑惑或问题，这种培训方式快捷、便利，教师足不出校就能接受培训，避免了大规模集中带来的不便，既降低了培训成本，又扩大了培训覆盖面。对于教育信息化带来的新思维、新观念，现在的教师继续教育从整体上提高了广大教师对教育信息化的认识水平，提升了教师专业化素养，激发了他们参与学习的积极性和主动性，使教师工作符合新时代核心素养的要求。

（此文发表于《教育科学》2022 年六期）

新课程改革背景下教师进修学校的
发展策略探索

　　各地市、县、区级教师进修学校是教育系统的业务机构，通过中小学管理干部岗位培训、骨干教师培训、指导校本培训和履职晋级培训等形式，在教育教学工作方面担负着"研究、培训、指导、管理、服务"的功能。在新课程改革的背景下，教师进修学校能否适应新课程的要求，对新课程能否顺利实施是至关重要的，将直接影响一个地区教育改革的成效。在新课程面前，教师进修学校应以什么姿态出现呢？有三种选择：一是成为新课程实施的旁观者；二是成为新课程实施的消极因素；三是成为本地区新课程实施的引领者、促进者。显然，教师进修学校在实施新课程的过程中选择的应该是：适应新课程的要求，做新课程实施的引领者、组织者和促进者。

　　教师进修学校要适应新课程的要求，首先要明白新课程的根本目的何在。根据《基础教育课程改革纲要》的要求，新课程改革的是课程过于注重知识传授的倾向，强调要形成学生积极、主动的学习态度，使学生获得基础知识与基本技能的过程同时成为学会学习和形成正确价值观的过程。简言之，如果把学习看成大概念的话，新课程的目的就在于要让学生学会学习。

其次，新课程改革的对象应该很清楚，那就是原来的课程。要让学生学会学习，就必须改革原有的不适于学生的课程。因此，新课程的特点就在于其设计是千方百计地要让学生去积极、主动地学习。

再次，新课程从原先过于注重知识传授转变为让学生学会学习，这使得教师原有的已经形成习惯的教学方式不再"包打天下"，教师实施新课程的专业能力需要培训以使其得到发展。

一、建立学习型的教师队伍，提升教师素质

从过去的学历补偿培训为主转向在职教师职后继续教育为主的进修学校，功能发生了变化，需要建立学习型组织，以使教师在其中不断得到发展，更好地为新课程的实施服务。

继续教育能否取得比较好的教学效果，达到预期的教育目标，关键在于教师。多年的教师培训经验证明，一流的教师队伍才能实现一流的培训质量。教师只有用新观点、新方法，在教学中创造性地讲课，才会给学员带来一些启发，增强学员信心，取得显著的教学效果。因为接受继续教育的中小学教师特点不同于一般的成人教育，也不同于一般的师范学校的学生，所以应建立专业的继续教育师资队伍。根据继续教育的特点，教师队伍的成员应多样化，应根据学科特点选择不同类型的教师。把理论型、经验型和综合型的教师与学历、职称、教研和教学成果挂钩，通过科学、合理的考核方可取得继续教育教师资格。这支教师队伍应专职和兼职结合，由专家、学者、优秀教师、教研员和中小学一线优秀教师组成。

以进修学校为核心建立高质量的继续教育师资队伍是增强继续教育实效性的关键。这支教师队伍应具有现代教育观念，掌握现代教育理论，了解本学科发展趋势。具有较高的学术水平、较强的实践能力、创新能力和教科研能力。熟悉中小学继续教育的特点和规律，善于组织继续教育活动。能够深入中小学，了解指导中小学教育教学改革，成为集培训、管理、教学、科研为一体的新型培训者。这样，才能为教育的改革和发展有效服务。

二、建立多元化的继续教育教学模式，注重实效性

由于接受继续教育的中小学教师的文化背景不同，经历不同，教育观念和知识结构不同，他们对继续教育的内容需求也呈现多样化。教学内容的选择上，一方面要选择反映国际国内最新科技进展、学科前沿知识、教育教学理论、教学方法和手段方面的内容；另一方面要选择切实增进中小学教师实际工作需要的知识、经验和能力方面的内容，努力提高教师实施素质教育的能力和水平，使教师继续教育内容充满时代气息。

在中小学继续教育的实施过程中，应重点培养教师的创新精神和实践能力。与此同时，因地制宜地开展适合本地实际的继续教育。这就要求承担继续教育的教师进修学校要探索多元化的培训、教学模式，以适应各种类型中小学继续教育的需要。如可以分析继续教育与中小学校本培训的结合点，送教下乡，服务到校，主动参与中小学校本培训活动，协调继续教育与校本培训的关系，减少工学矛盾，提高培训实效。还可以安排不同层次中小学继续教育的教师"走出去"，下基层听课，走进课堂、走近学员，了解基层学校的授课情况，

有针对性地对任课教师的一节课的教学内容及教学设计进行点评，对授课教师在教育教学中出现的实际问题进行指导，再以问题为导向组织培训，理论联系实际，变抽象为具体。学以致用，学用结合，特别要将我国基础教育素质教育、创新教育、新一轮基础教育课程改革的内容渗透于继续教育中，打破单一、刻板和封闭的模式，增强继续教育的实效性。

三、建立多功能的继续教育培训机制，整合教育资源

教师进修学校在新课程改革的背景下，首先应树立与新课程相适应的培训工作理念。要坚持以下几点：把教师当作培训的主体来对待；把培训当作教师和培训者共同的发展过程来实施；把培训当作教师与培训对象共同参与的社会性交往实施；把培训作为教育科研的过程来实施等。通过继续教育培训使培训者和受训教师"经验共享，共同发展"，体现"开放、互动"为特征的人本教育理念。

其次，应对教师的培养和培训的目标进行调整。进修学校要改变以往普遍存在的以传授理论知识为主，或者以具体方法，技能传授为主的培训目标，改变为致力于提高教师的自身综合素质，特别是帮助教师理解、内化基础教育的课程改革提倡的基本理念，并强调教师实行教育行为的切实转变。

再次，进修学校必须进行资源整合，打破部门功能单一、相互封闭的状况，建立适应新课程实施的工作模式和管理模式。通过与教研室等部门有效合作，建立"研训一体"的教师和干部培训模式，形成团队合作，推进新课程实施的局面。同时应深入学校，与教师一起开发课程资源，探索体现新课程理念的教学方法，为教师提供优质的信息咨询，丰富的资料和心理支持，为教育空间搭建交流的平台。

风雨沧桑三十年

——大理市教师进修学校发展纪实

大理市教师进修学校是大理市的教师培训机构，组建于1983 年底，由原大理县和下关市两所教师进修学校合并而成，并于 1984 年 10 月经大理市人民政府报请大理州人民政府批准成立。1985 年 9 月，经云南省计划委员会、省教育厅评估验收后首批获准备案。1991 年，经省教委复查评估，被省教委确定为小学教师继续教育试点学校。1996 年 3 月被云南省教委认定为"云南省一级教师进修学校"。1998 年起，学校被云南省教育厅命名为"省级文明学校"；是传统的省、州、市级"文明单位"，1995 年、1999 年、2003 年和 2006 年被省委省政府命名为"省级文明单位"。2009 年 5 月，被云南省教育厅认定为"云南省示范性教师进修学校"。

一、大理市教师进修学校的历史沿革

大理市教师进修学校是在原大理县教师进修学校和原下关市教师进修学校的基础上，于 1983 年 10 月继大理市建立以后成立起来的，校址位于大理中和一小西院。学校校址 1986 年至 2005 年期间搬迁至大理古城西南郊，占地面积 23 亩，校舍建筑面积 2947 平方米。

1978年和1979年，大理县、下关市先后开始进行教师进修学校的筹建工作。1981年9月和1982年8月，下关市、大理县的教师进修学校相继正式建立。

大理县教师进修学校从1978年开始进行师资培训工作。1978年至1980年，学校利用寒暑假和农忙假，集中小学附设初中班教师进行短期培训，举办了724人次参加的4期6科培训班。1981年至1983年，教师进修学校指导全县的各个公社举办了两期教师业务进修班，每期一年，每期有22个小学教师进修班和1个初中教师进修班，共有1400多人参加学习。进修班采取以业余自学为主，由兼职的辅导教师定期（两周一次）面授辅导、布置作业的办法，组织学员学习教材教法。1983年，举办了一期有48人参加、历时2月的教导主任培训班和一期教师文化、业务双补辅导班。

下关市的教师进修学校从1979年3月至1983年7月，举办过6期187人参加的小学教师脱产离职进修班，一至三期每期学习半年，四至六期每期学习1年。学员除招收下关市的教师外，第四期、第五期还招收了迪庆州及丽江地区的教师。进修班选用中师教材，开设政治、语文、数学、物理、化学等课程。在这段时间，进修学校还为小学附设初中班的教师开办了业余夜校5班。夜校以每星期六下午、星期日全天和每星期二、四、六晚上为教学时间，以初中语文、数学、物理、化学、英语5科的教材教法为教学内容，共培训教师200多人。

1983年10月，将原大理县教师进修学校和下关市教师进修学校合并成大理市教师进修学校。以设在中和一小校内的原大理县教师进修学校的校舍为校址。1984年10月，大理市人民政府向大理州人民政府上报了请求补办成立市教师进修学校的报告。同年 10 月 12 日，州政府下文正式批准成立大理市教师进修学校。1985 年 3 月，云南省教育厅组织的县（市）教师进修学校检查验收组到校检查验收。同年 9 月 26 日，省计划委员会、省教育厅联合下发《关于公布首批备案的教师进修学校名单及有关问题的通知》，大理市教师进修学校被列为批准首批备案的县（市）教师进修学校之一。《通知》规定："获准备案的教师进修学校，相当于中等师范学校。"

1985 年至 1990 年，为了解决部分小学教师水平较低、学历不合格的问题，学校先后办了 4 班二年制的中师进修班，招收来自州内各县的脱产离职学习的小学教师 179 人。开办一年制民办教师培训班 2 班，从在职的民办教师中招收学员 121 人。为了储备教师，解决小学教师数量不足的问题，学校先后办了 3 个三年制的中师职业班，招收初中毕业生中有志从事小学教育的学生 153 人。按照教育部《关于试行小学教师进修中等师范教学计划通知》的要求，学校开设政治、语文（含小学语文教材教法）、数学（含小学数学教材教法）、教育学、心理学、自然、历史、地理、体育、音乐、美术、教育实习等课程。

除了举办中师学历的进修班和职业班，学校还多次为在职教师举办培训班和学习辅导班。1985 年大理师范学校在大理市招收中师函授班 2 班，学员 100 人，市教师进修学校为学员每月面授学习 3 天，每年寒假面授 10 天。1986 年以来，利用寒暑假，为参加中师自学考试的学员举办了中师 9 个学科的学习辅导班，共有 1135 人次参加学习。此外，学校还举办过电视师专面授辅导，小学、幼儿、初中教师专业合格证考试考前辅导，新招小学教师上岗前培训以及小学教材教法，山区小学教师、音乐美术教师和劳动技术课教师的培训。

学校把思想政治工作贯穿于文明学校建设的活动之中，制订了一套以德、智、体、美、劳全面发展为主要内容的申报、验收文明班、文明宿舍、文明科室的量化标准。学校的党、政、工、团经常举办"社会主义精神文明建设""师德修养""共产主义理想与献身教育""法治建设"的专题讲座和师生演讲会。各班经常举办"理想与献身""理想与纪律""从我做起""建设文明班，争做文明人"等形式生动活泼、内容丰富多彩的主题班会。1987 年学校被大理市委、市政府评为文明学校。

二、大理市教师进修学校进入 21 世纪后的基本情况

大理市委、市人民政府和市教育局历来重视教师队伍建设和教师培训机构建设，对大理市教师进修学校的建设发展提出了多种方案，采取了积极而审慎的态度，不仅没有削弱教师进修学校的功能和作用，而且不断创造培训机构办学条件，调整、充实领导班子，补充教师，依托教师进修学校、发挥进修学校的作用来加强教师和教育干部培训工作。

为了适应面向新世纪新阶段的教师继续教育的进一步发展，2007 年 6 月，大理市委、市人民政府和市教育局全面落实科学发展观、统筹区域教育发展，将大理市教师进修学校从大理古城一塔路 2 号（一塔寺旁老校区）整体搬迁到大理市下关北城区阳南河北岸，9 路车终点站。搬迁后的大理市教师进修学校仍然是一所有独立法人资格和独立建制的成人性、职后性教师培训学校，与大理市中等职业学校"校舍共用、资源共享"。学校占地面积 159 亩，建筑面积 40000 多平方米，其中，教师进修学校独立办公用房 528 平方米；拥有

多功能报告厅 4 个、计算机专用教室 6 个、420 平方米；教室 62 间，12800 平方米；有 400 米跑道的运动场 1 个，篮球场 6 块，排球场 2 块，网球场 2 块，食堂 4 个、6000 平方米；宿舍 330 间、12000 平方米；实验教学楼 5000 平方米，办公楼 4000 平方米，形体室 2 间、300 平方米。拥有电教摄录等现代化教育设备，有独立设置的图书资料室。此外，学校正在申报云南省示范性教师进修学校。

　　学校拥有一支团结协作、积极进取、适应性强、专兼职结合的教职工队伍，各学科专兼职教师共 104 人，与全市中小学、幼儿园专任教师 3558 人相比，占比达到 3%。在教师继续教育的实施工作中，学校在市教育局的直接领导下，实现了进修学校与教研、电教、名师管理中心等部门人员在教师培训的组织、协调、指导、管理、研究和服务职能中的功能整合，专职培训者队伍人数到达 34 人。同时，从大理学院聘请 5 名专家学者为兼职培训教师，在市辖区中小学校聘请 67 名一线名师为兼职培训教师（大理市有在册名师 420 人）。学校历任校长为：杨重庆（1983—1986 年）、杨绍文（1986—1991 年）、杨月康（1991—2005 年）、杨鹏（2005—2019 年）、李文豪（2019 年至今）。

三、大理市教师进修学校教师培训工作成绩卓越，促进大理市教师发展

　　进入 21 世纪后，大理市的各级中小学校全面更新教育观念和办学理念，树立与现代社会发展相适应的教育观和人才观，并引导广大教师从陈旧的教育思想、保守的观念、与时代要求不适宜的束缚中解放出来，确立适应新世纪新阶段新形势新课程的教育理念和办学思想，大理市教师进修学校紧

紧围绕科学发展观的实践运用为主题，确立定位准确、思路明确、特色鲜明的办学思想和发展思路，为提高人才培养质量，建设人力资源强市提供基础和准备。

大理市辖区内现有各级各类学校238所，其中本科院校1所，中专学校4所，技工学校2所，完全高中9所，职业高中3所，初级中学24所，九年制学校1所，完全小学134所，幼儿园5所，其他学校3所（教师进修学校、少年艺术学校和特殊学校各1所），社会力量办学单位52个，2008学年在校中小幼学生103735人，义务教育阶段学生72091人，其中初中24321人，小学47770人；在册教职工5587人，其中，小学幼儿园专任教师2348人，初中专任教师1219人，合计3567人。2008学年，初中专任教师1299人，小学专任教师2198人，幼儿园专任教师119人，合计3616人。大理市教育局近年来主要从以下几个方面抓实教师队伍的建设和培训工作，切实提升了大理市中小学教师的专业化发展水平。

为进一步推进全市教育事业大发展，大理市教师进修学校着重办理好以下几件事。

1．大理市中小学教师完成"云南省新一轮民族贫困地区中小学教师综合素质培训"全部专题学习。

2．启动2009年教育部"知行中国——中小学班主任教师培训项目"。

3．按质按量完成好中小学班主任国家级远程网络培训。

4．稳步推进英特尔未来教育教师培训项目。

5．完成好云南省2011年农村小学数学青年教学骨干教师（大理）培训班。

四、教师培训机构重视教育科研，促进培训方式创新

2006 年以来，大理市教师进修学校坚持"源于培训实践、服务教师发展"的科研工作原则，围绕"培训调研""课题研究"和"培训课程建设"广泛开展各种科研活动。在工作中，主要体现在："走出去"巡回督导与"请进来"汇报交流相结合上。一方面，"走出去"巡回检查督促指导教师培训工作，在全市所有乡镇建立了"以课例为载体开展实践创新培训"的校本培训形式。另一方面，实行"请进来"的办法，分层召开大理市辖区内州属中小学，市属完全中学、初级中学和各乡镇中心完小分管教学领导参加培训工作汇报交流会。而且局领导每次都出席会议并讲话，每年出版的培训论文成果集都有政府分管领导和局领导的文章。为校际交流提供了平台，也丰富了教师进修学校检查指导培训工作的方法。

2005 学年以来，每年的 9 月、10 月和 3 月、4 月大理市教师进修学校的专业技术人员都要深入中小学开展"培训调研"和"送训下乡"活动，从未间断。进入"十一五"以来，学校成功申报和承担了 4 个云南省"十一五"教育科研课题。这 4 个省级教育科研课题中，《新课程背景下小学动态师资培训策略研究》《"2+2"课堂教学行动研究·校本培训应用研究》《新课程背景下全面实现学生主体性的小学班主任工作策略研究》3 个课题研究均已按学校具体实施方案完成了课题研究内容，并在教师培训工作"有效研修"等方面取得了突出成果，已经通过省教科院的结题验收。课题研究集中地反映了大理市教师进修学校"学术立校"思想。

最近几年，学校领导和教师在省级、市级教育网站和报纸杂志发表教育教学论文 34 篇；有 20 篇论文参加国家级、省级教育论文竞赛并获奖。不仅提升了培训教师的素质，而且在更大范围内发挥培训教师自身的专业引领作用，推动了区域教育科研工作的开展和区域教师专业化发展。学校有自主开发的、具有地方性的教师培训课程，并付诸实施，有较好的培训效果。2006 年以来，"地方性培训课程建设"迈出了新的步伐。编写了《学校管理实践与创新专题》《校本教研与教师专业化发展专题》《校本培训与教师继续教育》《中小学问题学生心理健康教育专题》《后进生转化策略专题》等一批基于新课程实施的"送训下乡"专题讲座讲义。另一方面，用地方性的"个案"作为教学的案例，如：大理二小地方校本课程《大理扎染》获得了教育部的表彰，下关六小的校本课程《大理茶花》参加省级比赛。我校的《新课程背景下动态师资培训课题》，下一步也打算申报为省级课程。丰富了教师培训课程资源，增强了培训的针对性。

大理市教育局要求大理市教师进修学校针对培训的实效性，注重理论学习与实践运用相结合，提出"师训工作方面的总体目标为：①通过开展扎实有效的师训工作，要使教师的教育教学有新变化；②教师教学手段和方式上要能结合信息技术手段的使用；③教师教学工作要有新思路；④教师综合素质要有明显的提高；⑤教师教育教学的质量要有明显的提高"。2005 年至 2006 年，在教育大整合中多次建议教师进修学校保留其独立性，不与职中整合，被市委市政府和教育主管部门采纳。2007 年，师训、教研、电教等机构功能性整合开展师训工作的建议被采纳，并在后面的几年里，出台了以"校本教研"为载体的"研训一体"工作方案，互相配合开展了基于计算机信息技术的教师远程培训工作和校本教研工作。近三年来，共被基层学校采纳各种建议达 50 多项。

大理市教师进修学校参加州（市）及以上教育行政部门

或培训机构组织的评奖活动，成绩突出。建校以来，大理市教师进修学校先后获得了县（市）级、州级和省级"文明单位""文明学校""育人环境建设优级学校""先进教工之家""社会治安综合治理工作先进集体""大理州中小学教师职务培训先进单位""云南省民族贫困地区中小学教师综合素质培训工作先进单位""教育部十五规划中央教科所新课程师资培训策略与有效模式研究与实验课题先进单位""云南省校本培训先进集体"等十几项荣誉称号。2005 学年以来的五年里，大理市教师进修学校的领导和教师在上级教育主管部门的各种评奖活动中获奖和发表文章 49 件（篇）。通过对辖区内中小学、幼儿园的校长及教师的问卷调查，各中小学领导和社会舆论对教师进修学校这几年来的工作给予了充分的肯定，市辖区内各中小学都欢迎教师进修学校到校开展调研、听课、师训和课题研究。大理市教师进修学校的办学成果和成功经验得到广泛交流，扩大了影响，锻炼了队伍，得到了省、州有关部门及同行的好评。

五、完成好创建省级示范性教师进修学校工作

大理市教师进修学校自 1983 年成立以来，经过 25 年的建设和发展，已经成为在大理州具有广泛影响力的成人性、职后性教师培训机构，为大理市教师队伍建设和基础教育的发展做出了很大的贡献。进入新世纪新阶段，中小学教师培训工作进入了提高教师整体素质为目标的继续教育阶段，正在深入进行的基础教育改革和发展对师资培训提出了更高的要求，对教师培训进修学校提出了新的挑战。为了使大理市教师进修学校在办学思想、办学模式、学校管理、师资队伍建设、教育科研和教学技术手段等方面发挥在同类学校中的

示范、辐射作用，促进教师培训工作健康持续发展，历届学校领导都很重视学校的晋级升学等工作，并同全体教职工一起做了很多努力。

大理市教师进修学校在大理州、大理市委市政府、市教育局的重视支持下，提高和统一建设、申报云南省示范性教师进修学校的思想认识，以学校20多年的建设和发展为基础，自2007年以来认真开展了建设省级示范性教师进修学校的自评整改工作，先后按"云南省建设示范性教师进修学校评估方案"和"云南省县级教师进修学校达标晋级评估标准"规定的指标体系，经过认真全面的自我检查评估，自评分98分。自评认为：大理市教师进修学校已经达到"云南省示范性教师进修学校"的标准，特向上级提出《申请报告》和《自评报告》。

在评估过程中，评估验收组对进修学校历年来取得的成绩给予充分肯定。一是大理市教师进修学校自1996年3月晋升为云南省一级教师进修学校以来，大理市委、市政府和市教育局高度重视教师进修学校建设和发展工作，统筹规划和支持指导力度较大；二是大理市教师进修学校办学方向明确，办学思路清晰，开展了形式多样、针对性、实效性强的各类教师培训；三是成功申报和承担着4个省级"十一五"教育科研立项课题，教育科研成果受到中央教科所和省、州教科研单位的表彰奖励，地方性培训课程开发成绩明显；四是培训模式改革有效推进，国家级远程培训、英特尔未来教育培训、班主任远程培训广泛开展；五是培训方法创新，深入持久地开展了一课例为载体的"送训下乡"活动，效果明显；六是教师队伍素质过硬，作风扎实。上述几个方面的工作在全省范围内起到了示范作用。

大理市教师进修学校通过省级示范性教师进修学校评估验收。2009年5月6日至7日，由云南省教育厅师范处杨丽处长、朱凯丽调研员等组成的省级示范性教师进修学校评估验收组一行4人，对大理市教师进修学校创建省级示范性教师进修学校进行复查验收。在听取汇报、情况说明与介绍，查阅大量的相关资料，召开学校教职工和学员代表参加的座谈会，实施并完成了问卷调查，实地察看了学校的办学"硬件"和"软件"情况，就有关情况进行了询问后，对评估结果做了反馈。评估验收组织根据评估方案的40个C级评估指标进行了认真、充分的评议后，认为大理市教师进修学校已经基本上达到省级示范性教师进修学校的验收标准，建议认定为云南省示范性教师进修学校。

（此文入选大理州文史资料2016年8月第十八辑《大理教育》政协大理州委员会"州庆六十周年征文"）

代后记

行走在传播教育理论的道路上

　　我于1988年毕业于云南师范大学教育系学校教育专业，并同时被认定为教育学学士。在四年的大学里，系统全面学习了基础教育理论，师从左梦兰、李伯约教授学习了《心理学》，师从高德润教授学习了《教育心理学》，师从徐秀嫦教授学习了《儿童心理学》，师从崔兴盛教授学习了《教育学原理》，师从沙毓英教授学习了《西方心理学史大纲》，师从杨宗义教授学习了《教育统计学》等学科。难忘大一公共课《现代汉语》课的骆小所教授用一口陆良话讲"语法修辞"，那是中原早已经失传的古代语音，还有历史系的潘庸教授，因为青年教师外出学习，临时来代上《中国通史》课，让我们第一次感受到大师级的学术风骨。1987年秋天，在《中国古代教育史》教师游老师的带领下到曲靖师范进行教学实习，1988年春天，在《教育经济学》教师李兴仁和班主任余新贵的带领下到楚雄元谋进行教育实习。这些学习为我成为一名合格的基础教育理论与实践工作者打下了坚实的基础。

　　1988年8月中旬，我被分配到大理市教育局下属单位——大理市教师进修学校。在大理市教师进修学校，我被聘任为教育理论专业教师，主要从事《教育学》《教育心理学》等学科的教学工作。

1988 年至 2000 年期间，我主要从事成人学历进修班、中师班、中师自考辅导班、教师专业合格证辅导班、一年制民办代课教师进修班、骨干教师培训班、学校干部岗位培训、校长岗位培训班（小学）等班级的《小学教育学》《小学教育心理学》等学科的教学工作。我为了完成好教学任务，一方面认真研究教学对象，因人而教，经常到小学去听课，做到理论联系实际，受到学习对象的好评。大理市小学、幼儿园教师队伍的中师自考和专业合格证考试的专业理论教学工作全由我一个人完成，考试合格率较高，为大理市提高教师素质和学历合格率做出了贡献。其间，我曾外聘到大理四中艺师班和州民族师范中师班教授了一学期的中师教材《心理学》，积累了基础学科的教学经验。在工作中，我长期担任班主任工作，切实了解了各类教师的思想动态，业务水平，为因材施教积累了素材，平时随校听课，积累了丰富的课例，使我的教学在生动丰富中展现理论深度，便于学习对象接受。

1997 年 8 月，我被大理州中评委认定为中专学校教育心理学讲师，2006 年 7 月，被云南省中专学校副高级评委认定为中专学校教育心理学高级讲师。我主要从事教师履职晋级培训的学科教学、骨干教师培训、校长岗位培训、非师范类专业获取教师资格证的教育理论课培训，以及校本培训指导、校本研修指导、论文撰写、课题立项与研究工作。

为了提高自身素质，跨学科获取知识，2000 年至 2002 年的两年间，利用假期和双休日，我参加了云南大学中文系文化艺术专业的研究生课程进修班，成绩合格，获得结业证书。学习期间师从薛富兴、张胜冰、张国庆、段炳昌、谭君强、曹鹏志、降红燕等学者教授学习了美学、西方文论、中国古

典美学、叙事学、西方美术学、当代文论等课程，全面提高了文化综合素质，提升了研修能力。

在职称岗位履职的时光中，我依据相关的专业学历要求和专业技术岗位技能要求，适应不断发展的培训需求和教育教学教研工作的业务要求，参加了省、州相关教师进修学校教师授课资格的课程培训和考核，全部取得合格证书，并按学校要求教学。2000年，参加了大理州人事局组织的计算机初级学习培训，经过180学时的培训学习，获得成绩合格证。2002年，我参加了云南师范大学教育科学院组织的非师范类专业教师资格证考试《教育学》《教育心理学》专业课程的培训者学习。2016年至2018年，连续三年参加由继教网组织的"国培"云南省中小学幼儿园教师信息技术应用能力提升项目高级研修班学习。2015年—2016年，完成中央电教馆"国培计划——示范性能力提升工程骨干培训"高研班在线网络学习任务。

1998 年至 2012 年，我参加了 11 门教师履职晋级培训学科的教学工作，学科分别为《素质教育的理论与实践》《中小学教育科研方法与论文写作》《教学优化与评价》《现代教育理论》《小学生品德的形成与发展》《课堂教学心理》《世界贸易知识读本》《教育法学基础》《新课程理念与小学课堂行动策略》《探究教学的学习与辅导》《课堂教学评价理论与实践》，考核成绩名列前茅，教学中理论联系实际，深入浅出，受参培教师好评。2006 年，获得英特尔未来教育项目主讲教师资格，在大理市辖区开展中小学学科教学与网络资源整合能力培训十年。

2001 年至 2006 年，参加了州语文骨干教师培训、市校长岗位培训的教育理论授课与论文撰写、课题立项研究工作。其间参加并组织了大理市辖区"云南省民族贫困地区中小学教师综合素质培训"两个专题的指导工作，编辑了成果汇编集《学习与反思》，成果获上级表彰。以上工作，每做一次，每做一项，我都撰写成总结论文，发表于大理市教研室主办的《教学研究》刊物上，有力指导了大理市教师校本研修工作。2003 年，在教育部核心期刊《中小学教师培训》第九期发表论文《新课程实验存在的问题与对策》；2004 年，在《课程教材研究》小教研究版第十一期发表论文《简论古诗教学中的"多元切入"》；2006 年，在《课程教材研究》第四十六期发表论文《课改背景下课堂提问策略探讨》。此外在《大众心理学》《云南中师》《思维与智慧》等杂志上发表过多篇教学论文，每年都有论文获省教科所组织的论文竞赛奖项。

在新课程的实施过程中，对教师专业素质的要求提高了，为了提高大理市农村薄弱中心完小的校本教研水平，带动整体教师素质的提高，大理市教师进修学校组织骨干教师开展"送训下乡"活动，从 2005 年 10 月份起，我积极参加对大理市辖区内农村乡镇中心完小的小学教师开展的"送训下乡"活动，深入基层小学听课，开展原生态课例分析和举办专题讲座活动，切实提高农村小学的校本教研水平和教师专业素质，这种动态性的实践性教师培训活动，受到基层农村小学广大教师的欢迎。截至 2006 年 2 月底，这种"送训下乡"活动，已在大理市挖色、挖桥和太邑三个乡镇中心完小顺利完成，我认真准备，利用课件，主持了三次"小学课堂心理策略"为内容的讲座。

在"送训下乡"活动开展前，我协同教务处于 2005 年 9 月份在大理市几所农村小学的教师中进行了教师继续教育需求问卷调查和听课活动，认真调研教师的培训需求和专业素质现状。在此基础上，学校在专业教师中成立了语文组、数学组和管理组，有针对性开展专题教学研究，制订出切实可行的动态教师培训计划。

在活动过程中，为了不影响基层学校秩序，活动基本上安排在周末和双休日的星期天进行。先派遣语文和数学组的专业教师到基层学校听课，范围主要在小学 1—3 年级采用新课程教材的班级，在此基础上选出语文、数学教师各一名，要求在教学模式上比较符合新课程教学的特征，在原生态课例教学的基础上加以指导。第二天上午集中全乡镇教师分语文和数学组进行课例教学和点评分析，让基层的教师在实践活动中明白新课程教学的要领，课例及教师在本乡本土的教师中产生，结合本地学校教学，切合实际需要，使新课程理念和策略在本地学校的实践中产生，拉近了先进理念和农村、山区教学的距离，便于教师产生共鸣和反思。

我参与的管理组的专题讲座，内容涉及学校管理、班主任工作等方面，重点以新课程实践活动中的课堂教学心理操作策略为主，用理论解析教学中容易产生的热点、难点问题。

　　这种促进基层农村学校校本教研水平的"送训下乡"，弥补了履职晋级培训课程理论联系实际不足的问题，加强了同事之间的交流和教学观摩活动，有利于改变教师传统的教学行为，有利于教师专业素质的教学质量的提高。这种动态的实践性教师培训活动，使教师从案例解析到理论学习，从琢磨自己到讨论别人，从专题研究到全面涉猎，使一个乡镇的全体教师平等参加到研修活动中，教研、师训有机地结合起来，使用身边的课例和本地的教师上课，教师们更感兴趣，也更有针对性和实效，最终通过具体的课例、专题研究和解决具体问题，提升教师专业素质，在实践中科学提高教学质量。我所主讲的讲座针对性强，观念新，操作策略具体，受到基层教师的好评。

　　2005年6月我参加了省教育厅民教处组织的"新一轮民族贫困地区中小学教师综合素质培训"四个专题的省级骨干培训，取得合格证，并被定为首批该项目的省级专家。2005年11月参加了省教育厅民教处组织的西发县两期省级骨干班的指导工作，组织并主讲了两次讲座，受到来自各县教育工作者的好评。在"云南教师培训网"上，我的《和谐社会呼唤校本研修》等四篇文章被转载和推荐学习。对于新一轮综合素质培训要学习《课程的反思与重建》《教师教学究竟靠什么》《新教材将会给教师带来些什么》《走向发展性课程评价》四本书，任务重、学习时间长，历时四年，我认真研究了学习策略并加以推广。

　　为了搞好大理市中小学幼儿园教师校本研修"四本书"

的学习，我协同学校教务处于 2005 年 9 月组织了一期大理市辖区全部中小幼学校的业务培训，我主讲了"四本书"的主要内容，并宣讲了学习的意义和校本研修的工程策略。2005 年 12 月 29 日、30 日两天，我参与了大理市辖区各学校教研主任和教导主任参加的学习交流会，及时吸收了各学校开展校本研修活动的经验。在此期间与其他教师一起，合作完成了"新课背景下全面实现学生主体性的小学班主任工作策略探究"课题方案，方案以推动小学班主任创造性引导学生全面实现主体性，实现学生主动化、个性化、体验化、问题化学习为研究内容，通过调研、研训、指导策略、推广经验、总结反思等一系列活动构成，方案已获得省教科院的立项要求并批准执行。

2007 年至 2017 年担任学校教科处主任，2008 年以来长期担任大理州市中小学教师继续教育辅导教师工作，"国培"项目等网络在线培训辅导工作经验丰富，2014 年评为"国培""百年树人"网大理州小学思品和科学课优秀辅导教师，致力于中小学领域教育心理研究、教师心理研究、学生心理研究、中小学教师继续教育文科综合类课程的辅导和研究。长期担任大理州市中小学教师继续教育辅导教师工作，担任过远程网络培训班主任、小学语文、初中地理、初中历史、初中思品、小学英语、小学科学、小学音乐、学前教育、高中地理等学科辅导教师，"国培"项目等网络在线培训辅导工作经验丰富，多次被评为全国继教网国培优秀辅导教师。

工作之余，读书是我的生活习惯。回想这个习惯的养成，主要是小时候读书条件不好，想读的书不容易找。这让我每次只要拿起喜欢的书就进入如饥似渴的状态，养成每天看书的习惯，无论赋闲还是忙碌，都一样。这个习惯最大的好处是让我知道敬畏，对知识的敬畏，让我在工作和生活中保持内心的宁静，这是书本给我最有用的东西。

教育理论教学实际是知识传播者的一个身份，还有别的身份，如培训师。这份工作有很大的挑战性，如你的知识储备需要足够丰富，最重要的是要有很强的对环境的感知能力，因为教育和管理的几乎所有问题都有丰富的情景性，只有理解了现场的问题情景，才能准确而合理地做出回答。

人类的很多教育思想，你现在能够想到的，前人都已经想到了。历来教育家都是思想家，无论孔子、朱熹、陶行知，还是苏霍姆林斯基、杜威。读过教育史的人都知道，我们现在提的许多教育新思想，只是对前人思想的重新表述而已。我觉得无论理论还是实践，都要回归常识，没有比常识更重要的了，只要教师能学会理性，用自己的头脑思考，便能够回到常识里，而不会走到"迷失"的境地里，而做到这一点需要通过教育理论的学习找到自信。

据《新唐书·南诏传》记载，远在南诏时期，大理就"人知礼乐，本唐风化"，当时许多子弟学习"孔子之诗书，周公之礼乐"。到了宋、元、明、清时期，更是人才辈出，一大批文人墨客和文献典籍载入史册，出现了"理学名儒，项背相望"的局面，大理成为名副其实的文献名邦。教育是人类文明传承不熄的火炬，是社会经济通向明天的桥梁，是培养人才促进发展的希望。历史发展到今天，尽管人们对教育赋予了新的时代内涵，但是对高质量的基础教育则是始终如一的迫切需求。

优质的教育是国家给人民最好的礼物。今天，如何使教育这项崇高的事业绵延相传以承担起时代的重托呢？对于从事基础教育阶段传播教育理论的教育人来说，答案别无选择，那就是切实提高教育教学质量需要优质的教育理论。好的教育理论是全人类的宝贵财富，近期在云南师范大学举行的云南省"万名校长培训计划"的学习中，要求学习者直接精读德国教育家赫尔巴特的教育理论著作《普通教育学》，说明在新时代更需要教育理论的学习和思考。优质的教育包含教师的学习机会，从国家的层面保证教师教育理念和时代接轨，让边疆省份教师和沿海内陆发达地区教师一致，教师需要教育思想，教师的职后继续教育是《教育法》和《教师法》赋予教师的权利和义务，正如明代思想家王阳明在《传习录》中说的"知者行之始，行者知之成"。国家的要求、时代的发展和教师专业化成长离不开教育理论的指导，如今是网络时代，教师有更大的时空获得优质的学习资源的机会。续写文献名邦、教育辉煌，离不开教育理论的指导。

与同事探讨教育培训政策